房地产经纪理论与实务

温州市房地产估价师与经纪人协会　组织编写
叶维坚　麻晓芳　主　编

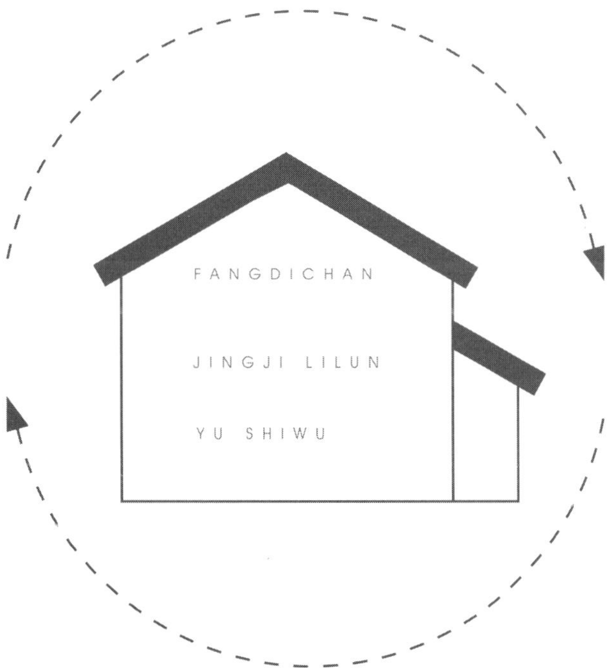

化学工业出版社
·北京·

本书包括房地产经纪基础知识、房地产经纪操作实务、温州市房地产经纪人诚信体系和水平评价体系建设共三篇十三章内容，从房地产、房地产市场、房地产经纪的基本概念和理论说起，从房地产经纪理论层面，到实务操作的各个环节进行了系统的介绍。本书附录部分为房地产经纪人职业资格考试及温州存量房网上交易相关规定。

本书可作为房地产经纪人培训的主要用书，也可作为房地产经纪人职业资格考试参考用书，还可作为高等职业技术院校房地产经营与管理、物业管理、资产评估等专业的教材，同时可作为房地产经纪人、房地产经纪人协理、房地产经纪机构工作人员的读物。

图书在版编目（CIP）数据

房地产经纪理论与实务/温州市房地产估价师与经纪人协会组织编写；叶维坚，麻晓芳主编．—北京：化学工业出版社，2020.3

ISBN 978-7-122-35928-5

Ⅰ.①房…　Ⅱ.①温…②叶…③麻…　Ⅲ.房地产业-经纪人-基本知识-中国　Ⅳ.①F299.233.55

中国版本图书馆CIP数据核字（2020）第022855号

责任编辑：徐　娟　　　　文字编辑：冯国庆

责任校对：王素芹　　　　装帧设计：王晓宇

出版发行：化学工业出版社（北京市东城区青年湖南街13号　邮政编码100011）

印　　装：大厂聚鑫印刷有限责任公司

787mm×1092mm　1/16　印张13　字数337千字　2020年4月北京第1版第1次印刷

购书咨询：010-64518888　　　　售后服务：010-64518899

网　　址：http://www.cip.com.cn

凡购买本书，如有缺损质量问题，本社销售中心负责调换。

定　　价：58.00元

前言

近年来，随着我国房地产市场的发展，房地产经纪行业也得到了迅猛发展。作为向房地产开发、转让、抵押、租赁等房地产经济活动的当事人提供有偿居间、代理服务的专业性行业，其发展壮大对于活跃房地产市场、促进交易主体间联系、提高房地产市场运行效率发挥着积极的作用。随着房地产经纪行业的发展，对专业图书的需求也相应增加。

本书以就业为导向，根据行业专家对房地产经纪服务岗位进行任务和职业能力分析，紧密结合职业水平考试要求，确定本书的内容。全书共有十三章，主要包括：房地产经纪基础知识、房地产经纪人的相关规定、房地产经纪机构及行业管理、房地产经纪业务、房地产交易信息搜集与配对、房地产经纪服务合同、房屋实地查看与带看、房地产交易合同、房地产贷款、房地产登记与产权过户、房屋查验与交接等内容。

本书由叶维坚（温州市房地产估价师与经纪人协会会长）、麻晓芳（温州职业技术学院房地产经营与管理专业负责人）任主编，由吕正辉（杭州科技职业技术学院）、陈建敏（温州职业技术学院房地产经营与管理专任教师）任副主编。麻晓芳老师拟订大纲和总纂。主编除了参与编写外，还对书中的内容做了修改和补充。本书执笔人依次是：第一章张韦唯（广西科技大学鹿山学院房地产开发与管理专业专任教师），第二章麻晓芳，第三章叶维坚，第四章陈建敏，第五章麻晓芳，第六章吕正辉，第七章唐粉英（温州职业技术学院房地产经营与管理专任教师），第八章易梦伊（温州职业技术学院科技开发处），第九章麻晓芳，第十章叶维坚，第十一章王承翼（温州职业技术学院工程技术专业专任教师），第十二章叶维坚，第十三章叶维坚。

本书在编写过程中吸收了国内外专家、学者的研究成果和先进理念，参考了大量相关的文献、著作、教材和网络资料，在此谨向所有专家、学者、参考文献的编著者表示衷心的感谢！同时也感谢出版社相关编辑的辛勤付出！

本书不妥之处，恳请读者批评指正。

编者

2020 年 1 月

CONTENTS

目录

第一篇 房地产经纪基础知识

第二篇 房地产经纪操作实务

CONTENTS

目录

CONTENTS
目录

第一篇

房地产经纪基础知识

第一章 01

房地产经纪概述

房地产经纪人在入行之初，首先应该对自己所从事的房地产经纪行业有些基本的了解。本章主要介绍房地产及房地产市场基本知识，房地产经纪的相关概念，以及房地产经纪行业的发展概况。

第一节 房地产及房地产市场

一、房地产的基本概念

房地产又称不动产，是房产和地产的总称，具体是指土地、建筑物、构筑物及固着在土地、建筑物上不可分离的其他定着物及其附带的各种权益。

房产是指房屋的经济形态，房产在法律上有明确的权属关系，具体是指在不同的所有者与使用者之间可以进行出租、出售或作其他用途的房屋。

地产是指土地财产，地产在法律上有明确的权属关系，包括地面及其上下空间，地产和土地的根本区别在于有无权属关系。

土地包括从地下到地表上空的所有空间，按开发程度不同，可分为生地、毛地和熟地。生地是指不具有城市基础设施的土地，如农地、荒地。毛地是指具有一定的城市基础设施，有地上物（如房屋、围墙、电线杆、树木等）需要拆除或迁移但尚未拆除或迁移的土地。熟地是指具有较完善的城市基础设施且场地平整，可以直接在其上进行房屋建设的土地。按照基础设施完备程度和场地平整程度，熟地又可分为“三通一平”“五通一平”“七通一平”等的土地。“三通一平”一般是指通路、通水、通电以及场地平整，“五通一平”一般是指具备道路、给水、排水、电力、通信等基础设施条件以及场地平整，“七通一平”一般是指具备道路、给水、排水、电力、通信、燃气、供热等基础设施条件以及场地平整。

建筑物是指人工建筑而成，由建筑材料、建筑构配件和设备（如给排水、卫生、燃气、照明、空调、电梯、通信、防灾等）等组成的整体物，能够遮风避雨，供人在其内居住、工作、学习、娱乐、储藏物品或进行其他活动的空间场所。

构筑物一般指没有可供人们使用的内部空间，人们不直接在其内进行生产和生活活动的建筑，如水塔、烟囱、栈桥、堤坝、挡土墙、蓄水池和囤仓等。

其他土地定着物是建筑物以外的土地定着物，是指附属于或结合于土地或建筑物，从而成为土地或建筑物的跟从物，应在房地产交易中随着土地或建筑物的转让而转让，但当事人另有约定的除外。

二、房地产的特性

房地产的特性包括自然属性（也称物理属性）和经济属性。自然属性指与房地产的物质实体或物理形态相联系的性质，它是房地产社会经济性质的物质内容和物质基础。经济属性指用经济尺度来衡量所拥有的属性。

(一) 房地产的自然属性

1. 不可移动性

不可移动性也称为位置固定性。土地上的土壤、砂石等虽然可以移动、搬走，但是作为立体空间、完整意义上的土地，其位置是固定的，不能移动。建筑由于“扎根”在土地之中，其位置通常也是固定的，不能移动。由于不可移动，每宗房地产的周围环境和景观、对外交通、与其他地方（如市中心）的距离、外部配套设施等均有一定的相对稳定的状态，从而形成了每宗房地产独有的自然地理位置和社会经济位置，使得不同房地产之间有区位优劣之分。同时值得指出的是，房地产的不可移动主要是其自然地理位置固定不变，房地产的社会经济位置在经过一段时间之后可能会发生变化。因为对外交通、外部配套设施等均可以影响房地产的社会经济位置，而这些通常随着城市建设和发展等发生变化。

房地产的不可移动特性，决定了任何一宗房地产只能就地开发、利用或消费，并要受制于其所在的空间环境（当地的制度政策、社会经济发展状况及邻里关系等），而不像其他商品，原料地、生产地、销售地和消费地可以不在同一个地方，可以在不同地区之间调剂余缺，从产地或者供给过剩、价格较低的地区，运送到消费地或者供给短缺、需求旺盛、价格较高的地区。因此，人们无法把价格较低地区的房地产搬到价格较高的地区去，从而房地产市场不是一个全国性市场，更不是一个全球性市场，而是一个地区性市场（城市房地产一般可视为 ·个城市是一个市场），其供求状况、价格水平及价格走势等都是地区性的，在不同地区之间可能不同，甚至是反向的。

2. 独一无二性

独一无二性也称为独特性、异质性、非同质性、个别性。房地产不像工厂制造出来的产品那样整齐划一，每宗房地产都有自己的独特之处，就像没有两个完全相同的人那样，没有两宗完全相同的房地产。即使两处的建筑物一模一样，但由于坐落的地点或朝向不同，地形、地势不同，周围环境和景观不同，这两宗房地产也是不相同的。房地产的独一无二特性，使得难以出现相同房地产的大量供给，从而不同房地产之间不能实现完全替代，房地产市场不能实现完全竞争，房地产价格千差万别并容易受交易者的个别因素的影响。此外，房地产交易难以采取样品交易的方式（即使是新建的商品房有样板房、样板间、位置图、平面图等），而应到实地查看、感受或体验。

3. 寿命长久性

尽管土地可能塌陷、被洪水淹没或者荒漠化等，但它在地球表面所标明的场所，作为空间是永存的。实际上，人们对土地只要给予适当的保护，土地的生产力或利用价值一般不会丧失，能够一次又一次地被反复利用。因此，可以说土地具有不可毁灭性（也称为永续性）。而其他物品，一般都会在使用中磨损，经过一定期限或者较长久的使用之后，最终会报废，丧失使用价值。

建筑物虽然不像土地那样具有不可毁灭性，但其寿命通常可达数十年甚至上百年。在正常情况下，建筑物很少发生自然倒塌，通常是为了土地的更好利用或更高价值才会被拆除。

由于寿命长久，所以房地产可以给其占用者带来持续不断的利益。但需要指出的是，从具体占用者的角度来看，土地在某些情况下是有寿命的，特别是通过出让方式取得的建设用地使用权是有使用期限的。目前，我国建设用地使用权出让的最高年限，居住用地为 70 年，工业用地为 50 年，教育、科技、文化、卫生、体育用地为 50 年，商业、旅游、娱乐用地为 40 年，综合或者其他用地为 50 年。以出让方式取得建设用地使用权的，转让房地产后，受让人的使用期限不得超过原出让合同约定的使用期限减去原土地使用者已经使用期限后的剩余期限。建设用地使用权期间届满的，除了住宅建设用地使用权自动续期之外，非住宅建设用地使用权人未申请续期，或者虽然申请续期但未获批准，或者续期的到续期届满，则建设用地使用权由国家无偿收回。因此，坐落位置很好、建筑物状况也很好的房地产，可能由于土地使用期限较短而价值较低。

4. 有限性

土地是大自然的产物，人工生产不出来，地表面积基本上是固定不变的，因此土地总量不能增加，土地的这种特性称为有限性、不可再生性、不增性。但对狭义的土地（可用的陆地）来讲，如果地价高到一定程度，可以吸引人们移山填海或者将荒漠改造为良田，从而“制造”出可用的土地。我国香港、澳门地区，以及日本、新加坡等国家，都有大量填海造地的实例，如日本的关西机场就是用填海的方式建成的。但即使如此，这种“造地”的数量相对于现存的土地数量也是微不足道的。由于土地不能增加，特别是位置较好的土地供给有限，导致了建筑物特别是位置较好的建筑物的数量也是有限的。

房地产的供给有限特性，使得房地产具有独占性。一定位置，特别是好位置的房地产被人占有以后，占有者可以获得生产或生活的场所，享受特定的光、热、空气、雨水和风景（如海水、阳光、沙滩），或者可以支配相关的自然资源和生产力，而他人除非支付相当的代价，否则无法享有。

进一步来看，房地产具有供给有限特性，本质上还不在于土地总量不能增加。目前，相对于人类的需要来说，土地总量还是较丰富的。如果没有不可移动特性，土地总量不能增加就没有这么重要。因此，房地产具有供给有限特性，主要是因为房地产的不可移动特性造成了房地产供给不能集中于一处，在特定位置上具有固定的数量。这是房地产供给与一般物品供给的最主要区别。要增加房地产供给，一是向更远的平面方向发展，如向郊区扩展；二是向更高的立体方向发展，如增加容积率或建筑高度。但这些都要受到耕地保护、环境保护、交通等基础设施条件（包括容量）、城乡规划等的约束。

(二) 房地产的经济属性

1. 价值量大

与一般物品相比，房地产不仅单价高，而且总价大。从单价高来看，每平方米土地或每平方米建筑面积房屋的价格，少则几百几千元，多则上万元甚至十几万元，繁华商业地段经常有“寸土寸金”之说。从总价来看，房地产不可以按照平方米之类的小单位零星消费，必须有一定的规模（如面积），因此，可供利用的一块土地或者一套住房的价值，比一件家具或者一台电视机的价值要高得多，一般在 10 万元以上。对于普通居民来说，购买一套普通商品住宅通常可能需要其一生的积蓄。至于一幢别墅、一座商场的价值则更大，通常为上百万元，甚至上千万元、上亿元。

2. 难以变现

难以变现也称为变现能力弱、流动性差。变现能力是指在没有过多损失的条件下，将非现金财产转换为现金的速度。凡是能够随时、迅速转换为现金且没有损失或者损失较小的，称为变现能力强；反之，称为变现能力弱。

由于房地产具有价值较大、独一无二、不可移动等特性，加上交易手续较复杂、交易税费较多等原因，使得同一宗房地产的买卖不会频繁发生，房地产权利人通常需要经过较长时间才能脱手。例如需要数月甚至一两年才能找到合适的买方，讨价还价的时间一般也较长。因此，房地产与存款、股票、债券、黄金等相比，变现能力弱。当房地产权利人急需而不得不将房地产快速转换为现金时，只有以相当幅度的降价为代价才能实现；有时即使做了相当幅度的降价，可能在短期内也找不到合适的买方。值得注意的是，这里只是讲相当幅度的降价，没有讲无限制地降价。从理论上讲，没有卖不出去的商品，只有卖不出去的价格。只要价格低到一定程度，总会有人购买。

3. 交易复杂性

房地产商品信息复杂，包括房屋质量、房龄等物理信息，区位、环境等地理信息。房地产商品是非均质商品，因此它的物理信息、地理信息是复杂的。房地产交易价格也是非常复杂的。因为房地产的产出能力是以物理特性、地理特性和法律特性的综合因素为基础的，在任意一个时点上估算房地产的价值都存在一定的困难。房地产交易需要认知房屋功能和品质、地段和环境、价值和产权，以及当事人的心理和文化诉求等，涉及众多专业知识和能力包括房地产专业知识、产权交易的法律知识、房屋质量的评估技术等。上述因素使得房地产交易具有复杂性，需要专业的经纪服务。

4. 保值增值性

由于房地产寿命长久，供给有限，其价值通常可以保持，甚至随着时间的推移其价值会自然增加，即自然增值。引起房地产价格上升的原因主要有以下几个方面：（1）对房地产本身进行投资改良，如装饰装修改造，更新或添加新设备，改进物业管理；（2）通货膨胀，随着时间的推移，钱越来越不“值钱”，相对来说东西就越来越“值钱”——房地产正是这样一件“东西”，它不会因为技术进步而贬值，也不像食品因为马上要过期而贬值，再加上土地资源的稀缺性，使得它具有保值增值的特性；（3）需求增加导致稀缺性增加，如经济发展和人口增长带动房地产需求增加，这个特性在人口逐渐增多（包括人口流入）的国家和地区更加明显，因为人多了，相对来说地就少了；（4）外部经济，如交通条件或周围环境改善。其中通货膨胀为房地产保值的原因，需求增加导致的稀缺性才是真正的房地产自然增值的原因。房地产的保值增值性是从房地产价格变化的总体趋势来说的，房地产价格是波浪式上升的，会随着社会经济发展的波动而波动，如房地产本身的功能变得落后、周围环境恶化使房地产价值下降，甚至过度投机、房地产泡沫破灭后一些地区的房地产会出现大幅度贬值。

三、房地产的种类

根据不同的需要，可以从不同的角度对房地产进行分类，其中主要的几种分类如下。

（1）按用途划分：居住房地产、商业房地产、办公房地产、旅馆房地产、餐饮房地产、工业房地产、农业房地产、特殊用途房地产、综合用途房地产等。

（2）按开发程度划分：生地、毛地、熟地、在建工程、现房。

（3）按实物形态划分：土地、建筑物、土地与建筑物的综合体、房地产的局部、未来状况下的房地产、已灭失的房地产、目前状况下的房地产与过去状况下的房地产的差异部分、以房地产为主的整体资产或者包含其他资产的房地产、整体资产中的房地产。

（4）按权益状况划分：①商品房、经济适用住房、安居房、限价房、廉租住房；②公房（已购公房）、私房；③回迁房、集资房。

（5）按经营使用方式划分：销售、出租、自营和自用。

（6）按是否产生收益划分：收益性房地产（如用于出租的商铺）和非收益性房地产（如自用住宅）。

（7）按流转次数划分：土地、新建商品房、二手房。

（8）住宅按档次、建筑形式、面积划分：①单元式、花园式、跃层式、复式；②独栋、双拼、联排、多层、高层板楼、高层塔楼；③大户型住宅、小户型住宅、超小户型住宅；④普通商品住房，其他商品住房。

（9）根据《城市用地分类与规划建设用地标准的规定》，城市用地可以分为九类：①居住用地；②公用设施用地（含商业用地等）；③工业用地；④仓储用地；⑤对外交通用地；⑥道路广场用地；⑦市政公用设施用地；⑧绿化用地；⑨特殊用地。

第二节 房地产经纪的概念及分类

一、房地产经纪相关定义

（一）房地产经纪

房地产经纪是指房地产经纪机构和房地产经纪人员为促成房地产交易，向委托人提供房地产居间、代理等服务并收取佣金的行为。房地产经纪活动的主体是房地产经纪机构和房地产经纪人员，客体是房地产，目的是促成房地产交易，服务方式包括房地产居间、房地产代理和房地产行纪等。

（二）房地产居间

房地产居间是指房地产经纪机构和房地产经纪人员向委托人报告订立房地产交易合同的机会或者提供订立房地产交易合同的媒介服务，并向委托人收取佣金的房地产经纪行为。

从理论上讲，居间可分为指示居间和媒介居间，指示居间即居间人向委托人报告订约的机会，媒介居间则是居间人根据委托人的要求将交易目的相近或相符的双方委托人以媒妁方式促成交易的行为。

在房地产经纪活动的实际运作中，这两种方式并不是完全独立的，而是相互结合的。房地产经纪机构和房地产经纪人员不仅向委托人提供房地产的交易信息，包括交易的数量、交易行情、交易方式等，使委托人能够选择符合自己交易目的的房地产，而且为委托人提供订立房地产交易合同的媒介服务。

房地产经纪机构和房地产经纪人员可以接受房地产交易中的一方或同时接受房地产交易的相对两方的委托，向一方或相对两方委托人提供居间服务。但无论是接受一方还是相对两方的委托，在房地产居间活动中，房地产经纪机构和房地产经纪人员始终都是中间人，因此既不能以一方的名义，也不能以自己的名义或为委托人的利益而充当与第三人订立合同的当事人。房地产经纪人员只能按照委托人的指示和要求从事居间活动。房地产居间是起源最早的房地产经纪方式。

(三)房地产代理

房地产代理是指房地产经纪机构及人员以委托人的名义，在委托协议约定的范围内，代表委托人与第三人进行房地产交易，并向委托人收取佣金的经纪行为。

房地产代理与房地产居间在法律性质上有明显的差异。各国法律都没有有关代理人可以同时接受相对两方委托人的委托代理业务的解释。因此，在房地产代理业务中，房地产经纪机构只能接受一方委托人的委托代理事务，同时也只能向一方收取佣金。根据委托人在房地产交易中的角色——买方（包括承租方）或卖方（包括出租方），房地产代理实质上可分为买方代理和卖方代理。正因为如此，在房地产代理服务中，房地产经纪机构与委托人之间的法律关系更清晰。在房地产经纪的发展历史中，房地产代理逐步取代了起源更早的房地产居间，而成为许多发达国家主流的房地产经纪方式。必须注意的是，在现实生活中，一些委托人甚至房地产经纪人员常常误用“代理”一词，将房地产经纪机构为交易相对两方提供的居间服务误称为双向代理，这是一种缺乏法律常识的表现。

根据代理产生的依据，民事代理可分为法定代理、指定代理和委托代理。房地产代理是以房地产经纪服务委托人确定委托代理权限和房地产经纪机构接受授权的房地产经纪服务合同而产生的，属于委托代理。因此，房地产经纪机构及人员的代理行为受房地产经纪服务合同规定的代理权限限制，合同未规定的内容，代理人无权处理。

房地产经纪机构代理客户与第三方进行房地产交易的行为，不同于一般的民事代理，而是一种商事代理行为。尽管目前我国的民商法典尚未出台，商事代理的法律依据尚有一些空缺，但房地产代理作为一种商事代理行为的一些基本特征还是明确的：房地产代理人必须是具有从事经营房地产经纪业务资质的房地产经纪机构，而且它是代理人出于营利的目的而实施的。同时，与一般民事代理可以采取书面合同或口头合同不同，房地产代理必须鉴定书面合同。

房地产代理是根据房地产经纪机构与委托人双方的具体协商而定的，因此，反映双方权利义务关系的房地产代理合同千差万别。随着房地产市场的发展，一些国家和地区会形成一些主要的合同类型，比如在美国有以下 5 种主要的合同类型。

独售权（Exclusive Selling Right）合同。此合同规定，如卖主自己或通过其他经纪人把房子销售出去，原独售权经纪人仍享受请求付佣金的权利。

独售权共享合同（The Sharing Contract of Exclusive Selling Right）。合同规定卖主和经纪人共享房屋出售的权利，如果卖主先卖出，经纪人无权要求佣金。

开放出售权合同（The Contract of Open to Selling Right）。卖主与多个经纪人签约，谁卖出谁享有佣金。

净卖权合同（The Contract of Selling-out）。卖主给经纪人一个底价，卖出超过部分归经纪人作佣金。

联营制（Joint Management）合同。由卖主与几家经纪公司、经纪人联合签约，卖出后的佣金由经纪公司、相关经纪人分成。

其中，独售权合同下的房地产代理（俗称“独家代理”）与美国房地产经纪业的多重房源上市系统（MLS 系统）相配合，大大提高了房地产经纪服务的绩效，成为美国主流的房地产经纪方式，并传播到许多其他发达国家，形成了被许多发达国家普遍采用的房地产独家代理制度。在独家代理制度下，卖方代理的房地产经纪人将委托人的房源信息提交给 MLS 系统，买方代理人在 MLS 系统上搜索到房源，必须通过该房源的独家代理房地产经纪人实现交易，而且双方需要对佣金的分配方式达成一致意见。

(四)房地产行纪

房地产行纪是指房地产经纪人员受委托人的委托，以自己的名义与第三者进行交易，并承担规定的法律责任的行为。

根据《中华人民共和国合同法》(以下简称《合同法》)的有关规定，行纪是行纪人以自己的名义为委托人从事贸易活动，委托人支付报酬的活动。行纪人处理委托事务支出的费用，由行纪人负担。在形式上行纪与自营很相似，但是经纪人并未取得交易商品的所有权，他是为了委托方的利益而进行活动，作为经纪人仅仅是得到委托人给他的佣金。行纪活动的服务内容较深，经纪人拥有的权利和承担的责任也较重。在通常情况下，经纪人与委托人之间有长期固定的合作关系。所谓以自己的名义开展业务，是指当行纪人与第三人开展交易时，行纪人无需告诉该第三人自己的委托人是谁，也无需告诉第三人自己与委托人签订了行纪合同，只要告诉第三人自己的姓名或者名称即可。第三人也无权过问行纪人的委托人是谁，亦不得以行纪人与委托人的行纪合同成立与否，而决定其与行纪人的交易行为的效力。因此，《合同法》规定：行纪人与第三人订立合同的，行纪人对该合同直接享有权利、承担义务。第三人不履行义务致使委托人受到损害的，行纪人应当承担损害赔偿责任。在传统的理论中普遍认为，行纪只能应用于动产，如贸易、典当、拍卖中，随着房地产中介服务的范围不断拓展，行纪也逐渐应用在不动产领域中，如房地产包销。

房地产行纪与房地产信托、代理、居间的不同之处表现在以下方面。

1. 房地产行纪与房地产信托的不同

房地产信托实质上是一种管理财产的法律关系，在此项关系中，一方拥有房屋财产所有权，同时负有为另一方利益使用该房屋财产的义务，该房屋财产称为信托财产。成立房地产信托有房屋财产授予人(信托人)、受托人和信托受益人三方主体。

房地产行纪关系与房地产信托关系的区别如下。

(1) 房地产行纪关系属于合同关系，房地产信托属于房屋财产管理关系，类似于用益物权管理。

(2) 房地产行纪合同只包括房地产委托人、房地产行纪人双方当事人，而房地产信托合同包括房地产信托人、受托人和信托受益人三方当事人。

(3) 房地产行纪不以房屋财产交付为成立要件，其委托人的房屋财产所得利益归委托人享有；而房地产信托以房屋财产交付各受托人为成立要件，且取得房屋财产所产生利益的是信托受益人，而非房屋财产信托人。

2. 房地产行纪与房地产代理的不同

房地产行纪与房地产代理都是发生于三方当事人之间的关系，并且都是为他人活动，这是两者相似的地方。不同之处是，房地产代理行为在交易时房地产经纪人员以被代理人名义与第三方交易，交易活动中的法律责任、经济风险由委托人承担；而房地产行纪行为，交易时房地产经纪人员以自己的名义与第三方交易，交易活动中的法律责任、经济风险由行纪人自己承担，委托人并无直接权利义务关系。

3. 房地产行纪与房地产居间的不同

房地产居间中，由于房地产经纪机构是以自己的名义为交易双方提供交易机会，促成他人之间的房地产交易，它自己并不直接进行交易，纯粹起一种提供信息、牵线搭桥的作用，所以它基本上不承担交易行为的经济风险。而在包销活动中，不管标的房地产是否能按包销合同所约定的价格售出，房地产经纪机构都必须向房地产业主支付全额房款。这其中潜在的巨大经济风险完全由房地产经纪机构承担。不管房地产经纪机构是否以自己的名义与第三人从事房地产交易，其实质上已成为直接进行房地产交易的一个主体。

(五) 佣金

房地产经纪机构向委托人提供房地产经纪服务，按照房地产经纪服务合同的约定向委托人收取的服务费用称为佣金。

“经纪”是“中介”中的一种特定活动，其活动成果以是否成交来体现，因此，其服务收入的基本形式是佣金。佣金数额是按交易成交额的某一比率来计算的。除了在某些特定经纪业务中这一比率由国家规定外，在大多数经纪业务中，这一比率是由经纪服务委托人与提供方协商而定并写入经纪服务合同中的（但仍需符合有关法律法规）。委托人支付佣金的义务以经纪合同所约定的交易达成为前提。除法律法规另有规定外，经纪人通常在完成经纪服务后才能收取佣金。可见，佣金是经纪服务委托人对经纪服务提供方所付出的劳动时间、花费的资金和承担的风险的总回报。

佣金不同于其他单纯提供信息的中介服务机构所收取的信息费（或称咨询费）。信息费是卖出信息商品的销售收入，无论信息以何种介质为载体，也无论信息有何种用途，只要所售出的信息在质量上符合信息买卖双方事先达成的协议所规定的标准，即可收取信息费。

佣金是对经纪人提供的经纪服务的报酬，这种服务是经纪人为了满足委托人与第三方达成交易的具体目的。只有当这一目的实现了，一项经纪业务才算最终完成，此时经纪人才能向委托方收取佣金。因此，两者经济性质不同。

可见，一项活动是不是经纪活动，从它所获得报酬的形式就可以识别。如果某种活动的报酬形式是佣金，那么这种活动就是经纪活动；如果某种活动的报酬形式不是佣金，则该种活动就不是经纪活动。

二、房地产经纪的性质

经纪作为一种特殊的商贸活动，具有区别于其他商贸活动的自身特性，经纪的特性主要表现为活动主体的专业性、活动地位的中介性、活动内容的服务性、活动性质的有偿性以及活动收入的后验性。

(一) 活动主体的专业性

经纪活动主体的专业性是经纪活动自身的必然要求。经纪活动实际上是一种交易的辅助活动，它存在的前提是：一项交易中存在着关于交易标的和交易程序的信息不对称以及由此造成的交易决策的不确定性，因而需要他人的辅助来达成交易。因此，经纪活动的主体必然是专业化的主体。这一方面表现为经纪活动的主体对自己所促成的交易活动及其市场具有丰富的专业知识、技能和从业经验；另一方面表现为不同行业、市场的经纪活动具有很强的专业差别，经纪活动的主体通常只能专注于某一个行业和市场，而难于跨行从业。

(二) 活动地位的中介性

从哲学含义上讲，中介是指不同事物或同一事物内部不同要素之间的联系。经纪活动地位的中介性就是从这种意义上讲的。经纪是为促成其他相对两方的交易而提供服务的活动。在经纪活动中，发生委托行为的必要前提是存在着可能实现委托人目的的第三主体，即委托人进行交易的相对人。而提供经纪服务的行为人，正是为委托人与其交易相对人所进行的交易发挥沟通、撮合的联系作用。接受不存在第三主体的委托事项，不属于经纪服务。

(三) 活动内容的服务性

在经纪活动中，经纪主体只是为促成交易提供服务，不直接作为交易主体从事交易。经纪机构对其所中介的商品没有所有权、使用权、抵押权等，不存在买卖行为。经纪机构的自营买卖不属于经纪行为。这意味着，如果一个机构作为交易主体从事了具体商品的交易，那么这项活动就不属于经纪活动。

(四)活动性质的有偿性

在经纪活动中，提供经纪服务的机构和人员以收取服务佣金为目标，是一种具有盈利目的的经营性活动。

(五)活动收入的后验性

虽然经纪活动是一种有偿服务，但经纪服务提供方所获得的收入是根据服务的后果来最终确定的。首先，无论经纪服务的提供方在经纪服务过程中所提供的各项具体服务内容的数量与质量如何，最终是否能够获得佣金完全取决于经纪服务是否使委托方与交易相对人达成了交易。其次，经纪服务佣金的数额大小最终由交易成交额的数额来决定。

房地产经纪作为一种特殊商品的经纪活动，除了具有经纪活动的一般特性之外，还具有不同于其他经纪活动的两个特性。

1. 活动范围的地域性

房地产是不动产，房地产市场是区域性的市场，无法像其他商品市场那样，通过商品从某个区域向另一个区域的空间移动来平衡不同区域的市场供求。因此，每个地区、城市的房地产市场，都具有强烈的区域特性，其市场供求、交易方式都受到当地特定的社会、经济条件及其历史演变和地方政府政策的影响。因此，房地产经纪活动的自然主体（即房地产经纪人员）在一定的时期内，通常只能专注于每一个特定的区域市场——一个城市乃至城市中的一个特定区域。而房地产经纪活动法律主体（即房地产经纪机构）的跨区域运作，比其他经纪活动困难得多，并且必须依靠不同区域的当地房地产经纪人员来进行。

2. 活动后果的社会性

房地产是各种社会经济活动的基础载体，既是最基本的生产资料，又是最基本的生活资料。房地产经纪活动直接影响到一个社会的这种生产、生活资料的使用效率，因而其活动后果具有广泛的社会性，对各行各业和人们生活都有直接的影响。而且，由于房地产的价值高昂和房地产交易的复杂性，房地产交易中潜伏着巨大的经济风险，并有可能引发相应的社会风险，因此，房地产经纪活动的后果具有巨大的社会影响。一方面，规范、专业的房地产经纪活动，有助于保障房地产交易的安全，避免产生巨大的经济风险；另一方面，由于房地产市场上的信息不对称现象特别普遍，如果从事房地产经纪活动的主体凭借自身的专业知识和信息，利用信息不对称来谋取私利，则会导致严重的经济和社会风险。

三、房地产经纪的必要性和重要作用

(一)房地产经纪的必要性

房地产的特殊性、房地产交易的复杂性、房地产市场的信息不对称性决定了在房地产交易过程中房地产经纪行为是不可或缺的。

1. 房地产的特殊性决定房地产经纪必不可少

首先，房地产是不可移动的商品，无法像一般商品那样，集中到固定的市场上进行展示；相反，其交易过程是需要把供求信息汇集、匹配，或者把意向购买者集中到房地产所在地进行交易。而房地产经纪正是通过专业化分工来提高房地产交易过程中顾客汇集、商品展示等环节的效率，从而促成交易。

其次，房地产是构成要素极为复杂的商品。影响房地产使用价值和价值的因素不仅包括房屋结构、质量、房型、周边环境等物质因素，还包括产权类型、他项权利设立情况等法律因素，以及房地产所在地区的人口素质、历史背景等社会、人文因素等，大多数房地产交易主体都难以在较短的时间内掌握这些因素的信息并把握其对房地产的使用和市场价值的影响。这种状况对房地产交易具有显著的阻滞效应。房地产经纪活动正是通过房地产经纪机构和经纪人员的专业化服务来帮助克服房地产交易主体的非专业缺陷，从而促进了房地产商品流通，因而是房地产市场必不可少的组成部分。

再次，在商品经济运行体系中，大多数商品的流通环节是由商品经销商来完成的。但是，由于房地产价格昂贵，维持房地产这类存货的费用太高，在绝大多数情况下，经销商难以承受，因此房地产难以通过经销商来流通。房地产经纪活动的主体不需要像一般商品的经销商那样购置大量商品存货，而是主要通过专业人员的经纪服务来促进房地产交易，因而使得房地产流通环节能以比较经济的方式运行。

2. 房地产交易的复杂性决定房地产经纪必不可少

首先，任何一宗商品交易都包含交易标的和交易对家的信息搜寻、交易谈判与决策、交易标的交割这三大环节。房地产商品构成要素的复杂性和无法通过有形市场集中展示的特征，造成了房地产市场信息搜寻极其困难、成本高昂。

房地产商品的超强异质性（即没有两宗房地产是完全相同的）又导致房地产交易主体难以对交易标的进行市场比较。而且，房地产作为基础的生产、生活资料，其效用与使用房地产的主体的生产、生活方式密切相关。因此，不同的主体对同一宗房地产常常会产生极不相同的看法。此外，在大多数情况下，房地产都不是供个人使用的商品，而是供集体（家庭、企业、机构等）使用的商品，房地产交易的决策通常需要多人的共同参与和相互妥协。这些均导致房地产交易中的谈判和决策非常困难。

其次，房地产交易标的交割不仅涉及房地产产权过户和房款的交割，还涉及物业维修基金、物业管理费、公有事业费账户的更名与费用结算乃至户口迁移等诸多环节，在很多情况下还涉及卖方原有贷款的还清和买方购房贷款的申请、房地产抵押手续办理和贷款发放等事宜，其中任何一个环节的失败都可能导致交易无法安全、顺利地完成，而大多数房地产交易主体对这些复杂的交易环节缺乏经验，独立操作难以保证交易安全、顺利地进行。房地产经纪正是通过房地产经纪机构和人员的专业化服务来提高房地产交易的信息搜寻效率，降低信息搜寻成本，克服交易谈判和决策的困难，避免决策失误，保证交易标的安全、顺利地交割。因此，房地产经纪是房地产市场流通不可缺少的环节。

3. 房地产信息的不对称性决定房地产经纪必不可少

市场经济发展的历史表明，市场经济条件下，信息不对称的现象经常存在，信息不对称会催生欺诈、寻租等机会主义行为，从而给市场经济活动的主体带来经济风险，房地产商品和房地产交易的复杂性，更强化了房地产市场的信息不对称。这不仅对房地产交易具有明显的阻滞效应，同时也使得房地产交易的风险性大大增加。房地产商品高昂的价值，使得房地产交易中隐含的经济风险特别巨大。而且，由于房地产涉及各行各业的生产活动和广大人民群众的基本生活，房地产交易中的经济风险很容易演变成社会风险。因此，房地产市场特别需要专业的房地产经纪机构和人员，通过为买卖双方提供各种专业服务，规范房地产交易行为，保证房地产交易安全，避免产生巨大的经济和社会风险。

(二)房地产经纪的重要作用

根据《房地产经纪执业规则》，房地产经纪的重要作用如下。

1. 降低交易成本，提高市场效率

由于房地产商品和房地产交易的复杂性，大多数房地产交易主体由于缺乏房地产领域的专业知识和实践经历，如果独立、直接地进行房地产交易，不仅要在信息搜寻、谈判、交易手续办理等诸多环节上花费大量的时间、精力和资金成本，而且效率低下。这种状况对房地产交易具有显著的阻滞效应，从而导致房地产市场整体运行的低效率。房地产经纪是社会分工的进一步深化，专业化的房地产经纪机构可以通过集约化的信息收集和积累、专业化的人员培训和实践，由掌握丰富的市场信息、具有扎实的房地产专业知识和具有从事房地产交易专业技能的房地产经纪人员为房地产交易主体提供一系列有助于房地产交易的专业化服务，从而降低每一宗房地产交易的成本，加速房地产流通，提高房地产市场的整体运行效率。

2. 规范交易行为，保障交易安全

房地产交易是一种复杂的房地产产权与价值转移过程。只有按照有关法律、法规规范及科学的房地产交易流程操作房地产交易的每一个环节，才能保证房地产交易过程安全、顺利地完成。否则，轻则导致房地产交易的失败，重则导致交易当事人的重大财产损失，甚至干扰房地产市场秩序、引发金融风险。在现实的房地产市场上，许多房地产交易主体一方面由于缺乏有关的法律和房地产交易知识而采取不规范的交易行为；另一方面也会由于某些自私的动机或怕麻烦的心理而实施不规范的交易行为。房地产经纪机构可以通过房地产经纪人员的专业化服务，向房地产交易主体宣传房地产交易的相关法律、法规，警示不规范行为及其可能产生的后果，并通过良好的内部管理制度，监控客户在房地产交易中的不规范行为，从而规范房地产交易行为。同时，房地产经纪主体作为房地产交易的中介，可以提供一系列交易保障的服务，从而保障房地产交易安全，维护房地产市场的正常秩序。

3. 促进交易公平，维护合法权益

房地产交易中，信息不对称现象突出。一旦信息充足一方出现机会主义行为，如隐瞒、欺骗，则信息缺乏一方往往因受专业知识所限和交易经验的匮乏，难以识别交易中的不公平因素，最终做出不合理的决策。在这种情况下，一旦交易达成，往往有失公平。房地产经纪作为市场中介，通过向客户提供丰富的市场信息和决策参谋服务，能够大大减少房地产市场信息不对称对房地产交易的影响，帮助客户实现公平的房地产交易，维护客户的合法权益。

第三节 房地产经纪行业的发展概况

一、房地产经纪行业的发展历程

(一) 房地产经纪是商品经济发展到一定程度的产物

从经纪产生的历史看，经纪是商品生产和商品交换发展到一定阶段的产物。最初的商品交换是分散进行的，没有固定的场所和时间。随着商品生产的发展，商品交换越来越频繁，出现了把众多的买者和卖者集中到一起进行交易的集市。但是在集市上，每一个入市者并非都对市场的情况了如指掌，熟谙交易技巧。这就需要那些经常出入于市场、了解市场情况、熟悉市场行情和交易技巧的人，在市场上充当交易的中介，公正、诚实地为交易双方牵线搭桥，提供服务，从而使交易快速实现。

到了近代和现代，社会分工日益发展，生产社会化程度日益提高，市场迅速扩大，商品市场内在的信息不对称问题日益突出。一方面，众多的生产者不能及时找到消费者；另一方面，众多的消费者找不到合适的商品。传统的商业形式并不能解决这一矛盾，新的商业组织形式和经营方式不断革新涌现。一部分掌握各种信息和购销渠道的人为交易双方提供信息介绍和牵线服务，促成交易的实现，由此产生了人类经济活动的全新行业——经纪业。尤其是随着市场细化和专业化程度的提高，交易的难度和费用提高，在一些专业市场上更需要那些具有专门知识和交易技巧的人为客户提供服务或代客户进行交易。各种服务于特定的专业市场的经纪人员成为市场运行必不可少的部分，并通过提供服务获得经济收入。房地产经纪就是在这样的背景下产生的。

(二)中国古代的房地产经纪

战国时代，井田制遭到破坏，土地开始私有，土地买卖也慢慢频繁起来，此时出现了针对土地买卖的管理政策和关于土地契约的法律规定，熟悉土地买卖法律和交易契约的专业人士，开始参与到土地买卖活动中来[1]。

汉代有了对经纪人的专业称谓“驵侩”，《史记》(货殖列传第六十九）中记载“子贷金钱千贯，节驵侩”，注曰：“驵者，度牛马市；云驵侩者，合市也亦是侩也”。西汉刘安的《淮南子》中也记载“段干木，晋国之大驵”，注云：“干木，度市之魁也”。

唐代专事田宅交易的经纪人开始被称为“庄宅牙人”[2]。后周时期有了政府发放牙帖的官牙人，并出现了牙人的同业组织——牙行。“如是产业、人口、畜乘，须凭牙保，此外并不得辄置”[3]“其有典质倚当物业，仰官牙人、邻人同署文契”[4]“典卖田宅增牙税钱”[5]。

宋代田宅等产业的买卖已离不开牙人，且当时的牙人具有了管理交易、协助征税的职能。

元代大量存在从事房屋买卖说合的中介，他们被称为“房牙”。元代房地产经纪的地位得到提高，对房地产经纪的管理也进一步加强，《通制条格》卷十八《关市》中记载：“除大都羊牙及随路买卖人口、头匹、庄宅，牙行依前存设，验价取要牙钱，每十两不过二钱，其余各色牙人，并行革去”[6]。《元典章·户部五·典卖》中记载：“凡有典卖田宅，依例亲邻、牙保人等立契，画字成交。”

明清时期，牙行是世袭的，“祖父相传，认为世业。有业无业，概行充当”[7]，每五年编审一次。房牙称官房牙或房行经纪，由官府“例给官帖”，方准营业。如京城人民买卖房屋，订立契约，需请房牙签字画押，官稿还盖有“顺天府大兴县房行经纪某某”或“官房牙某某”印章。清朝末年的《写契投税章程》有专门针对房牙的规定。

1840年鸦片战争以后，上海等一些通商口岸城市出现了房地产经营活动，房地产掮客也应运而生。房地产掮客活动的范围十分广泛，有买卖、租赁、抵押等。在上海，房地产掮客大致分为两大类：第一类为挂牌掮客，以“房地产公司”“房地产经租处”“房地产事务所”挂牌，挂牌掮客一般在报纸上刊登房地产出卖或空屋出租广告，等待顾客前来固定经营场所询问，若成交则收取若干佣金；第二类为流动掮客，没有固定的办公地点，而以茶楼作为活动场所，交换信息，撮合成交，收取佣金。掮客对于活跃房地产市场，缓解市民住房紧张，促进住房商品流通，起过一定的作用。但多数经营方法不正，投机取巧，又加上旧政府

---

[1] 张传玺．论中国封建社会土地所有权的法律观念．北京：北京大学出版社，1995：P120.

[2] 《五代会要》卷二六《市》载：“后周广顺二年十二月……又庄宅牙人，亦多与有物业人通情，重叠将产宅立契典当，或虚指别人产业，及浮造屋舍，伪称祖父所置”。

[3] 后唐天成元年（公元926）年十一月，明宗禁断洛阳城内市场上的牙人活动的诏令。

[4] 后周广顺二年（952）十二月，开封府上奏奏折。

[5] 《宋史》一七九卷第一三二志。

[6] 《通制条格》卷十八《关市》。

[7] 《清圣祖实录》卷二三八，康熙四十八年五月。

管理不严，放任自流，在一定程度上加剧了房地产市场的混乱。到这一时期，房地产经纪活动主要是由个人化的经纪人员来实施的，尚未形成独立的房地产经纪行业。

二、新中国成立以来我国房地产经纪行业的发展进程

（一）1949～1978年内地房地产经纪行业的发展

新中国成立初期，民间的房地产经纪活动仍较为活跃。当时整个房地产经纪活动比较混乱，一部分不法房地产经纪人员用欺骗、威胁等手段，对房东、房客或房屋的买主、卖主进行敲诈，索取高额费用，并哄抬房价。20世纪50年代初，政府加强了对经纪人员的管理，采取淘汰、取缔、改造、利用以及惩办投机等手段，整治了当时的房地产经纪业。随后直到1978年改革开放这段时期，由于住房作为“福利品”由国家投资建设和分配，整个社会的房地产资源配置并不通过市场交易，房地产经纪活动基本上消失了。

（二）1978年至今的房地产经纪行业

改革开放为我国内地的房地产经纪行业提供了孕育、生长的土壤。随着房地产市场的恢复、活跃和发展壮大，以及境外房地产经纪机构和运作经验的植入，房地产经纪行业也开始复兴，并取得了快速发展。这一时期我国内地房地产经纪行业的发展可以分为以下几个阶段。

1. 复苏阶段（1978～1992年）

（1）复苏的背景。我国房地产经纪行业复苏以城镇住房制度改革和房地产市场兴起为背景，以房地产权属登记为条件，以落实私房政策为契机。20世纪80年代，为解决住房短缺和建设资金不足等问题，国家逐步推行城镇土地使用制度和住房制度改革，陆续出台了城镇国有土地有偿使用、城市建设综合开发、个人建房、房地产市场培育等一系列发展房地产业的政策。1980年10月30日，国家城市建设总局下发了《关于转发北京市、辽宁省落实私房政策两个文件的通知》（城发房字［80］264号），开始落实私房政策。1983年国务院发布了《城市私有房屋管理条例》，规定了房屋产权登记制度，至1990年全国基本完成了房屋所有权登记工作，为80%以上的房屋所有权人颁发了房屋权属证书。这使大量房产在短短几年内发生流转，客观上形成了市场供给和需求，激活了房地产市场，也为房地产经纪活动的再现创造了契机。1987年10月，中国共产党第十三次代表大会《沿着有中国特色的社会主义道路前进》报告明确指出社会主义市场体系包括房地产市场，这宣告了我国房地产市场的诞生。

（2）复苏的表现。房地产经纪的复苏主要表现为房地产经纪服务主体的出现和房地产市场的形成。

复苏阶段的房地产经纪服务主体大致分三类。第一类是1985年前后，由各地房地产行政主管部门设立的事业单位性质的换房站、房地产交易所、房地产交易中心或房地产交易市场（1998年名称统一为“房地产交易所”）等官方机构，承担着市场管理与房产交易服务职能。第二类是经工商行政管理部门核准、登记成立的房地产经纪企业。1988年12月全国首家房地产经纪企业——深圳国际房地产咨询股份有限公司成立。1991年，深圳的房地产经纪公司发展到11家。20世纪90年代前后，上海也出现了少量房地产经纪企业。第三类是社会上隐蔽从事房产经纪活动的闲散人员。这类人员多是熟知房地产信息，熟识房地产相关法律，房地产管理部门的离休、退休、退职、停薪留职人员以及城镇无业人员。

20世纪80年代中后期，随着房地产交易量的上升，一些城市出现了自发组织的“半地下”的住房交换、租赁市场。这些市场出现在马路旁、天桥下、广场上等人口聚集的地方，

是闲散经纪人活动的主要场所。复苏阶段的房地产经纪在加快房地产有效流转、改善人们居住条件等方面显示出积极作用。

复苏阶段的房地产经纪呈现规则缺失、行为不规范、组织松散、整体服务水平较低等特点。例如1990年，广州市房管部门在对铺面房屋（包括私人出租铺面房屋）进行整顿时，处理违反房管制度的“二房东”等房产经纪纠纷201宗。当时的房地产经纪服务还未完全市场化，且主体成分庞杂，严格地说，还算不上是一个独立的行业，但私营性质的房地产经纪企业已经出现，昭示了房地产经纪发展的方向。

（3）复苏阶段的行业管理。改革开放之前，房地产经纪活动被列为八种投机倒把行为之一，是被打击和取缔的对象。1978年之后，对房地产经纪活动的限制开始松动。1983年12月17日，国务院颁布《城市私有房屋管理条例》（国发［1983］194号），明令“任何单位或个人都不得私买私卖城市私有房屋，严禁以城市私有房屋进行投机倒把活动。”1987年9月17日，国务院颁布《投机倒把行政处罚暂行条例》，房地产经纪活动不再是投机倒把行为。1988年8月8日，建设部、国家物价局、国家工商行政管理局联合下发《关于加强房地产交易市场管理的通知》（建房字［1988］170号），提出“对一些在房地产交易活动中出现的尚存在争议的问题，如房地产经纪人问题等，可通过试点，从实践中摸索经验。”房地产经纪活动逐渐得到国家和社会的认可。

复苏阶段，经济发展较早的沿海地区对市场化的房地产经纪活动持开明态度，内陆地区则仍然保守。例如，《上海市私有居住房屋租赁管理暂行办法》（1987年6月17日发布）规定私有房屋可以委托代理人出租，但代理人代理出租，应具有房屋所有人委托的证件。这代表依法、规范的房地产经纪活动开始被允许。相反，《西安市房地产交易市场管理暂行办法》（1990年颁布）依旧将“私自交易房屋、居间牟利、倒买倒卖”视为违法行为。

一些地方政府也开始对房地产经纪实行正面的规范和管理。如1986年，重庆、武汉等地开始设立经纪人公开活动的场所，并尝试考核认定经纪人资格。1987年，上海市开始对私有房屋出租代理行为进行规范。1989年11月16日，福州市人民政府颁布《福州市房屋交易管理暂行规定》（榕房［1989］320号），明确规定：“凡从事房屋中介服务的经纪人，必须向市房屋经纪人交易所提出申请，经工商行政管理机关审查，核发中介服务许可证后方可从事房屋中介服务。”另外，20世纪80年代中期起，各地开始设立房地产交易场所（或房地产交易中心）。房地产交易所是房地产行政管理部门直属的事业单位，既是办理交易手续、权属登记的部门，又是法定的房地产经纪服务提供部门。建设行政主管部门（房地产行政主管部门）对房地产经纪行业的管理，隐含或包含在对房地产交易所的管理中。

2. 初步发展阶段（1992～2001年）

1992年邓小平南巡讲话，推进了我国社会主义市场经济发展的进程。1994年《城市房地产管理法》出台，房地产经纪活动的合法地位得到确立。自此，房地产经纪人成为正当职业，房地产经纪行业走上了市场化发展的道路。

（1）初步发展的背景。1992年国务院发布《关于发展房地产业若干问题的通知》（国发［1992］61号），明确要求建立和培育完善的房地产市场体系，建立房地产交易的中介服务代理机构、房地产价格评估机构和对市场纠纷的仲裁机构等。这确立了房地产经纪行业市场化发展的道路。1993年一些沿海地区出现房地产投资过热，1995年国家开始进行宏观调控，房地产市场开始调整。此后出现了商品房销售不畅的局面，这为我国房地产经纪新建商品房销售代理业务发展带来了一次良机。1998年停止住房实物分配之后，城镇居民长期压抑的住房需求得到释放，再加上住房公积金和商业性住房金融的支持，面向存量房市场的经纪服务兴起。

（2）初步发展的表现

① 房地产经纪机构大量成立，持证从业人员快速增加。1993 年 2 月，第一家全国性的房地产中介机构——中外合资建银房地产咨询有限公司成立，当年，深圳就批准成立了近 70 家房地产经纪机构。1992 年 7 月，上海首家房地产经纪企业——上海威得利房产咨询公司成立，到 1998 年年底，上海已有 1905 家房地产经纪企业，其中专营性公司 984 家（外资企业 143 家），兼营性公司 921 家（外资企业 280 家）。1993 年，北京市成立 120 多家房地产经纪机构，至 2001 年年底，北京市的房地产经纪类公司超过了 2000 家。据不完全统计，到 2000 年，全国房地产经纪机构为 2.5 万家。1994 年，上海率先设立房地产经纪人考试制度，1996 年有 6300 多人获得《房地产经纪人员资格证》，1998 年持证人数增至 10518 人。北京市于 1996 年设立房地产经纪人考试制度，当年通过考试的有 241 人，以后逐年上升，到 2001 年已有 6067 人取得房地产经纪人资格。据统计，2001 年全国共有 20 多万名房地产经纪从业人员。

② 房地产经纪业务范围扩大，作用明显，业绩显著。发展初期，我国房地产经纪机构的业务以新建房销售代理为主，20 世纪末，规模较大的机构逐渐从单一的营销策划，发展到市场调研、产权调查、价格评估、金融按揭、法律咨询以及代办产权登记、公证、保险、抵押等各种手续全过程经纪服务，并且一些成立较早的经纪机构开始涉足存量房经纪业务。1996 年，据北京 107 家中介机构的统计，当年完成成交额 62 亿元，直接或间接通过中介机构或房地产经纪人员促成的交易约占全市总成交额的 80%。1997 年，上海市通过房地产经纪机构完成的买卖面积为 9.42 万平方米，租赁面积为 37.8 万平方米，经纪服务收入 5511.69 万元。

③ 1994 年开始，我国香港和台湾地区的房地产经纪企业开始进入内地，先后有台湾信义房屋、台湾太平洋房屋、香港中原地产等房地产经纪企业进驻上海、北京等地。2001 年，美国 21 世纪不动产公司（北京埃菲特国际特许经营咨询服务有限公司）进驻北京。这些港台和外资企业的涌入，推动了我国房地产市场和经纪行业的发展。

④ 1996 年前后，全国各市、区（县）的房产交易所和房产交易市场开始转制。由于房地产经纪人员合法化和房地产经纪机构的建立，房地产交易中心主要提供交易、纳税、贷款、过户、办证等服务，履行房地产市场相关的管理职能，不再直接参与房地产中介服务。

（3）初步发展时期的行业管理。国家对房地产经纪的发展进行正面引导和规范成为行业管理的主要内容。1995 年 1 月 1 日《中华人民共和国城市房地产管理法》（中华人民共和国主席令第 72 号）实施，确定了房地产经纪机构的设立条件；1995 年 7 月 17 日，国家计委、建设部联合下发《关于房地产中介服务收费的通知》（计价格［1995］971 号），制定了全国统一的房地产经纪服务收费标准。1996 年 1 月 8 日《城市房地产中介服务管理规定》（建设部令 50 号发布，2001 年 8 月 5 日，建设部令 97 号修改）发布，明确规定从事房地产经纪的机构，必须有规定数量的经过考试、注册并取得《房地产经纪人资格证》的人员。房地产经纪地位合法化，开始得到正面的规范和管理。

房地产经纪发展较早的城市陆续出台专门针对房地产经纪管理的地方规章，并对房地产经纪人员实行职业资格准入管理。1992 年 11 月 9 日，广州市房地产管理局和广州市国土局联合颁发了第一部专门针对房地产经纪行业的地方性法规——《广州市房地产经纪管理暂行规定》，随后《沈阳市房地产经纪人管理暂行办法》（1993 年）、《上海市房地产经纪人管理暂行规定》（1994 年）相继出台。到 2001 年，全国 20 多个省市都相继发布了专门针对房地产经纪的地方规定。1994 年，深圳市、上海市开始实行房地产经纪人资格培训、考核制度。1996 年北京市也开始实施资质证书制度。

我国房地产经纪行业组织在20世纪90年代中期开始出现。广州中介产业经纪人协会成立于1995年6月，是最早的中介经纪人协会之一，其房地产代理专业委员会就是广州市的房地产经纪行业组织。深圳市中介服务行业协会成立于1995年10月4日，负责房地产经纪行业的自律工作。1996年12月，上海市房地产经纪行业协会的前身——上海市房地产经纪人协会成立。全国性质的房地产中介行业的自律组织——中国房地产协会中介专业委员会于1995年成立。

3. 快速发展阶段（2001年至今）

2001年之后，房地产需求两旺，存量房市场兴起，商品房价格快速上涨，房地产买卖、租赁市场全面繁荣。房地产经纪行业进入快速发展时期。

（1）快速发展的背景。2001年之后，个人成为住宅市场需求的主体，商品房销售稳步增加，存量房市场升温，与此同时，商品房空置率居高不下。2001年，个人购买面积达到1.825亿平方米，已占到商品住宅总销售面积的91.53%；全国35个大中城市存量住房交易60.35万套，相当于当年增量商品房（885717套）的68.14%。2003年，我国商品房空置面积已突破1亿平方米，空置一年以上的商品房面积为4220万平方米，空置率已接近20%。

信息技术在房地产经纪行业得到广泛应用。2001年之后，互联网、局域网逐渐普及，信息技术在改变着每个行业。据2004年《中国通信年鉴》统计，2003年，全国各种类型的互联网用户达到7645万户，比2002年增长30.74%。网站已经成为房地产经纪企业发布房源信息，交易当事人获取经纪机构、经纪人信息最重要的途径。

（2）快速发展的表现。房地产经纪行业整体以迅猛速度快速成长，从业者人数、机构数量、企业法人单位总资产以及业务量均大幅度增长。据国家工商行政管理总局统计，截至2007年，名称中含有“房地产经纪”字样的企业约29954家。根据中国房地产估价师与房地产经纪人学会统计，取得全国房地产经纪人执业资格的人员队伍也空前庞大，到2010年9月底，全国共有34814人取得了中华人民共和国房地产经纪人资格证书，其中的22024人经注册取得了中华人民共和国房地产经纪人注册证书，全国有注册房地产经纪人的房地产经纪机构达到15937家。截至2013年年末，房地产经纪企业数量达到6.6万个，企业总资产共计5489.5亿元，从业人数达到77.6万人，分别比5年前增长了82.3%、160%和84%，较其他类型房地产业增长最高，考虑到房地产经纪行业人员流动性大、持证上岗执行不到位、统计数据不完整等情况，实际从业人数还会更多。

快速发展时期，房地产经纪行业内已成长起一批门店过百、人员过万的大型房地产经纪机构，如21世纪中国不动产、中原地产、北京链家房地产经纪有限公司、北京我爱我家房地产经纪有限公司、广州满堂红（中国）置业有限公司等。自2004年起，易居（中国）控股有限公司、富阳（中国）控股有限公司、合富辉煌（中国）房地产顾问有限公司、世联地产（全称“深圳世联地产顾问股份有限公司”）陆续在国内外资本市场上市，这表明一批盈利能力强、综合实力雄厚的经纪机构正在升格为集团公司。

房地产经纪服务从业人员的整体素质和过去几年相比有所提高。2010年中国房地产估价师与房地产经纪人学会对全国40个重点城市房地产经纪从业人员进行了调查，统计发现，按学历层次分，从业人员中具有大专学历的人数比例最多，占42%，具有本科以上学历的占20%。但是，房地产经纪从业人员素质方面还存在持证人数比例低、年纪轻、从业时间短等特点。取得全国房地产经纪人执业资格的占总人数的2.6%，取得地方房地产经纪人执业资格的占总人数的16.5%。69%的从业人员年龄为20～29岁，从业时间较短，专业经验不够深厚。

房地产经纪服务向纵深发展，作用不可替代。房地产经纪人员的专业服务已经从低端提供交易信息、居间撮合，发展到顾问咨询、协助签约、交易资金托管、贷款手续和产权手续代办、房屋查验、装修咨询以及新建商品房的前期筹划、营销策划、销售代理等领域。通过房地产经纪服务完成的存量房交易比重不断提高，据统计，2007 年许多城市超过了 50%，大连市最高，已经超过 90%。

快速发展时期的房地产经纪行业呈现问题与成绩并存的特点。在快速发展的同时，由于缺少经验，盲目追求速度，行业内出现了诸如广告欺诈、非法赚取差价等违法违规行为，甚至发生了房地产经纪机构卷款潜逃等恶性案件。

（3）快速发展时期的行业管理

① 建立全国房地产经纪人职业资格制度。2001 年 12 月 18 日，人事部、建设部联合颁发了《房地产经纪人员职业资格制度暂行规定》（人发［2001］128 号），决定对房地产经纪人员实行职业资格制度，纳入全国专业技术人员职业资格制度统一规划。2004 年 12 月 10 日，建设部印发《建设部关于改变房地产经纪人执业资格注册管理方式有关问题的通知》（建办住房［2004］43 号），落实注册制度，当年全国共 6734 人获准初始注册。职业资格制度规定：凡从事房地产经纪活动的人员，必须取得房地产经纪人员相应职业资格证书并经注册生效。

② 建立全国房地产经纪行业组织。2004 年 6 月 29 日，建设部发布了《关于改变房地产经纪人执业资格注册管理方式有关问题的通知》（建办住房［2004］43 号），将房地产经纪人执业资格注册工作转交中国房地产估价师学会。2004 年 7 月 12 日民政部批准中国房地产估价师学会更名为中国房地产估价师与房地产经纪人学会，成为国内唯一的全国性的房地产经纪行业组织。

③ 开通房地产经纪信用档案。2002 年 8 月 20 日，建设部发布了《关于建立房地产企业及执（从）业人员信用档案系统的通知》（建住房函［2002］192 号）。2006 年 10 月 31 日，中国房地产估价师与房地产经纪人学会开通了房地产经纪信用档案。截止到 2007 年年底，18396 名注册房地产经纪人及其所执业的机构都已建立了信用档案。

④ 开展房地产经纪资信评价。2006 年 10 月，中国房地产估价师与房地产经纪人学会在建设部的安排下，开展了首次全国房地产经纪资信评价，评选出了 70 名优秀房地产经纪人和 114 家优秀房地产经纪机构。通过评选优秀房地产经纪人和优秀房地产经纪机构，对做得好的房地产经纪人和房地产经纪机构予以褒奖，同时进行大力宣传。

⑤ 出台了《房地产经纪执业规则》《房地产经纪业务合同推荐文本》等一系列行业规范文件。为加强行业管理，规范房地产经纪行为，2006 年 10 月 31 日，中国房地产估价师与房地产经纪人学会发布了《房地产经纪执业规则》和《房地产经纪业务合同推荐文本》（包括房屋出售委托协议、房屋出租委托协议、房屋承购委托协议和房屋承租委托协议）。

⑥ 实行房地产交易资金监管。2006 年 12 月 29 日，建设部、中国人民银行联合发布《建设部中国人民银行关于加强房地产经纪管理，规范交易结算资金账户管理有关问题的通知》（建住房［2006］321 号），加强了对房地产交易资金的监管。另外，上海、天津、杭州等市运用技术手段加强管理，开发了房地产信息系统，实现了网上签约与交易资金监管的联动。

⑦ 加强和规范对房地产经纪行业的全面管理。2011 年 4 月 1 日，由住房和城乡建设部、国家发展和改革委员会、人力资源和社会保障部共同发布的《房地产经纪管理办法》正式实施。《房地产经纪管理办法》是整个房地产经纪行业发展多年以后，第一部专门的全国统一管理法规，经纪公司在操作业务时有明确的统一标准，监督、责任部门明确，经纪行业的规范框架有了突破性的进展。《房地产经纪管理办法》中对交易资金监管、经纪从业人员要求、

资金监管等再次作了重申，同时也有构建统一的房地产经纪网上管理和服务平台、基本合同签订等新举措。

三、房地产经纪行业的发展现状

(一) 房地产经纪行业的规模

房地产经纪行业作为专业的服务业，经过 20 多年的发展，已经成为具有较大规模的行业。根据中国房地产估价师与房地产经纪人学会的统计，截止到 2019 年 6 月，全国工商登记正在营业的房地产经纪机构超过 25 万家，有 21 万人获得全国房地产经纪人职业资格。据有关的房地产网络平台统计，全国活跃的房地产经纪从业人员超过 130 万人，全行业每年促成的房地产交易额约为 5 万亿元，房地产经纪行业在保障房地产交易安全、改善人们居住条件、优化资源配置等方面都发挥了不可或缺的作用。

(二) 房地产经纪行业的地位

按照《国民经济行业分类》(GB/T 4754—2002)，中国的国民经济被划分为 21 个门类，98 个大类。其中房地产业作为一个单独的大类，在 98 个大类中排列在第 72 类，即第 K 类。在这一大类中，又包括 4 个小类：房地产开发经营业、物业管理业、房地产中介服务业及其他房地产活动。而房地产经纪业属于其中的第三类，即房地产中介服务业。

联合国 1971 年颁布、1986 年修订的《全部经济活动的国际标准产业分类索引》，将全部经济活动分为大、中、小、细四个层次。它将全部经济活动分为 10 个大项，其中不动产业属于第 8 项，该项的内容是金融业、不动产业、保险业和商业性服务业。其中，房地产经纪业属于不动产业。与中国标准不同的是，不动产业并没有被划分为单独的类别，而是和金融、保险和商业性服务业放在了一起。

在北美产业分类体系（NAICS）中，关于房地产的分类为“房地产与租金租约服务”，这一类的代码为 53。这一类又分为两大类：房地产、租金和租约服务。在房地产这一分类中，又分为三个小类：房地产出租、房地产代理和经纪、与房地产相关的其他活动。非常值得注意的是，房地产代理和经纪在房地产这一项目下被单列为一类，而其他中介服务活动如房地产估价则属于与房地产相关的其他服务的下一个分类级别。由此可见房地产经纪业的地位。

从以上各种产业体系分类的情况看，房地产经纪业都是房地产中介服务业乃至房地产业中的重要组成部分。

四、房地产经纪行业的发展展望

(一) 现代服务业的发展与房地产经纪行业

服务是指行为主体通过该项活动使另一个主体即服务对象获得某种利益。从 20 世纪开始，特别是第二次世界大战后，服务业的发展日趋明显。在发达国家中，随着服务业的快速发展，产业结构发生了深刻变化：第一产业比重下降，第二产业比重下降或保持稳定，作为第三产业的服务业比重则急剧上升。到 20 世纪 70 年代，发达国家的服务业在就业人口和国内生产总值中所占的比重都已超过第一、第二产业的总和。在一些快速崛起的发展中国家，服务业也出现了快速的发展。近 40 年来，服务业在全球得到了蓬勃发展。这一方面表现为服务业产值在各国国内生产总值（GDP）中比重呈快速上升趋势；另一方面表现为服务业的就业人口占全部就业人口的比重明显上升。在中国，服务业在近 20 年来也有了长足的发展。服务业增加值占 GDP 比重由 1978 年的 23%升至 2006 年的 39.5%；服务业就业比重由

1978 年的 12.1%升至 2006 年的 32.2%。

服务业的迅猛发展首先是工业生产自动化不断提高和社会经济结构相应变革的结果。因为现代科学技术的不断进步，使得实际物质产品的生产更多地由各种自动化的机械去完成，人类劳动就比以往更多集中于为驱动机械而必需的“信息”的生产，如对新产品、新技术的研究、设计、管理等。同时，专业化分工的发展和市场竞争中的效率至上原则，迫使工业制造业中的各种非直接物质产品生产部门逐渐从制造业中分离出来，便形成了日益庞大的服务业。其次，专业化分工越细，生产过程越迂回，经济活动日益网络化，因而沟通各类经济主体之间“物”的流通和信息流通的部门也就越多。再次，随着生活水平的提高，人们不再仅仅满足于商品的消费，需要各种适应个性化需求的服务来不断提高生活质量，这也推动了服务业的发展。

随着网络技术、信息技术的发展，信息集成技术、互联网技术也被引入服务业，在一些服务行业中产生了巨大的变化，出现了新的特征。2002 年 11 月，中国共产党第十六次代表大会的报告中提出“加快发展现代服务业，提高第三产业在国民经济中的比重”。其中的“现代服务业”就是针对服务业发展的新特点而提的，它相当于美国等西方国家所称的“知识密集型服务业”。区别于传统服务业，现代服务业是为了满足企业和其他社会组织商务活动（公务活动）的功能强化与职能外化的需要而发展起来的，主要是为企业和其他社会组织的商务活动（公务活动）降低成本、扩展功能、提升效率而提供服务的相关产业部门。其主要特征是知识密集、基于网络技术，以及现代化的经营理念与经营模式。现代服务业随着现代经济和社会活动的发展才会产生，具有十分明显的时代特征，故可称其为现代服务业。具体来说现代服务业主要指依托电子信息等高技术或现代经营方式和组织形式而发展起来的服务业，既包括新兴服务业，如以互联网为基础的网络服务、移动通信、信息服务、现代物流等；也包括对传统服务业的技术改造和升级，如电信、金融、中介服务、房地产等。其本质是实现服务业的现代化。

现代服务业的发展实质上反映了在现代经济发展环境和现代信息技术推动下服务业发展的新趋势。房地产经纪行业虽然是历史悠久的传统服务业，但在现代经济和现代信息技术迅猛发展的推动下，已经开始向现代服务业转型。

(二)房地产业的发展与房地产经纪行业

房地产业的形成与发展是分工不断深化的结果。在自由市场经济条件下，房地产流通具有自发演进、不断发展的过程，从而规定了房地产业内生演进的基本路径。房地产流通方式的演进是沿着如何通过流通中的产权形式创新来实现房地产价值运动的重构这一方向发展的，而房地产价值运动的重构总是以有利于提高价值实现的可能性为宗旨的，它或者是通过价值支付时点的分散化，或者是通过价值支付主体的分散化，或者是将以上两者结合。在这一演进过程中，房地产业内部逐渐产生行业分化，将自发地形成资金和专业实力雄厚的房地产投资业（它们也是最主要的房地产出租人），以及为房地产投资业服务的房地产开发、房地产金融、房地产经纪、房地产设施管理等细分行业。房地产业从以生产环节（房地产开发）为主的“类制造业”，转化为真正意义上的服务业，从向社会提供有形的产品——房地产，转为提供服务——房地产的使用功能或者从事房地产专业活动的人力资源及相关资源的使用功能。

房地产业发展的内在规律，决定了房地产经纪行业将随着房地产业的发展而在房地产业占据越来越重要的位置。2002 年美国房地产经纪行业的营业收入就已占到房地产业全行业营业收入的 19.45%，这正是与美国房地产业的较高发展阶段相关联的。目前美国房地产业的主体是房地产服务业，即或者是主要由房地产的“物”来提供服务（房地产租赁），或者是主要由房地产业的“人”来提供专业服务（房地产经纪、房地产估价、物业管理、房地产咨询等）。而在由房地产业的“人”所提的服务中，房地产经纪行业所占的比重最高，2002年其营业收入达到房地产服务业总收入的32.01%。

(三)现代房地产经纪行业

目前我国的房地产经纪行业正呈现出由传统房地产经纪行业向现代房地产经纪行业发展的趋势，具体表现在以下几个方面。

1. 信息整合、开发与利用能级大大提高，业务领域向高附加值服务延展

传统的房地产经纪行业主要利用其所掌握的房源信息和客源信息，通过供需配对促成交易。其信息整合的范围仅限于同一经纪机构内部。从发达国家和地区房地产经纪行业发展的经验来看，依托于快速发展的信息技术，房地产经纪行业可以通过建立全新的行业运行模式，采用最先进的信息技术，在更大范围内整合房地产市场及相关信息，进一步提高其促进房地产市场流通的功能，并通过各类信息的深度加工，围绕房地产市场流通提供专业咨询、顾问等高附加值服务。例如，美国房地产经纪行业很早就建立了多重房源上市服务（MLS）系统，该系统整合了全行业的房源信息，使房地产经纪人员从房源竞争转化到服务竞争，更加注重针对委托人的需要提供一系列专业化服务。而在我国，许多房地产经纪机构介入房地产开发过程的前期，为开发商提供市场调查、投资咨询、产品定位、营销策划等咨询服务；一些主要从事办公楼经纪的公司，为使用办公楼的公司提供选址、场地布置策划、搬迁方案策划和管理等，这些都表明房地产经纪行业的生产服务内容在日益加强。

2. 行业知识和技术密集程度提高，专业化分工向纵深发展

传统的房地产经纪行业主要集中于住宅市场。住宅市场以买卖为主的流通方式使得房地产经纪行业并不太关注房地产使用过程中的问题，因此，从业人员主要需要掌握房地产交易、产权登记的法律和实务操作知识与技能，以及相关的建筑、金融、市场营销知识等。而作为现代服务业的房地产经纪行业更多地拓展到了种类繁多的商业房地产领域，大量涉猎写字楼、商铺、购物中心、仓储和工业房地产市场，为金融、商业、物流、制造业等企业提供房地产租赁、购置的咨询、代理服务。从事这类业务的房地产经纪人员，不仅要掌握房地产专业知识，还要掌握相关产业的产业运行、业务流程、商品特征等专业知识，掌握为具体的对象产业服务所需要的房地产使用成本测算、房地产使用方案筹划等技能。房地产经纪行业的知识和技术密集程度大大提高，同时，专业化分工不断深化。从美国的情况来看，房地产经纪行业的专业化分工已深化到极为细致的层面。如从事仓储物业经纪业务的房地产经纪机构，甚至分化为港口仓储物业经纪、汽车制造业仓储物业经纪等专业类型。

3. 以互联网为依托的新型房地产经纪业态发展迅速

目前，许多购房人了解存量房市场的第一步就是浏览各大房地产专业网站和知名门户网站的房地产频道，因此，网上门店已成为房地产经纪人员获得客源的一个重要渠道。房源发布的网络化不仅大大提高了信息发布的速度、降低了信息发布的成本，还为客户提供了24小时的全方位信息获取平台。有些网站甚至在线提供房源的各类信息，包括经纪人对房源及其小区、周边环境的文字介绍、房型图、室内照片、小区照片与视频、周边街道的360度连续跟踪照片、地图、经纪人情况、小区业主（住户）对小区的评论等，并提供多种搜索、排序、筛选功能，大大方便了购房者。在网民数量快速快上升的中国，这种以互联网为依托的新型房地产经纪业态具有不可估量的发展潜力，必将迅速发展。

4. 企业规模扩大，现代企业制度成为龙头企业的发展根本

传统的房地产经纪行业通常以单纯的知识、智力、劳务输出为主，企业规模以中小型为

主，家族企业、小型合伙企业是房地产经纪行业常见的企业类型。但是房地产经纪行业向现代服务业的转型，特别是在这一过程中房地产经纪行业技术、知识密集程度的提高，使得房地产经纪行业的规模经济更为明显。规模化房地产经纪机构必须具有雄厚的资金以及与之相匹配的现代企业制度。从发达国家和地区的经验来看，一些房地产经纪行业的龙头企业大多通过在资本市场上市，形成雄厚的资金实力和上市公司所必须具备的现代企业制度。因此，建立现代企业制度将成为房地产经纪行业内龙头企业的发展之本。

五、房地产经纪行业的发展趋势

房地产经纪行业发展的趋势，包括职业资格制度越来越加强；专业化细分；网络技术以及移动互联技术在房地产经纪行业的应用更加广泛；可能出现独家代理及独立房地产经纪人等。

房地产经纪行业的前景，一是房地产经纪行业为朝阳产业，原因是存量房交易不断增长，人们通过购买房屋或者租赁房屋解决居住问题就离不开房地产经纪服务；二是房地产经纪行业的未来发展前景非常广阔，主要体现在房屋存量的基数越来越大，交易量会保持一定速度的增长并维持高位，目前通过房地产经纪机构成交的房屋比例还有待进一步提高，房地产经纪从业人员的年龄还普遍较低，未来会有所成熟和发展等。总之，房地产经纪行业会成为房地产业和现代服务业的重要组成部分。

房地产经纪人员应当高度认同房地产经纪行业。房地产经纪也是可以托付终生的职业；房地产经纪应当是一个收入高、社会地位高、人们生活和经济发展不可或缺、受人尊敬的职业。房地产经纪是一个拼勤奋、拼努力、拼专业、拼服务的适合“草根”成长的职业之一，应当树立房地产经纪人的自信心和自豪感。

第二章 02

房地产经纪人员的相关规定

房地产经纪专业人员即房地产经纪人，是指通过全国房地产经纪人员职业资格考试或者资格互认，依法取得房地产经纪人资格证书，并经过注册，从事房地产经纪活动的专业人员。在获取房地产经纪人资格证之前，首先要对房地产经纪人有些基本的了解。本章主要介绍房地产经纪人员职业资格考试相关规定，房地产经纪人员的权利与义务，房地产经纪人员的知识、技能与修养。

第一节　房地产经纪人员职业资格考试相关规定

依据《房地产经纪人员职业资格制度暂行规定》（人发［2001］128号，自2001年12月18日起施行），凡从事房地产经纪活动的人员，必须取得房地产经纪人员相应职业资格证书并经注册生效。未取得职业资格证书的人员，一律不得从事房地产经纪活动。

根据《国务院机构改革和职能转变方案》和《国务院关于取消和调整一批行政审批项目等事项的决定》（国发［2014］27号）有关取消"房地产经纪人职业资格许可"的要求，以及国家职业资格证书制度有关规定，房地产经纪人从准入类资格中取消，并于2014年暂停考试。

根据人力资源和社会保障部、住房和城乡建设部关于印发《房地产经纪专业人员职业资格制度暂行规定》和《房地产经纪专业人员职业资格考试实施办法》的通知（人社部发［2015］47号），房地产经纪人员相关资格证书调整为水平评价类，并于2015年恢复考试。

2019年房地产经纪人员职业资格考试，于2019年4月13～14日举行。

房地产经纪人员职业资格包括房地产经纪人执业资格和房地产经纪人协理从业资格。取得房地产经纪人执业资格是进入房地产经纪活动关键岗位和发起设立房地产经纪机构的必备条件。取得房地产经纪人协理从业资格，是从事房地产经纪活动的基本条件。

一、考试制度

《房地产经纪专业人员职业资格考试实施办法》(人力资源和社会保障部、住房和城乡建设部以人社部发［2015］47号）的具体内容如下。

第一条

人力资源和社会保障部、住房和城乡建设部按职责分工负责指导、监督和检查房地产经纪专业人员职业资格考试的实施工作。

第二条

中国房地产估价师与房地产经纪人学会具体负责房地产经纪专业人员职业资格考试的实施工作。

第三条

房地产经纪人协理职业资格考试设《房地产经纪综合能力》和《房地产经纪操作实务》2个科目。考试分2个半天进行，每个科目的考试时间均为2.5小时。

房地产经纪人职业资格考试设《房地产交易制度政策》《房地产经纪职业导论》《房地产经纪专业基础》和《房地产经纪业务操作》4个科目。考试分4个半天进行，每个科目的考试时间均为2.5小时。

第四条

房地产经纪专业人员职业资格各科目考试成绩实行滚动管理的办法。在规定的期限内参加应试科目考试并合格，方可获得相应级别房地产经纪专业人员职业资格证书。

参加房地产经纪人协理职业资格考试的人员，必须在连续的2个考试年度内通过全部（2个）科目的考试；参加房地产经纪人职业资格考试的人员，必须在连续的4个考试年度内通过全部（4个）科目的考试。

第五条

符合《房地产经纪专业人员职业资格制度暂行规定》(以下简称《暂行规定》）第十条的基本条件和相应级别报名条件之一的，均可申请参加相应级别考试。

第六条

符合《暂行规定》相应级别考试报名条件之一的，并具备下列一项条件的，可免于参加房地产经纪专业人员职业资格部分科目的考试。

（一）通过全国统一考试，取得经济专业技术资格“房地产经济”专业初级资格证书的人员，可免试房地产经纪人协理职业资格《房地产经纪综合能力》科目，只参加《房地产经纪操作实务》1个科目的考试。

（二）按照原《〈暂行规定〉和〈房地产经纪人执业资格考试实施办法〉》（人发［2001］128号）要求，通过考试取得房地产经纪人协理资格证书的人员，可免试房地产经纪人协理职业资格《房地产经纪操作实务》科目，只参加《房地产经纪综合能力》1个科目的考试。

（三）通过全国统一考试，取得房地产估价师资格证书的人员；通过全国统一考试，取得经济专业技术资格“房地产经济”专业中级资格证书的人员；或者按照国家统一规定评聘高级经济师职务的人员，可免试房地产经纪人职业资格《房地产交易制度政策》1个科目，只参加《房地产经纪职业导论》《房地产经纪专业基础》和《房地产经纪业务操作》3个科目的考试。

参加1个或3个科目考试的人员，须在1个或连续的3个考试年度内通过应试科目的考试，方可获得房地产经纪专业人员职业资格证书。

免试部分科目的人员在报名时，应当提供相应证明文件。

第七条

参加考试由本人提出申请，按有关规定办理报名手续。考试实施机构按照规定的程序和报名条件审核合格后，核发准考证。参加考试人员凭准考证和有效证件在指定的日期、时间和地点参加考试。

中央和国务院各部门及所属单位、中央管理企业的人员按属地原则报名参加考试。

第八条

考点原则上设在直辖市和省会城市的大、中专院校或者高考定点学校。如确需在其他城市设置考点，须经中国房地产估价师与房地产经纪人学会批准。考试日期原则上为每年的第三季度。

第九条

坚持考试与培训分开的原则。凡参与考试工作（包括命题、审题与组织管理等）的人员，不得参加考试，也不得参加或者举办与考试内容相关的培训工作。应考人员参加培训坚持自愿原则。

第十条

考试实施机构及其工作人员，应当严格执行国家人事考试工作人员纪律规定和考试工作的各项规章制度，遵守考试工作纪律，切实做好从考试试题的命制到使用等各环节的安全保密工作，严防泄密。

第十一条

对违反考试工作纪律和有关规定的人员，按照国家专业技术人员资格考试违纪违规行为处理规定处理。

二、考试实施

国家设立房地产经纪专业人员水平评价类职业资格制度，面向全社会提供房地产经纪专业人员能力水平评价服务，纳入全国专业技术人员职业资格证书制度统一规划。

房地产经纪人员职业资格考试实行全国统一大纲、统一命题、统一组织的考试制度，由人力资源和社会保障部、住房和城乡建设部共同组织实施，每年举行一次。房地产经纪人员执业资格考试合格，由各省、自治区、直辖市人事部门颁发人事部统一印制，人事部、建设部盖章的《中华人民共和国房地产经纪人执业资格证书》，该证书全国范围有效。

三、考试报名条件

(一) 房地产经纪人考试报名条件

申请参加房地产经纪人职业资格考试应当具备的基本条件：

（1）遵守国家法律、法规和行业标准与规范；

（2）秉承诚信、公平、公正的基本原则；

（3）恪守职业道德。

具备下列条件之一者，可以申请参加房地产经纪人执业资格考试：

（1）取得大专学历，工作 6 年，其中从事房地产经纪业务工作满 3 年；

（2）取得大学本科学历，工作满 4 年，其中从事房地产经纪业务工作满 2 年；

（3）取得双学士学位或研究生班毕业，工作满 3 年，其中从事房地产经纪业务工作满 1 年；

（4）取得硕士学位，工作满 2 年，从事房地产经纪业务工作满 1 年；

（5）取得博士学位，从事房地产经纪业务工作满 1 年。

(二)房地产经纪人协理考试报名条件

1. 基本条件

（1）遵守国家法律、法规和行业标准与规范。

（2）秉承诚信、公平、公正的基本原则。

（3）恪守职业道德。

2. 房地产经纪人协理报名条件

申请参加房地产经纪人协理职业资格考试的人员，除具备基本条件外，还应具备中专或者高中及以上学历。

四、职业资格注册

(一)房地产经纪人职业资格注册

申请房地产经纪人职业资格注册的人员，必须同时具备下列条件：

（1）遵纪守法，遵守注册房地产经纪人职业道德；

（2）具有《中华人民共和国房地产经纪人从业资格证书》，证书自核发之日起超过 3 年的，应附达到继续教育标准的证明材料；

（3）经所在房地产经纪机构同意；

（4）无不予注册情形。

(二)房地产经纪人协理职业资格注册

省、自治区人民政府建设行政主管部门、直辖市人民政府房地产行政主管部门负责房地产经纪人协理职业资格注册，并制定相应的具体管理办法。

申请房地产经纪人员职业资格注册的人员，条件同申请房地产经纪人。

有下列情形之一的，不予注册：

（1）不具有完全民事行为能力

（2）受刑事处罚，从刑事处罚执行完毕之日起至申请之日止不满 5 年的；

（3）在房地产经纪或相关业务活动中被暂停注册，暂停注册期间未满的；

（4）被注销房地产经纪人员注册证书的，从注销决定做出之日起不满 3 年的；

（5）所在房地产经纪机构未通过备案或者年检不合格的；

（6）有关法律、法规规定不予注册的其他情形。

五、《房地产经纪管理办法》

《房地产经纪管理办法》于 2011 年 1 月 20 日由住房和城乡建设部、国家发展和改革委员会、人力资源和社会保障部第 8 号令发布，自 2011 年 4 月 1 日起施行。2016 年 3 月 1 日，该办法根据住房和城乡建设部、国家发展和改革委员会、人力资源和社会保障部第 29 号令修正，自 2016 年 4 月 1 日起施行。具体内容如下。

第一章　总　　则

第一条　为了规范房地产经纪活动，保护房地产交易及经纪活动当事人的合法权益，促进房地产市场健康发展，根据《中华人民共和国城市房地产管理法》《中华人民共和国合同法》等法律法规，制定本办法。

第二条　在中华人民共和国境内从事房地产经纪活动，应当遵守本办法。

第三条　本办法所称房地产经纪，是指房地产经纪机构和房地产经纪人员为促成房地产交易，向委托人提供房地产居间、代理等服务并收取佣金的行为。

第四条　从事房地产经纪活动应当遵循自愿、平等、公平和诚实信用的原则，遵守职业规范，恪守职业道德。

第五条　县级以上人民政府建设（房地产）主管部门、价格主管部门、人力资源和社会保障主管部门应当按照职责分工，分别负责房地产经纪活动的监督和管理。

第六条　房地产经纪行业组织应当按照章程实行自律管理，向有关部门反映行业发展的意见和建议，促进房地产经纪行业发展和人员素质提高。

第二章　房地产经纪机构和人员

第七条　本办法所称房地产经纪机构，是指依法设立，从事房地产经纪活动的中介服务机构。

房地产经纪机构可以设立分支机构。

第八条　设立房地产经纪机构和分支机构，应当具有足够数量的房地产经纪人员。

本办法所称房地产经纪人员，是指从事房地产经纪活动的房地产经纪人和房地产经纪人协理。

房地产经纪机构和分支机构与其招用的房地产经纪人员，应当按照《中华人民共和国劳动合同法》的规定签订劳动合同。

第九条　国家对房地产经纪人员实行职业资格制度，纳入全国专业技术人员职业资格制度统一规划和管理。

第十条　房地产经纪人协理和房地产经纪人职业资格实行全国统一大纲、统一命题、统一组织的考试制度，由房地产经纪行业组织负责管理和实施考试工作，原则上每年举行一次考试。国务院住房城乡建设主管部门、人力资源社会保障部门负责对房地产经纪人协理和房地产经纪人职业资格考试进行指导、监督和检查。

第十一条　房地产经纪机构及其分支机构应当自领取营业执照之日起30日内，到所在直辖市、市、县人民政府建设（房地产）主管部门备案。

第十二条　直辖市、市、县人民政府建设（房地产）主管部门应当将房地产经纪机构及其分支机构的名称、住所、法定代表人（执行合伙人）或者负责人、注册资本、房地产经纪人员等备案信息向社会公示。

第十三条　房地产经纪机构及其分支机构变更或者终止的，应当自变更或者终止之日起30日内，办理备案变更或者注销手续。

第三章　房地产经纪活动

第十四条　房地产经纪业务应当由房地产经纪机构统一承接，服务报酬由房地产经纪机构统一收取。分支机构应当以设立该分支机构的房地产经纪机构名义承揽业务。

房地产经纪人员不得以个人名义承接房地产经纪业务和收取费用。

第十五条　房地产经纪机构及其分支机构应当在其经营场所醒目位置公示下列内容：

（一）营业执照和备案证明文件；

（二）服务项目、内容、标准；

（三）业务流程；

（四）收费项目、依据、标准；

（五）交易资金监管方式；

（六）信用档案查询方式、投诉电话及12358价格举报电话；

（七）政府主管部门或者行业组织制定的房地产经纪服务合同、房屋买卖合同、房屋租赁合同示范文本；

（八）法律、法规、规章规定的其他事项。

分支机构还应当公示设立该分支机构的房地产经纪机构的经营地址及联系方式。

房地产经纪机构代理销售商品房项目的，还应当在销售现场明显位置明示商品房销售委托书和批准销售商品房的有关证明文件。

第十六条 房地产经纪机构接受委托提供房地产信息、实地看房、代拟合同等房地产经纪服务的，应当与委托人签订书面房地产经纪服务合同。

房地产经纪服务合同应当包含下列内容：

（一）房地产经纪服务双方当事人的姓名（名称）、住所等情况和从事业务的房地产经纪人员情况；

（二）房地产经纪服务的项目、内容、要求以及完成的标准；

（三）服务费用及其支付方式；

（四）合同当事人的权利和义务；

（五）违约责任和纠纷解决方式。

建设（房地产）主管部门或者房地产经纪行业组织可以制定房地产经纪服务合同示范文本，供当事人选用。

第十七条 房地产经纪机构提供代办贷款、代办房地产登记等其他服务的，应当向委托人说明服务内容、收费标准等情况，经委托人同意后，另行签订合同。

第十八条 房地产经纪服务实行明码标价制度。房地产经纪机构应当遵守价格法律、法规和规章规定，在经营场所醒目位置标明房地产经纪服务项目、服务内容、收费标准以及相关房地产价格和信息。

房地产经纪机构不得收取任何未予标明的费用；不得利用虚假或者使人误解的标价内容和标价方式进行价格欺诈；一项服务可以分解为多个项目和标准的，应当明确标示每一个项目和标准，不得混合标价、捆绑标价。

第十九条 房地产经纪机构未完成房地产经纪服务合同约定事项，或者服务未达到房地产经纪服务合同约定标准的，不得收取佣金。

两家或者两家以上房地产经纪机构合作开展同一宗房地产经纪业务的，只能按照一宗业务收取佣金，不得向委托人增加收费。

第二十条 房地产经纪机构签订的房地产经纪服务合同，应当加盖房地产经纪机构印章，并由从事该业务的一名房地产经纪人或者两名房地产经纪人协理签名。

第二十一条 房地产经纪机构签订房地产经纪服务合同前，应当向委托人说明房地产经纪服务合同和房屋买卖合同或者房屋租赁合同的相关内容，并书面告知下列事项：

（一）是否与委托房屋有利害关系；

（二）应当由委托人协助的事宜、提供的资料；

（三）委托房屋的市场参考价格；

（四）房屋交易的一般程序及可能存在的风险；

（五）房屋交易涉及的税费；

（六）经纪服务的内容及完成标准；

（七）经纪服务收费标准和支付时间；

（八）其他需要告知的事项。

房地产经纪机构根据交易当事人需要提供房地产经纪服务以外的其他服务的，应当事先经当事人书面同意并告知服务内容及收费标准。书面告知材料应当经委托人签名（盖章）确认。

第二十二条 房地产经纪机构与委托人签订房屋出售、出租经纪服务合同，应当查看委托出售、出租的房屋及房屋权属证书，委托人的身份证明等有关资料，并应当编制房屋状况说明书。经委托人书面同意后，方可以对外发布相应的房源信息。

房地产经纪机构与委托人签订房屋承购、承租经纪服务合同，应当查看委托人身份证明等有关资料。

第二十三条 委托人与房地产经纪机构签订房地产经纪服务合同，应当向房地产经纪机构提供真实有效的身份证明。委托出售、出租房屋的，还应当向房地产经纪机构提供真实有效的房屋权属证书。委托人未提供规定资料或者提供资料与实际不符的，房地产经纪机构应当拒绝接受委托。

第二十四条 房地产交易当事人约定由房地产经纪机构代收代付交易资金的，应当通过房地产经纪机构在银行开设的客户交易结算资金专用存款账户划转交易资金。

交易资金的划转应当经过房地产交易资金支付方和房地产经纪机构的签字和盖章。

第二十五条 房地产经纪机构和房地产经纪人员不得有下列行为：

（一）捏造散布涨价信息，或者与房地产开发经营单位串通捂盘惜售、炒卖房号，操纵市场价格；

（二）对交易当事人隐瞒真实的房屋交易信息，低价收进高价卖（租）出房屋赚取差价；

（三）以隐瞒、欺诈、胁迫、贿赂等不正当手段招揽业务，诱骗消费者交易或者强制交易；

（四）泄露或者不当使用委托人的个人信息或者商业秘密，谋取不正当利益；

（五）为交易当事人规避房屋交易税费等非法目的，就同一房屋签订不同交易价款的合同提供便利；

（六）改变房屋内部结构分割出租；

（七）侵占、挪用房地产交易资金；

（八）承购、承租自己提供经纪服务的房屋；

（九）为不符合交易条件的保障性住房和禁止交易的房屋提供经纪服务；

（十）法律、法规禁止的其他行为。

第二十六条 房地产经纪机构应当建立业务记录制度，如实记录业务情况。

房地产经纪机构应当保存房地产经纪服务合同，保存期不少于5年。

第二十七条 房地产经纪行业组织应当制定房地产经纪从业规程，逐步建立并完善资信评价体系和房地产经纪房源、客源信息共享系统。

第四章 监督管理

第二十八条 建设（房地产）主管部门、价格主管部门应当通过现场巡查、合同抽查、投诉受理等方式，采取约谈、记入信用档案、媒体曝光等措施，对房地产经纪机构和房地产经纪人员进行监督。

房地产经纪机构违反人力资源和社会保障法律法规的行为，由人力资源和社会保障主管部门依法予以查处。

被检查的房地产经纪机构和房地产经纪人员应当予以配合，并根据要求提供检查所需的资料。

第二十九条 建设（房地产）主管部门、价格主管部门、人力资源和社会保障主管部门应当建立房地产经纪机构和房地产经纪人员信息共享制度。建设（房地产）主管部门应当定期将备案的房地产经纪机构情况通报同级价格主管部门、人力资源和社会保障主管部门。

第三十条 直辖市、市、县人民政府建设（房地产）主管部门应当构建统一的房地产经纪网上管理和服务平台，为备案的房地产经纪机构提供下列服务：

（一）房地产经纪机构备案信息公示；

（二）房地产交易与登记信息查询；

（三）房地产交易合同网上签订；

（四）房地产经纪信用档案公示；

（五）法律、法规和规章规定的其他事项。

经备案的房地产经纪机构可以取得网上签约资格。

第三十一条 县级以上人民政府建设（房地产）主管部门应当建立房地产经纪信用档案，并向社会公示。

县级以上人民政府建设（房地产）主管部门应当将在日常监督检查中发现的房地产经纪机构和房地产经纪人员的违法违规行为、经查证属实的被投诉举报记录等情况，作为不良信用记录记入其信用档案。

第三十二条 房地产经纪机构和房地产经纪人员应当按照规定提供真实、完整的信用档案信息。

第五章 法律责任

第三十三条 违反本办法，有下列行为之一的，由县级以上地方人民政府建设（房地产）主管部门责令限期改正，记入信用档案；对房地产经纪人员处以1万元罚款，对房地产经纪机构处以1万元以上3万元以下罚款：

（一）房地产经纪人员以个人名义承接房地产经纪业务和收取费用的；

（二）房地产经纪机构提供代办贷款、代办房地产登记等其他服务，未向委托人说明服务内容、收费标准等情况，并未经委托人同意的；

（三）房地产经纪服务合同未由从事该业务的一名房地产经纪人或者两名房地产经纪人协理签名的；

（四）房地产经纪机构签订房地产经纪服务合同前，不向交易当事人说明和书面告知规定事项的；

（五）房地产经纪机构未按照规定如实记录业务情况或者保存房地产经纪服务合同的。

第三十四条 违反本办法第十八条、第十九条、第二十五条第（一）项、第（二）项，构成价格违法行为的，由县级以上人民政府价格主管部门按照价格法律、法规和规章的规定，责令改正、没收违法所得、依法处以罚款；情节严重的，依法给予停业整顿等行政处罚。

第三十五条 违反本办法第二十二条，房地产经纪机构擅自对外发布房源信息的，由县级以上地方人民政府建设（房地产）主管部门责令限期改正，记入信用档案，取消网上签约资格，并处以1万元以上3万元以下罚款。

第三十六条 违反本办法第二十四条，房地产经纪机构擅自划转客户交易结算资金的，由县级以上地方人民政府建设（房地产）主管部门责令限期改正，取消网上签约资格，处以

3 万元罚款。

第三十七条　违反本办法第二十五条第（三）项、第（四）项、第（五）项、第（六）项、第（七）项、第（八）项、第（九）项、第（十）项的，由县级以上地方人民政府建设（房地产）主管部门责令限期改正，记入信用档案；对房地产经纪人员处以 1 万元罚款；对房地产经纪机构，取消网上签约资格，处以 3 万元罚款。

第三十八条　县级以上人民政府建设（房地产）主管部门、价格主管部门、人力资源和社会保障主管部门的工作人员在房地产经纪监督管理工作中，玩忽职守、徇私舞弊、滥用职权的，依法给予处分；构成犯罪的，依法追究刑事责任。

第四章　附　则

第三十九条　各地可以依据本办法制定实施细则。

第四十条　本办法自 2011 年 4 月 1 日起施行。

第二节　房地产经纪人员的权利与义务

一、房地产经纪人员的权利

1. 房地产经纪人员的权利

（1）依法发起设立房地产经纪机构或受聘于房地产经纪机构，担任执业经纪人工作岗位的权利。

（2）在经办业务的房地产经纪服务合同上签名的权利。《房地产经纪管理办法》规定，“房地产经纪机构签订的房地产经纪服务合同，应当加盖房地产经纪机构印章，并由从事该业务的一名房地产经纪人或者两名房地产经纪人协理签名。”赋予了房地产经纪人员在房地产经纪服务合同等重要文件签名的权利。

（3）指导房地产经纪人协理进行各种经纪业务的权利。房地产经纪人有权指导房地产经纪人协理，协理协助房地产经纪人处理经纪有关事务并获得合理的报酬。

（4）处理经纪有关事务的权利。执行房地产经纪业务，从事收集信息、准备资料、核查委托人身份、带客户看房、斡旋洽谈、代办按揭等相关经纪工作。

（5）执行房地产经纪业务并获得合理佣金的权利。房地产经纪服务报酬由房地产经纪机构统一收取，但房地产经纪人与房地产经纪机构存在雇佣关系，依据劳动合同约定和有关规定，对经办的房地产经纪业务享有获得合理报酬的权利。

（6）要求委托人提供与交易有关的资料，支付因开展房地产经纪活动而发生的成本费用的权利。

（7）依法享有的其他权利。

2. 房地产经纪人协理的权利

房地产经纪人协理有权加入房地产经纪机构，在房地产经纪人的指导下，协助房地产经纪人处理经纪有关事务并获得合理的报酬。

二、房地产经纪人员的义务

1. 房地产经纪人员的义务

（1）遵守法律、法规、行业管理规定和执业规则，恪守职业道德的义务。遵纪守法是每个公民的义务，房地产经纪人员也不例外。房地产经纪人员除应当遵守一般的法律、法规外，还要重点遵守专门的部门规章《房地产经纪管理办法》针对房地产经纪行业的一系列规范性文件及行业自律文件。

（2）不得同时受聘于两个或两个以上房地产经纪机构执行业务的义务。房地产经纪人员不能在两个及两个以上房地产经纪机构执业，有两个法律依据：一是根据《城市房地产管理法》的规定，房地产经纪机构应当具备足够数量的专业人员，专业人员应当特指房地产经纪人员，房地产经纪人员兼职就会造成同一房地产经纪人员既属于甲房地产经纪机构又属于乙房地产经纪机构的情况，违反房地产经纪机构专业人员的界定和要求；二是《劳动合同法》规定，“非全日制用工，是指以小时计酬为主，劳动者在同一用人单位一般平均每日工作时间不超过 4 小时，每周工作时间累计不超过 24 小时的用工形式。”目前，房地产经纪人员每天的工作时间远远超过 4 小时，有的甚至超过 8 小时，另外房地产经纪人员的工作成效体现在促成的交易上，一个交易通常会长达数周甚至数月，难以以小时计酬。总之，房地产经纪人员是不适合兼职的职业，所以房地产经纪人员不得同时受聘于两个或两个以上房地产经纪机构执行业务。

（3）依法维护当事人的合法权益的义务。房地产经纪人员是具备房地产专业知识和经验的专业技术人员，在经纪活动中，有义务依法维护当事人的合法权益。对居间服务来说，房地产经纪人员需要在诚实守信的前提下，监管交易双方的合法权益；对代理服务来说，房地产经纪人员应当在合法、诚信的前提下，维护委托人的最大权益。

（4）向委托人披露相关信息的义务。如实向委托人提供房源、客源等相关信息，是房地产经纪服务的基本内容。房地产经纪活动中，为了减少信息不对称，房地产经纪人员有义务向委托人披露与房地产交易相关的有利和不利的信息。

（5）为委托人保守个人隐私及商业秘密的义务。在执业过程中，房地产经纪人员会获得委托人的个人隐私及其他商业秘密。房地产经纪人员有义务保守委托人的隐私及其他商业秘密，不得将有关信息擅自泄露给他人，或利用信息牟取不正当利益。

（6）接受继续教育，不断提高业务水平的义务。房地产业快速发展，其制度与政策不断完善，房地产经纪知识也不断更新，房地产经纪人员为了保持和提升职业能力及服务水平，应当不断接受职业继续教育。

（7）不得进行不正当竞争的义务。不得进行不正当竞争是所有经营者的义务，房地产经纪人员也不例外。房地产经纪人员不得违反相关规定，通过商业贿赂、虚假广告、低于成本价经营等行为损害其他房地产经纪人员的合法权益，扰乱房地产经纪行业秩序。

（8）接受住房和城乡建设（房地产）行政主管部门和政府相关部门的监督检查的义务。接受和配合主管部门的监督检查，是房地产经纪人员的应有义务。房地产经纪人员在接受检查时，应当主动提供相关资料，如实反映执业问题。

2. 房地产经纪人协理的义务

（1）遵守法律、法规、行业管理规定的各项规定，坚持公开、公平、公正的原则，恪守职业道德。

（2）房地产经纪人协理经注册后，只能受聘于一个经纪机构，并以房地产经纪机构的名义从事经纪活动，不得以房地产经纪人或房地产经纪人协理的身份从事经纪活动或在其他经纪机构兼职。

（3）必须利用专业知识和职业经验处理或协助处理房地产交易中的细节问题，向委托人披露相关信息，诚实信用，恪守合同，完成委托业务，并为委托人保守商业秘密，充分保障委托人的权益。

（4）接受国务院建设行政主管部门和当地地方政府房地产行政主管部门的监督检查。

（5）接受职业继续教育，不断提高业务水平。

（6）以专业应用服务委托人，提高行业整体专业素质。

三、房地产经纪人员的工作职责

1. 收集房地产信息

信息是房地产经纪人员开展经纪业务的重要资源，房地产经纪人员只有具备良好的信息收集技能，才能源源不断地掌握大量真实、准确和系统的房地产经纪信息。

2. 回答客户咨询问题

能够回答客户提出的关于房屋买卖或者租赁的常见问题，是房地产经纪人员的基本技能。提供专业咨询顾问服务能有效体现房地产经纪人员的专业性。

3. 准备相关资料

房地产经纪服务是非常烦琐的过程，从始至终都要准备若干业务资料，如客户资料、经纪合同、交易合同、政策法规等。

4. 实地查看房屋并编制房屋状况说明书

实地查看房屋和编制房屋状况说明书是房屋出售（出租）经纪服务中不可或缺的内容。

5. 带领客户实地看房

带领客户实地看房是房屋承购（承租）经纪服务不可缺少的环节，中间有很多工作要做，比如约定时间、确定带看路线等。

6. 指导交易双方签订房地产交易合同

指导交易双方签订合同是房地产经纪服务的关键环节，签约之前要做好准备工作，如代拟房地产交易合同、解释合同示范文本等。

7. 协助委托人办理贷款

为委托人制定贷款方案，帮助提交贷款材料等。

8. 协助委托人办理房地产登记

可以根据登记部门的要求，指导委托人准备登记申请材料，带领委托人递交房地产登记所需相关文件材料。

第三节　房地产经纪人员的知识、技能与修养

要想做一名合格的房地产经纪人员，不仅要通晓房地产经纪知识和房地产专业知识，而且要了解市场营销知识、法律知识、金融知识、税收知识、国家房地产宏观政策等，也要掌握一些计算机技术知识，还要具备一定的岗位职业技能，才能在房地产开发商和消费者、买家和卖家中间搭起桥梁，才能在行业中立于不败之地。

一、房地产经纪人员的知识结构

由于房地产经纪活动的专业性和复杂性，房地产经纪人员必须拥有完善的知识结构，知识结构的核心是房地产经纪的基本理论与实务知识。核心的外层是与房地产经纪有关的专业基础知识，包括经济、法律、社会心理、房地产专业知识以及科技文化知识等。核心的最外层是对文化修养产生潜移默化影响的各类文学、艺术乃至哲学等方面的知识。

房地产经纪人员要掌握经济学基础知识，特别是市场和市场营销知识。要懂得市场调查、市场预测的一些基本方法，熟悉商品市场，特别是房地产市场供求变化和发展的基本规律、趋势，了解经济模式、经济增长方式对房地产活动的影响。

社会主义市场经济是法治经济，房地产经纪人员从事经纪活动要有法制意识和法律观念，要依法开发经纪活动并依法维护自己和其他当事人的合法权益。房地产经纪人员要认真学习和掌握基本法律知识，如《民法通则》《合同法》《商标法》《广告法》《税法》《反不正当竞争法》《消费者权益保障法》《房地产经纪人管理办法》，以及《城市房地产管理法》等与房地产经纪有关的法规。

房地产经纪人员的工作内容需要频繁与人打交道，因此，社会及心理方面的知识也是房地产经纪人员所必须要掌握的。从基本的方面来讲，主要包括人口、家庭等社会因素对房地产市场的影响、国家的社会发展形势和政府的主要政策、大众心理、消费心理等。

房地产经纪活动是为房地产投资者、开发商、房地产消费者等各类房地产经济活动的主体服务的，因此房地产经纪人员必须掌握一定的房地产专业知识，主要包括房屋建筑、房地产金融与投资、房地产市场营销、物业管理、房地产测量等方面的知识。具体来讲，一是要掌握房地产开发投资，以及与之相关的市场研究、开发程序、项目可行性研究、工程建设与竣工验收、资金融通、市场推广的知识；二是要熟悉建筑基础知识，了解建设工程全过程；三是要熟悉转让、抵押和租赁的条件、程序及具体规定，以及产权产籍的一些基本知识；四是要掌握房地产价格评估的理论和实务，会结合市场简单评估一套委托房屋的出售价格或出租价格。

随着知识经济时代的到来，房地产经纪人员要做好自己的工作，对其知识方面的要求越来越高，如随着计算机的普及、网络经济的出现，优秀的房地产经纪人员还必须掌握计算机知识等现代科学技术，如数据库技术，能够进行数据的录入、检索、输出，以及进行数据库的维护；会使用办公软件，能够进行文档输入、编辑、打印；熟悉网络技术，能够运用局域网和广域网进行数据信息交换、数据信息共享以及数据信息检索，同时包括浏览互联网、收发电子邮件等。

此外，房地产经纪人员还必须有较高的文化修养，应尽可能多地阅读和欣赏文学、艺术作品，提高自己的艺术品位和鉴赏力。

二、房地产经纪人员的职业技能

(一)收集信息的技能

信息是房地产经纪人员开展经纪业务的重要资源，房地产经纪人员只有具备良好的信息收集技能，才能源源不断地掌握大量真实、准确和系统的房地产经纪信息。

首先是一般信息收集技能，包括对日常得到的信息进行鉴别、分类、整理、储存和快速检索的能力。如对平时读书看报、看电视时得到信息，或与同事、同行、客户等谈话中得到的信息，能准确地鉴别其真实性，并运用适当的形式（如剪报、文献复印件、笔记等）保存下来，并建立检索方便的分类系统，一旦需要，能迅速找到所需要的信息。

其次是特定信息收集技能，包括根据特定业务需要，准确把握信息收集的内容、重点、渠道，并灵活运用各种信息收集方法和渠道，快速有效地收集到针对性信息。如根据某委托人需要购买一个大型商铺的要求，能迅速收集有关该类大型商铺的房源、市场供求、市场价格等方面的信息。

(二)市场分析的技能

市场分析技能是指房地产经纪人员根据所掌握的信息，采用一定的方法对其进行分析，进而对市场供给、需求、价格的现状及变化趋势进行判断。对信息的分析方法包括：简单统计分析（根据已有的数据信息计算某些数据指标，如平均单价、收益倍数等）、比较分析（不同地区或不同类别房源的比较、同类房源在不同时间段上的比较等）、因果关系分析等。对市场的判断既包括定性的判断，如某种房源的供求状况：是供大于求、供小于求还是供求基本平衡？今后数月是趋涨还是趋跌？某例交易的成交价格是正常市场价格还是限定市场价格？也包括定量的判断，如某类房地产的市场成交价格在最近3个月内上涨了百分之几？某笔交易因交易情况特殊而使其成交价格比正常市场价格高多少个百分点？等。小至每一笔业务的进展，大至房地产经纪人员、房地产经纪机构业务重心的调整，都离不开准确的市场分析，因此，市场分析技能也是房地产经纪人员必须掌握的职业技能。

(三)人际沟通的技能

房地产经纪的服务性决定了房地产经纪人员需要不断与人打交道，不仅要与各种类型的客户打交道，还要与有可能提供信息的人以及银行、房地产交易中心、物业管理公司等机构的人员打交道。房地产经纪人员需要通过与这些人员的沟通，将自己的想法传达给对方，并对对方产生一定的影响，使对方在思想上认同自己的想法，并在行动上予以支持，如购买房地产经纪人员所推荐的房源；向房地产经纪人员提供有关的信息；为房地产经纪人员办理某项手续等。要使这些人际沟通能较好地达到房地产经纪人员的目的，不仅要求房地产经纪人员具有良好的心理素质，还要求房地产经纪人员必须掌握良好的人际沟通技能。它包括了解对方心理活动和基本想法的技能、适当运用向对方传达意思方式（如语言、表情、身体动作等）的技能、把握向对方传达关键思想的时机的技能等。

(四)供需搭配的技能

房地产经纪人员是以促成交易为己任的，因此无论是居间经纪人还是代理经纪人，都需要"一手牵两家"，其实质也就是要使供求双方在某一宗（或数宗）房源上达成一致。由于房地产商品具有个别性，每一宗房地产都是与众不同的，这就要求房地产经纪人员准确把握买方的具体要求，并据此选择恰当的房源供其考虑。房地产经纪人员不仅要充分知晓这种搭配的具体方法，更要能熟练掌握，从而使之内化为自身的一种能力，这就是供求搭配的技能。它在实务操作中，常常表现为房地产经纪人员是否能在较短的时间内完成供求搭配，从而尽可能实现每一个交易机会。如商品房销售代理经纪人在售楼处接待了一组来访客户，经过十几分钟甚至几分钟的交谈，就必须能准确了解并把握他们的需求，并推荐恰当的房源。这样，这组客户可能仅仅看了两套销售代理经纪人所推荐的房源，就感觉某套房子满足自己的需要而当场决定预定该套房子；反之，客户可能看了推荐的好几套房子也不中意而离去，或者虽然受销售代理经纪人美言甚至售楼处现场气氛的影响，草率决定，但回家仔细一想便反悔了，再来撤定，这样不仅交易不能成功，还会对售楼处现场的其他客户产生负面影响。所以，在实际工作中，供求搭配技能较高的房地产经纪人员，成交量高，每笔业务的进展速度也快，工作效率高，而供求搭配技能较差的房地产经纪人员则常常劳而无功，工作效率低。

(五)把握成交时机的技能

房地产经纪人员如能把握好成交时机，不仅能提高自己的工作效率和经济收益，同时也能增进顾客的利益。因为成交时机的准确把握，意味着客户借助房地产经纪人员的专业能力克服了自身的某些不足，从而实现了自己的需求，降低了交易成本。由于房地产商品具有个别性的特点，一次成交时机的贻误，可能导致买方再也无法买到自己已看中的那套房子，或者需要再次花费较长的时间等待或寻找所要的房子。

三、房地产经纪人员的职业道德

房地产经纪人员的职业道德指房地产经纪业的道德规范，它是房地产经纪人员就这一执业活动所共同认可并拥有的思想观念、情感和行为习惯的总和。

就思想观念而言，房地产经纪职业道德包括对房地产经纪活动的一些基本问题的是非、善恶的根本认识，这种认识是指在房地产经纪人员的思想观念中所形成的一种内在意识，从内容上讲，主要涉及职业良心、职业责任感、执业理念。职业良心涉及对执业活动的“守法”“诚实”“守信”等执业原则、经纪人员收入来源、经纪服务收费依据和标准等一些重大问题的认识。职业责任感涉及房地产经纪人员对自身责任及应尽义务的认识。执业理念主要指对市场竞争、同行合作等问题的认识和看法。

中国房地产业协会依据国家有关法律法规，结合行业实际，广泛征求会员企业、社会各界专家意见，并经全体会员审议通过，制定了《房地产从业人员职业道德准则》，具体内容如下。

第一条 为在房地产行业培育和践行社会主义核心价值观，加强行业诚信建设，规范从业人员行为，培育从业人员的职业道德和职业精神，提高行业整体素质，根据国家有关法律法规，结合行业实际，制定《房地产从业人员职业道德准则》（以下简称《准则》）。

第二条 本《准则》所称职业道德，是指房地产从业人员在房地产开发建设等活动中应当遵循的道德原则和行为规范。

第三条 遵纪守法。遵守国家法律、法规，在国家法律、法规授权和行业主管机关许可的范围内开展业务，做到依法执业，令行禁止。

第四条 爱岗敬业。热爱行业，忠于职守，有高度的事业心和责任感，具有勤奋务实、团结奋进、勇于创新、甘于奉献的职业精神。

第五条 重视质量。严格执行行业技术标准，把好房屋产品质量关，不以次充好，不以假乱真，不粗制滥造，不“缺斤少两”，为社会提供合格产品。

第六条 恪守职业道德。诚实守信，不做虚假、不实的房地产广告，在房屋销售中不制造虚假房源，不故意隐瞒、修改应当公示的规划设计内容。

第七条 公平竞争。不诋毁同行，不误导舆论，不侵犯知识产权，不参与非任职机构的同业竞争业务，不泄露任职机构的商业秘密，维护行业共同利益。

第八条 加强学习。不断提高思想道德素质、科学文化素质和技术业务素质。

第九条 承担社会责任，履行应尽义务。积极参与公益、慈善事业，发挥爱心，奉献社会。

第十条 中国房地产业协会负责本《准则》的实施、监督、检查工作。

第十一条 本《准则》自发布之日起生效。

四、房地产经纪人员的心理素质

1. 自知、自信

自信是房地产经纪人员职业心理的最基本要求，是对自己所从事的职业的认同和热爱，是对本职业荣誉感、成就感和执业活动中的自信力。自信心强的房地产经纪人员敢于面对挑战，敢于追求卓越。同时，自信能给对方以信任感。房地产经纪人员在业务活动中与各种各样的人打交道，需要说服他人，促成交易，没有一种自信和坚韧的心理素质是很难胜任的。一个从容自信、谈吐自如的经纪人出现在客户面前是会很快得到客户的认可和信任的。自信能使人在困难面前沉着冷静，凭借自己的智慧、毅力和耐心，克服困难取得成功。

但是，自信绝非盲目自大。就个人而言，自信等于实力。自信来源于对自我的认识和把握。从职业角度看，房地产经纪人员的自信取决于对市场信息的全面了解和自己深厚充实的知识技能功底。

2. 热情、开朗

热情能赋予房地产经纪人员旺盛的精力，广泛的兴趣，使人能经常处于一种积极、主动的精神状态中，这样能使房地产经纪人员对市场信息始终保持一种特有的敏感性。热情还是房地产经纪人员与社会交往的需要。房地产经纪人员需要与各行各业的人打交道、交朋友，以拓宽自己的信息渠道。社会学表明，一个热情的人更容易被别人所接受，更容易与他人交往。

3. 豁达

在人与人的交往中，房地产经纪人员应心胸豁达、宽容、乐观、开朗，使人容易接近，更受人欢迎。房地产经纪人员如果本身不具备这种性格，就应主动培养自己豁达、宽容的气质。

房地产经纪工作是一种挑战性、创造性很强的工作，这要求房地产经纪人员必须以一种豁达开放的心态面对新事物、新观点、新知识，能及时摆脱自己原有的思维定势，经常以一种全新的视角来观察市场动态，及时捕捉最新的为自己所用的信息。

4. 坚韧奋进

在实践中，房地产经纪工作会经常遇到挫折，所以房地产经纪人员不仅要以乐观、豁达的心情来面对挫折，还需要以坚韧不拔、奋进的精神来化解挫折。要做到这一点，首先要认识到房地产交易的复杂性，房地产是个性极强的商品，又是价值特别昂贵的商品，影响它的因素很复杂，一宗交易合同的达成，经历种种反复和曲折是很自然的。因此，房地产经纪人员应视挫折为正常，而将一帆风顺的交易视作偶然。否则，每天期盼着简单、顺利、高额的交易而不得，心态自然要差，更不可能去做好不顺利的交易。其次，要树立吃苦耐劳的精神，才能不厌其烦地去化解种种挫折。

五、房地产经纪人员的礼仪修养

房地产经纪人员的礼仪修养包括：仪容与着装、接待客户时的仪态和电话中的礼仪。

1. 仪容与着装要求

整体：整齐清洁，自然，大方得体，精神奕奕，充满活力。

头发：整齐、清洁，不可染色，不得披头散发。前不遮眉，侧不过耳，后不触领，长发刘海不过眉，过肩要扎起，不得使用夸张耀眼的发夹。

耳饰：只可戴小耳环（无坠），颜色清淡。

面貌：精神饱满，表情自然，不带个人情绪，面着淡妆，不用有浓烈气味的化妆品，不可用颜色夸张的口红、眼影、唇线；口红脱落，要及时补装。

手：不留长指甲，指甲长度以不超过手指头为标准，不准涂有色指甲油，经常保持清洁，除手表外，不允许佩戴任何首饰。

衣服：合身、平整、清洁、无油污，员工牌佩戴于左胸，长衣袖、裤管不能卷起，夏装衬衣下摆需扎进裙内，佩戴项链等饰物不得露出制服。

鞋：穿着公司统一配发的鞋，保持清洁，无破损，不得趿着鞋走路。

袜子：袜子无勾丝，无破损，只可穿无花、净色的丝袜。

身体：勤洗澡，无体味，不得使用浓烈香味的香水。

2. 接待客户时的仪态要求

房地产经纪人员无论是在经纪公司，或者下属门店，或者售楼处，有顾客上门时，首先应面带微笑地说："欢迎光临!"然后询问以前是否来过，请客户入座。就座后，房地产经纪人员最好坐在客户的侧边，而不要与客户完全正对面，以便于为客户讲解有关资料，同时避免形成面对面的"谈判"格局。

房地产经纪人员与客户交谈时，应注重与客户的目光交流，这既是符合国际惯例的基本礼仪，又是了解客户心理活动的重要方法。

引领客户看房或观看房屋模型时，房地产经纪人员应走在客户侧前方半步左右，用手势引领前进方向，并经常侧脸看着客户说："这边请。"千万不要说一声"跟我走"，就自顾自地走在客户的前面。

客户离开时，应将客户送到门口，为客户拉开大门，然后双手重叠放在身前，略微欠身，同时面带微笑地向客户道别。

3. 电话中的礼仪要求

(1) 尽量在电话铃声响三声内接听电话，接听电话时说："××房产经纪公司，您好。"声音要清晰、亲切、有精神。注意话筒确实靠在嘴边，再开始讲话，切记不要接听电话时还在与他人讲话，如果接听电话迟应表示歉意，并委婉说明原因。

(2) 如果客户来电话时周围环境吵闹，应该提醒注意安静，然后再接听电话。接听电话的时候应与话筒保持适当距离，说话声音大小适度，口中不应含有东西。

(3) 给客户打电话时应先"报出家门"，问清楚对方称谓后尽量以称谓称呼对方，挂断电话时应听到对方的挂断声方可放下电话。

(4) 接听电话的时候应准备好纸和笔，准备随时记录通话的内容。

(5) 通电话的时候要使用文明用语，如"您""请""谢谢""对不起"等；电话听不清时要及时声明以保持电话质量。

(6) 如果接听的电话需要转接，一定要了解清楚来电者的身份、目的、需求，并将这些信息及时传达给相应的人，如找不到人应留下纸条，待该人回来后说明，并确认。

第三章 03

房地产经纪机构及行业管理

作为房地产经纪人员，应当掌握和了解房地产经纪机构设立与备案及本行业管理的有关内容。本章主要介绍房地产经纪机构设立与备案，房地产经纪机构的经营模式，房地产经纪的行业管理。

第一节 房地产经纪机构的设立与备案

一、房地产经纪机构的概念与类型

(一) 房地产经纪机构的概念

房地产经纪机构是指依法设立，从事房地产经纪活动的中介服务机构。《城市房地产管理法》把房地产中介服务机构分为房地产咨询机构、房地产价格评估机构和房地产经纪机构。房地产经纪机构是房地产中介服务机构的一个类型，根据设立要求条件和主营业务的不同，可以把房地产经纪机构与其他房地产中介服务机构区分开来。

(二) 房地产经纪机构的类型

根据不同的分类标准，房地产经纪机构可以分为不同的类型。

1. 按照组织形式划分

按照组织形式，房地产经纪机构可以分为个体工商户、独资企业、合伙企业、公司企业。其中合伙企业又可以分为普通合伙、有限合伙、特殊有限合伙企业；公司企业又可以分为有限责任公司、股份有限公司。目前，在经济发达的城市，房地产经纪机构的组织形式以有限责任公司为主，在中小城市也有大量的个体工商户性质的房地产经纪机构存在。

2. 按照注册资金的来源划分

按照注册资金的来源，房地产经纪公司可以分中资企业和外资企业，其中外资企业又可以分为外商独资企业、外商合伙企业和外商合作企业。目前我国房地产经纪机构绝大多数是中资公司，美资房地产经纪机构以21世纪中国不动产为代表。

3. 按照经营模式划分

按照经营模式，房地产经纪机构可以简单分为有店经营模式和无店经营模式。其中有店经营模式根据扩张方式的不同又分成直营模式的房地产经纪机构、特许经营（加盟）模式的房地产经纪机构、混合模式的房地产经纪机构和参股合营模式的房地产经纪机构。

4. 依据店数规模划分

按照店数规模，房地产经纪机构可分为单店和连锁店。

（1）单店。单店主要是指一个公司或股东只有一家门店作为业务经营模式，是从业者初期建立经营模式的基础，很多股东一般抱着“试试看”的心态在自己熟悉的商圈先开一家店，有志者将单店作为门店扩张的“孵化器”：在单店里尝试经营模式、培养人才、锻炼管理能力等。

单店又可以细分为：夫妻店；直营连锁的分支机构加盟店；非独立法人但独立运作直营连锁的特许加盟店；加盟连锁的特许加盟店。

单店所具有的主要特点如下。

① 数量众多，分布于各个城市的大街小巷。

② 店的规模普遍偏小（少数加盟店和单店除外）。

③ 缺乏竞争力，靠市场吃饭。单店经营主要靠对店周边的房源进行吸收，只能简单地靠业务员的“单兵作战”。因为资源有限，掌握的房源和客源均少，所以对客户的服务能力有限。一般竞争力不强，市场好的时候，业务会好些，市场差时业务很难开展。

④ 低价竞争和无序竞争的主要参与者（少数定位清晰的除外）。大多数单店的经营者由于成本低和素质有限经常为了做成一笔业务或多赚到钱，做没有原则的事或做违反行业规范的事，比如低价竞争或“吃差价”，甚至发生诈骗等犯罪行为，严重地影响了经纪行业的声誉。但也有少数定位清晰的股东除外，一直本分经营，摸索经验，争取寻找多家门店。

⑤ 灵活度高、难以进行监管。单店作为“个体细胞”，灵活度非常高，对市场反应非常快。因为单店的分散性强，所以难以监管。

（2）连锁店。连锁店又分为小型连锁、中型连锁和大型连锁房地产经纪机构。

① 小型连锁房地产经纪机构：门店数量少，区域内覆盖。随着单店经营经验的积累，资金的逐渐雄厚，很多单店的负责人不满足只有一家店，于是开始在业务熟悉的商圈不断扩充店的数量。在一定的范围内，使房源和客源和网络形成一个循环，较单店的业务能力有了非常大的进步。

② 中型连锁房地产经纪机构：门店数量多，跨区域经营。随着门店数量的递增，业务从一个商圈拓展到另外一个商圈，在增强自身管理能力的同时，占有了一定的市场份额。

③ 大型连锁房地产经纪机构：门店数量很多，全市密集覆盖，甚至全国。大型连锁房地产经纪机构经营创造出了品牌，在消费者心目中有一定的认知度。在全国范围内拥有多家门店，形成了大型的网络，具有丰富的终端消费者资源。可以说在某些城市中，由于市场份额所占比例较大，成为市场上的“领头羊”，树立着行业规范。

5. 按经营标的划分

房地产经纪机构根据自身的条件不同，其市场定位也不同。根据所从事物业的标的价格不同，房地产经纪机构可以分为如下几种类型。

① 中低标的房地产经纪机构：主要从事一些老公房的交易。购房的群体相对对价格的敏感度比较高，相反对服务品质不是非常在意。所以从事此类物业的房地产经纪机构主要在

意的是多网点的门市、是否拥有低价的房源，对员工的素质要求不高。

② 中高标的房地产经纪机构：从 20 世纪 90 年代后，各个城市均出现了商品房，次新房的交易也逐渐活跃起来。所以一些从事一手房代理的房地产经纪机构因为手头掌握绝对优势的房源和大多数的客源，从而转型或增加新的二手房的业务，成为经营以次新房为主的房地产经纪机构。或者因为初期从事对商品房的纯租赁转为进行买卖交易。

③ 高标的房地产经纪机构：主要是指一些房地产经纪机构专业从事高标的的物业，掌握着一些高消费的购房群体，或与大型品牌公司合作（例如 IBM、惠普等）。要求管理模式和从业人员的素质非常高，甚至要求有的经纪人员具备说几种外语的能力。

6. 按从事的物业类型划分

因为目前在市场交易中比较活跃的房地产主要是住宅类的和商业类的物业，所以房地产经纪机构也可以根据主要从事的物业用途分为住宅类中介和商业物业中介。

住宅类中介：主要针对终端消费者。经纪公司主要是了解个体买家和卖家的需求。

商业物业中介：主要针对公司和部分个人投资型的客户。即使是客人投资，也是用于公司的商业行为。所以各行业对经营场所的需求非常关键。

所以从事住宅类物业和商业物业的中介公司对经营模式及人员素质的要求是不尽相同的，但是因两者在不同的市场阶段所呈现的发展势头不同，所以很多经纪公司这两种业务均有，是可以互相弥补的。

7. 按照注册等级划分

房地产经纪机构按照注册等级分为一级、二级、三级房地产经纪机构。

（1）一级房地产经纪机构

① 注册资本 100 万元以上，由专职房地产经纪人或房地产经纪人协理出资；

② 有 5 名以上取得《房地产经纪人执业资格证书》并登记注册的专职房地产经纪人和 5 名以上取得经纪执业人员资格的人员，10 名以上取得《房地产经纪人协理资格证书》并登记注册的专职房地产经纪人协理；

③ 年经营、代理交易房地产价值 1000 万元以上；

④ 固定办公场地 300 平方米以上，并建有计算机网络，设有两个以上分支经营点；

⑤ 从事房地产经纪工作三年以上。

（2）二级房地产经纪机构

① 注册资本 50 万元以上，由专职房地产经纪人或房地产经纪人协理出资；

② 有 3 名以上取得《房地产经纪人执业资格证书》并登记注册的专职房地产经纪人和 2 名以上取得经纪执业人员资格的人员，5 名以上取得《房地产经纪人协理资格证书》并登记注册专职房地产经纪人协理；

③ 年经营、代理交易房地产价值 500 万元以上；

④ 固定办公场地 100 平方米以上，并配备必要的办公设备；

⑤ 从事房地产经纪工作两年以上。

（3）三级房地产经纪机构

① 注册资本 20 万元以上，由专职房地产经纪人或经纪人协理出资；

② 具有 1 名以上取得《房地产经纪人执业资格证书》并登记注册的专职房地产经纪人和 2 名以上取得经纪执业人员资格的人员，2 名以上取得《房地产经纪人协理资格证书》并登记注册的专职房地产经纪人协理；

③ 固定办公场地 50 平方米以上。

二、房地产经纪机构的设立

设立房地产经纪机构，首先要到所在地的工商行政管理部门办理工商登记。工商行政管理部门应当审查设立条件，其中包括以下内容。

1. 有自己的名称和组织机构

根据《经纪人管理办法》（国家工商行政管理总局令第 14 号），经纪人名称中的行业应当表述为“经纪”字样；经纪人的经营范围应当明确经纪方式和经纪项目。

2. 有固定的服务场所

固定的服务场所是住所或者经营场所。申请登记时要向工商行政管理部门提供申请人自有房屋的房屋所有权证或者租赁房屋的房屋租赁合同。

3. 有必要的财产和经费

除设立个体工商户性质的房地产经纪机构外，公司制经纪企业、个人独资经纪企业和合伙经纪企业都有注册资格的相应要求。

4. 有足够数量的专业人员

公司制经纪机构需有 3 名以上的房地产经纪人和 3 名以上的房地产经纪人协理。

合伙经纪机构需有 2 名以上的房地产经纪人和 2 名以上的房地产经纪人协理。

个人独资经纪机构需有 1 名以上的房地产经纪人和 1 名以上的房地产经纪人协理。

目前温州市要求每家房地产经纪机构应当具备 5 名以上（含）房地产经纪人员，个体中介机构具备 2 名以上（含）房地产经纪人员。

5. 法律、行政法规规定的其他条件

根据申请设立房地产经纪机构组织形式的不同，还应符合《公司法》《个人独资企业法》《合伙企业法》《个体工商户条例》等法律法规规定的相应条件。

房地产经纪机构可以根据规定设立经纪门店等分支机构。个体工商户性质的房地产经纪机构不可以设立分支机构。房地产经纪机构的分支机构也应当具备足够数量的房地产经纪人员。

三、房地产经纪机构备案

房地产经纪机构在进行工商登记领取营业执照后，还不能开展房地产经纪活动，只有到所在直辖市、市、县人民政府建设（房地产）主管部门办理备案之后，才完全具备开展房地产经纪活动的条件。如温州市要求从事房地产经纪业务的机构，注册登记经营范围包括“房地产经纪”项目的，在取得营业执照之日起 30 日内，应当向所在地的区、县房屋行政管理部门申请办理房地产经纪机构或分支机构备案。管理机构准予备案的，应向经纪机构发放备案证明。

备案条件和申请材料如下。

1. 初始备案

房地产经纪机构初始备案具备的条件，各个城市稍有不同，如温州市规定，房地产经纪机构及分支机构在取得营业执照后办理初始备案应当符合下列条件。

（1）房地产经纪机构应当有 5 名以上（含）房地产经纪人员；分支机构有 2 名以上（含）房地产经纪人员。

（2）房地产经纪机构主要负责人（即法定代表人或总经理）和分支机构负责人应当具有房地产经纪人员职业资格证书。

（3）外埠房地产经纪机构在温州市首次设立分支机构的，应当持当地营业执照和资质备案证明到分支机构所在地的区、县房屋行政管理部门进行机构备案，分支机构的备案依照温州市房地产经纪机构设立的条件和程序办理备案。

房地产经纪机构申请办理初始备案应提交下列材料：

（1）《温州市房地产经纪机构备案登记表》；

（2）营业执照副本；

（3）企业主要负责人的房地产经纪人员执业资格证书；

（4）其他房地产经纪人员的房地产经纪人员执业资格证书；

（5）法定代表人、股东、房地产经纪人员身份证件。

房地产经纪机构（分支机构）办理初始备案应提交下列材料：

（1）《温州市房地产经纪机构（分支机构）备案登记表》；

（2）分支机构营业执照副本；

（3）分支机构负责人的房地产经纪人员执业资格证书；

（4）其他房地产经纪人员的房地产经纪人员执业资格证书；

（5）房地产经纪人员的身份证件。

2. 变更备案

房地产经纪机构或其下设的分支机构备案内容发生变更的，应进行变更备案。

（1）房地产经纪机构及分支机构备案证明所载内容或股东、房地产经纪人员备案情况发生变更的，应到所在区、县房屋行政管理部门进行变更备案。

（2）房地产经纪机构跨区迁址的，应向迁出地所在区、县房屋行政管理部门提交变更备案申请及所需材料，迁出地所在区、县房屋行政管理部门将该企业所有档案封好后交由申办人送往迁入地所在区、县房屋行政管理部门。

（3）房地产经纪机构分支机构跨区迁址的，应先到迁出地所在区、县房屋行政管理部门办理注销备案，再到迁入地所在区、县房屋行政管理部门办理初始备案。

申请办理变更备案时应提交下列材料：

（1）《温州市房地产经纪机构变更备案登记表》或《温州市房地产经纪机构（分支机构）变更备案登记表》；

（2）变更后的营业执照副本；

（3）变更的房地产经纪人员的房地产经纪执业资格证书；

（4）变更后的股东、房地产经纪人员身份证件。

3. 注销备案

房地产经纪机构及其下设分支机构因注销营业执照或被吊销营业执照的，应办理注销备案。

（1）对房地产经纪机构或分支机构未按要求办理注销备案的，区、县房屋行政管理部门应直接注销其备案，收回备案证明或者公告备案证明作废。

（2）对不符合房地产经纪机构或分支机构备案条件的、根据机构备案中的注册地址和联系电话无法与企业取得联系的，市、区、县房屋行政管理部门经过指定网站或者媒体向社会公示 1 个月，对仍未改正的可直接注销其备案，收回备案证明或者公告备案证明作废。对因此被注销备案而再次申请备案的企业，需经区、县房屋行政管理部门实地检查，未发现其存在其他违规行为后，方可按本通知规定的机构备案条件为其重新备案。

申请办理注销备案时应提交下列材料：

（1）《温州市房地产经纪机构注销备案登记表》或《温州市房地产经纪机构（分支机构）注销备案登记表》；

（2）原《温州市房地产经纪机构备案证明》（正副本）或《温州市房地产经纪机构（分支机构）备案证明》原件。

（3）工商行政管理部门出具的营业执照注销证明或变更经营范围的证明。

4. 备案证明的补证、换证

备案证明遗失或破损的，可到发证部门申请补证、换证。备案证书过了有效期的，也必须换证。换证时，管理部门需检查以下内容：

（1）房地产经纪机构、分支机构（门店）备案情况和资质核准情况；

（2）房地产经纪机构执业人员情况；

（3）房地产经纪机构规范执业情况和经营情况。

第二节 房地产经纪机构的经营模式

随着整个房地产经济行业的快速发展，房地产经纪行业从初期的零星几家企业到近几年呈百家争鸣之势在全国各地以不同的速度蓬勃发展，这个行业以前所未有的速度书写着房地产经纪行业的发展史。纵观活跃在大江南北的房地产经纪机构，既有来自我国港台地区的企业逐鹿市场，又有来自欧美等国家的大型品牌公司搭建网络，还有出身于本土的大型网络经纪公司作为行业的生力军影响着市场，总之各种经营风格迥异的模式存在于市场中，同时也在某种程度上影响着房地产经纪行业的新标准和新规范。

目前存在于市场上的各种房地产经纪机构的形态良莠不齐，既有宽敞明亮、窗明几净的大型品牌门店，又有比较简陋（一张桌子、两把椅子、一个旧沙发、一部电话）的“夫妻店”。

一、经营模式的概念和类型

经营模式指房地产经纪机构承接及开展业务的渠道及外在表现形式。根据房地产经纪机构是否通过店铺承接和开展房地产经纪业务，可以将房地产经纪机构的经营模式分为无店铺模式和有店铺模式。有店铺模式又分为单店铺模式、多店铺模式和连锁店模式，连锁店模式又分为直营连锁经营、特许加盟连锁经营、混合经营三种模式。

无店铺形式是指不设立连锁店。在一般情况下，综合性的房地产经纪机构（特别是从事增量房地产市场代理的机构）往往采取这种形式，除了派往开发商处的销售人员外，所有员工都在同一办公场所内办公。

单店铺模式和多店铺模式中的“店”并不是指“门店”，而是指作为经纪机构经营活动的具体组织单元，它可以是经纪机构下属的分支机构（以门店或非门店的形式），也可以是独立的房地产经纪公司。

二、直营连锁经营模式

直接从事经营活动的组织是房地产经纪机构出资设立的分支机构，主要目的是为了获得更多的信息和扩大服务区域。直营连锁经营是通过一定纽带，将众多分散孤立的经营单位连接在一起，并按照一定的规则要求运作。直营连锁经营模式的房地产经纪机构普遍采取了扁平式的直线——参谋制管理架构，即在公司总部设置行政管理、财务、业务、交易管理、法务等职能支持部门，公司总部下辖一定量的门店。

1. 直营连锁经营模式的特点与优势

直营连锁经营模式最关键的因素是分店的资金全部由总部投资，此种出资方式确定了对单店的控制管理主要以直接行政手段为主，制度由总部统一制定，店长由总部直接任命，分店的经营依据总部的统一战略发展。

直营连锁经营模式因为采用的是扁平化管理架构，基本上能适应市场需求的千变万化，与房地产经纪行业的导向性特点相吻合。此种模式具有如下几个显著优势。

（1）信息利用效率高、成交速度快。因为所有权与经营权同属于总部，使接收到的房源、客源信息可以在短时间内得到充分利用，从而达到迅速配对的效果，快速成交。

（2）吸引更多的房源和客源。直营连锁经营具有统一的标牌和企业识别系统，给消费者的印象多为一家大公司、具有较强的操作能力。因为房源和客源容易成交，从而可以吸引更多的卖家和买家。

（3）客户信任度提高。因为总部根据规章制度对业务流程和员工统一培训，在交易安全和服务质量上，有着严格的规定。甚至有很多企业具有鲜明的企业文化。这些均可以给客户提供优质服务，并可以得到客户的高度信任。

（4）有利于吸引和保留好的经纪人员。大多数直营连锁经营模式的房地产经纪机构具有完善的培训体系，随着企业规模的发展需要大量的人才储备，可以为员工提供晋升机会。

（5）模式可控程度高、有利于制度的贯彻执行。

2. 直营连锁运营体系的构成

对于一个想做大做强的直营连锁企业，一般在组织结构上由几个部分组成：品牌管理体系；门店管理体系；交易服务支持体系；人力资源管理体系（含经纪人、管理干部及支持人员，包括招募、培训、激励机制等）；信息管理体系（包括共享制度及系统）；完善的营销体系。

3. 直营连锁经营模式的管理要点

直营管理因为是自上而下的统一管理，所以一个企业的管理水平如何，对企业的发展至关重要。对直营连锁经营模式的房地产经纪机构的调研表明，管理此类经纪机构除了具有一般意义上的管理外，还需要关注以下几方面。

（1）经纪人员目标和责任的明确。房地产经纪行业是靠员工的服务产生价值和利润的，说到底是企业的发展靠经纪人员的业绩，靠更多优秀的经纪人员创造更好的业绩，所以如何明确经纪人员的目标和划分责任尤为重要。

（2）监督和经纪人员的管理（关键性业绩指标）。目前在我国房地产经纪行业发展的初期，对经纪人员的管理尤其是诚信管理没有形成制度，市场中“飞单”情况时有发生，因而如何管理经纪人员高效工作对实现企业目标起着至关重要的作用。

（3）信息的电子网络化管理。随着网络科技的发展，房地产经纪机构大力发展了内网和外网体系，对房源和客源信息快速流转、企业管理、品牌宣传等非常重要。

（4）房地产经纪企业连锁的服务质量管理。

直营连锁经营模式有效地克服了零售企业由于店址固定、顾客分散造成单店规模小、经营成本高等缺点，使企业可通过统一的人员培训、统一的运营管理模式、统一的品牌标志和广告宣传形成规模效益。

三、特许加盟连锁经营（特许经营）模式

特许加盟连锁经营（特许经营）是指通过签订合同，特许人将有权授予他人使用的商标、商号、经营模式等经营资源授予特许人使用；被特许人按照合同约定，在统一经营体系

下从事经营活动，并向特许人支付特许经营费。

特许经营起源于美国，是特许者将自己所拥有的商标（包括服务商标）、商号、产品、专利和专有技术、经营模式等以特许经营合同的形式授予被特许者使用。被特许者按合同规定，在特许者统一的业务模式下从事经营活动，并向特许者支付相应的费用。这种经营模式现已在餐饮业、零售商业、房地产经纪等多个行业中得到广泛应用。

1. 特营加盟连锁经营的特点

（1）强调市场份额的迅速占领。只有让品牌具有一定的知名度，让此种商业模式可以给投资人带来可观的经济效益，才可以获得新的投资人的继续加盟。加盟连锁经营强调市场份额的迅速占领。

（2）品牌及门店扩张性极强。因为加盟连锁不受资金和人才的束缚，只要对市场的发展预期有前景，就会有更多的加盟者。门店数可以急剧增加，对品牌在某个市场的扩张非常有利。

（3）以小博大、相对风险低。对于加盟连锁经营的企业主，拥有更多的是企业商标、商号、经营模式等经营资源，一般自由资金投入比较小，并且在市场发生变化的情况下，由于个体加盟者承担了主要风险，特许加盟连锁经营的企业主承担的风险较小。

2. 特许加盟连锁企业中管理的要点

主要是如何处理好加盟总部与加盟店的关系定位，一般成功的加盟企业的管理经验为：

（1）针对加盟店以服务为主、管理为辅；

（2）加盟总部与加盟店必须形成利益共同体；

（3）严格区分服务式管理与管理式服务差别；

（4）专业性、支持系统及品牌是服务与管理的根本。

3. 目前特许加盟连锁企业在我国发展遇到的挑战

特许加盟连锁经营模式的发展虽说已经取得了一定的效果，但是对加盟连锁的房地产经纪机构而言也存在着一些挑战。

（1）经纪行业地域差异大、绝大部分区域市场成熟度很低。因为房地产经纪行业的发展程度与各地经济发展水平正相关，各地的经济发展不平衡导致房地产经纪行业的发展所处的阶段也不尽相同，并且我国目前房地产经纪行业发展历史比较短，各地城市均处于初期，市场的成熟度低。

（2）特许加盟连锁经营的法律环境在完善中。

（3）企业和个人的信用体系远未健全。

（4）适应国内的加盟品牌、服务体系等的建立需要时间。

（5）在现有环境下模式执行力差。

四、混合经营模式

混合经营模式就是有的企业在对门店的管理上采用直营连锁和特许加盟连锁两种经营管理，其特点两者兼有。

选择直营连锁还是特许加盟连锁的经营模式，主要有以下考虑：

（1）直营连锁经营模式在现有市场环境下盈利能力强、制度贯彻执行力度大；

（2）直营连锁经营模式易于在区域内形成强有力的市场地位及成交效率；

（3）特许加盟连锁经营模式易于进行跨区域扩张，通过区域加盟形式规避本地化的房地产区域性风险；

（4）特许加盟连锁品牌传播速度快，但品牌识别和接受会受到服务质量差异的影响；

(5) 随着我国房地产经纪行业的不断完善，特许加盟连锁经营模式的优势会逐步显现出来。

房地产经纪机构经营模式的选择，也是对企业经营规模的确立。首先要遵循一般原理，其次是要根据房地产经纪机构的自身特点，着重考虑经营规模与以下三方面因素的匹配程度：信息资源、人力资源、管理水平。

(1) 房地产经纪机构以信息为主要资源。

(2) 房地产经纪机构是服务性企业，人力资源是重要的资源。

(3) 管理水平决定着房地产经纪机构在规模扩大时能否保持乃至提高其整体服务的质量和水准。

五、房地产经纪机构的新模式

目前出现的房地产经纪机构经营新模式有：独立经纪人模式、联盟经营模式和网上联盟经营模式。

(一) 独立经纪人模式

独立经纪人是指加盟于某一房地产经纪品牌的具有房地产经纪行业从业经验的成熟自然人，此种新模式是随着房地产经纪行业发展到一定阶段的产物。房地产经纪公司利润的实现主要依赖于房地产经纪人员业绩的达成。当成熟的经纪人员的业绩达到一定量时，如何有效地激励经纪人员创造出更多价值和经纪人员自身发展的需求是摆在企业经营者面前的难题，因此独立经纪人经营模式应运而生。

1. 与传统的经纪模式比较，独立经纪人模式的特点

(1) 独立经纪人提佣金分成比例较高：最少50%，普遍超过70%，甚至发展到95%。

(2) 房地产经纪机构定位为“独立经纪人”服务机构。

(3) 门店管理职能转变：由传统的日常管理、带教及培训、成交支持等转变为全面服务支持、规则实施的监督、经验共享等职能。

(4) 经纪人员生活方式转变：一改往日固定上班时间、严格考勤制度，独立经纪人变为自主支配时间、合理安排生活和工作的自由工作者。目前世界上具有代表性的房地产经纪公司是美国的RE/MAX公司，此公司诞生于1973年，名称含义为房地产、经纪人利益最大化，就蕴含着经营者的初衷。目前这家公司的做法为：独立经纪人分佣达95%；独立经纪人自主选择权，自己另外支付费用（广告、佣金、团队搭建等）；公司负责全美国统一形象及公关营销支持；公司可以提供完备的业务培训体系，但独立经纪人需要支付一定的费用。目前这家公司在全球近50个国家开展业务，全球独立经纪人数量超过10万人。

2. 我国目前开展独立经纪人模式的挑战

首先需要改善房地产经纪行业的诚信环境，需要具备良好的社会整体信用体系；其次需要行业加强对经纪人员的管理，因为现在经纪人员认为依托于一家经纪公司具有安全感、归属感。但是一旦成为独立经纪人，迫使自己做自己的领导，对独立经纪人自己的时间管理、业务能力、自我约束力、思想意识等素质要求非常高。对于前期开展此项模式的房地产经纪机构，前期品牌及规模化投入都比较大。

(二) 联盟经营模式

联盟经营模式是把中小型房地产经纪机构联合起来形成一个统一品牌，统一运营，互相扶持，共同成长。对于联盟店，总店是不收加盟费等费用的，只是联盟合作，所以不会产生利益冲突。对于加入联盟地产的联盟店来说，只需集中精力做好前段销售即可，后台售后服

务，包括签署居间合同、银行贷款、承担售后法律责任等都由泛联盟地产负责。联盟店放下售后包袱后，可以有效降低运营成本，进一步做大做强。

(三)网上联盟经营模式

随着计算机网络技术的发展，房地产经纪行业内还出现了一个新的经营模式——由一家房地产专业网站联合众多中小房地产经纪机构乃至大型房地产经纪机构而组成的网上联盟经营模式，联盟内的各成员机构可通过一个专业的房地产网站来承接和开展业务。

在互联网时代，网上联盟、O2O 等方式可以提高效率，但不可能完全依赖互联网，通过互联网平台，可以获得更多的资源，起到“收客”的作用。但交易却会回到房地产经纪机构本身，回归到经纪人员的能力。互联网的作用是消除不对称信息，降低整体交易成本，但无法实现从客户直接到产品的销售。购房者可以在线上了解并比较房源，在线上获取相关优惠、做一些小型预定，交易最后还是要在线下完成。

房地产经纪机构要想在日趋激烈的市场竞争中争得一席之地，必须降低服务成本，提高成交率。因此，规模化发展将是今后房地产经纪机构发展的必然趋势。针对目前房地产经纪、评估等中介服务企业“小散”、竞争力弱的现状，必须实施资产重组，扩大规模，增强竞争力。

第三节 房地产经纪行业管理

一、房地产经纪行业行政监管

根据国家住房和城乡建设部、国家发展和改革委员会、国家人力资源和社会保障部联合发布的《房地产经纪管理办法》（2011 年 1 月 20 日发布，自 2011 年 4 月 1 日起施行），县级以上人民政府建设（房地产）主管部门、价格主管部门、人力资源和社会保障主管部门应当按照职责分工，分别负责房地产经纪活动的监督和管理。

建设（房地产）管理部门是房地产经纪活动监督管理的主要部门，其职责包括：制定行业管理制度、受理备案、对行业进行监督检查等。近年来，住房和城乡建设部对房地产经纪行业管理不断加强，建立了以房地产经纪机构备案、房地产交易合同网上签约、房地产交易资金监管为主要内容的综合管理体系。

价格主管部门承担拟订并组织实施价格政策，监督价格政策执行的重要职能。负责制定房地产经纪相关的价格政策，监督检查价格政策的执行，对房地产经纪机构和房地产经纪人员的价格行为进行监督管理，依法查处价格违法行为和价格垄断行为。

房地产经纪机构违反人力资源和社会保障法律法规的行为，由人力资源和社会保障主管部门依法予以查处。

此外，各地房地产中介机构在地方建设行政主管部门的业务指导和民政局的监督管理下，自发自愿地成立房地产中介协会，依法对房地产中介行业实施自律管理，配合政府主管部门实施房地产交易管理。

二、房地产经纪行业自律

1. 全国性房地产经纪行业组织

行业组织是联系政府和企事业单位之间的桥梁及纽带。自律管理是行业管理的重要组成部分。行业组织的主要职责有：(1) 反映行业诉求，维护行业合法权益；(2) 制定房地产经纪行业标准、规则；(3) 房地产经纪人员教育和培训；(4) 房地产经纪行业诚信体系建设；(5) 房地产经纪房源、客源信息共享系统建设；(6) 开展行业研究；(7) 组织交流、合作；(8) 处理投诉、调解纠纷；(9) 政府部门交办的其他事项。

2004 年，经建设部同意、民政部批准，成立于 1994 年的中国房地产估价师学会更名为中国房地产估价师与房地产经纪人学会，建立了全国性房地产经纪行业组织。根据转变政府职能的要求，2004 年 7 月建设部将房地产经纪人注册工作交由中国房地产估价师与房地产经纪人学会负责。中国房地产估价师与房地产经纪人学会的职责包括：(1) 开展行业研究、交流和考察活动；(2) 拟订并推行执业规则；(3) 开展业务培训；(4) 提供业务咨询和技术服务；(5) 开展国际交往活动，参加相关国际组织；(6) 向政府有关部门反映会员的意见、建议和要求，维护会员的合法权益，支持会员依法执业；(7) 办理法律、法规规定和行政主管部门委托或授权的工作等。

近年来中国房地产估价师与房地产经纪人学会开展了一系列自律管理工作，发布了《房地产经纪执业规则》和《房地产经纪业务合同推荐文本》，开通了房地产经纪信用档案，开展了房地产经纪行业资信评价，发布了交易风险提示，通报了房地产经纪违法违规案件。经过几年的不懈努力和探索，目前初步形成了以房地产经纪人员职业资格注册管理制度为核心，以诚信建设和资信评价为基础，以案件通报和风险提示为手段，以规则制定、制度设计为引导的房地产经纪行业自律框架体系。

与发达国家和地区相比，我国内地的房地产经纪行业组织还很不健全。如美国除全美经纪人协会（NAR）这个全国性房地产经纪行业组织外，各州还拥有各自的协会，分别管理和处置各州的房地产经纪事务，美国 50 个州的地方性行业协会的会员也隶属于全美经纪人协会。我国台湾地区除了房屋中介经纪商业同业公会联合会外，各地也有相应的地方性协会。我国台湾地区的《不动产经纪业管理条例》还确定了“人必归业，业必归会”的原则，要求房地产经纪机构必须加入行业组织，接受自律管理。

2. 地方性房地产经纪行业组织

我国每个城市都有对应的房地产经纪行业组织进行管理，如温州市的地方性房地产经纪行业组织是温州市房地产估价师与经纪人协会。

温州市房地产估价师与经纪人协会由温州市具有从业资格的房地产估价、经纪、咨询机构、估价师和经纪人自愿联合发起成立，经温州市社会团体登记机关核准登记的非盈利性社团法人。协会接受温州市住房和城乡建设委员会、温州市民政局的业务指导及监督管理。其业务范围如下。

(1) 在政府主管部门的指导下，宣传贯彻房地产经纪、咨询行业管理的法律法规、方针政策，拟订房地产经纪、咨询行业标准、行为规范和自律准则。

(2) 围绕房地产经纪、咨询行业改革和发展的理论、方针、政策开展调研，及时向政府反映行业要求并提出建议。

(3) 加强与新闻媒体的合作，收集传播国内外房地产经纪、咨询行业信息，编辑出版行业刊物、书籍、资料，组织行业学术交流活动，为会员单位的发展提供服务。

(4) 组织与国内外和港澳台地区的行业组织与民间团体的友好往来活动，开展经济技术及学术等方面的合作与交流。

(5) 组织房地产经纪、咨询行业的业务、技术培训和继续教育，提高行业整体素质。

(6) 承办政府主管部门交办和授权的房地产经纪、咨询行业资质管理、经纪人注册管理等具体工作及其他委托办理的事项。

(7) 加强会员的行业道德和执业纪律的教育，并进行检查监督，提高行业的品牌意识，树立行业的良好形象。

(8) 根据需要开展有利于本行业发展的其他活动。

三、房地产经纪行业社会监督

房地产经纪行业的社会监督内容，主要包括公示信用档案，接受社会公众和新闻媒体的监督。目前，网络已经充分普及，网络新闻、微博、微信对房地产经纪行业的监督作用越来越重要。

我国房地产经纪行业自律薄弱，现行的行政主管模式难见成效。政府管理部门通过采取各种法律、行政手段对房地产经纪业进行宏观管理是必要的。房地产经纪业务是丰富多彩的，行业协会自律以及政府监管不可能面面俱到。因此，通过公民、社会舆论、社会团体等社会监督途径，可以发挥预防功能、矫正功能、惩戒功能、保健功能。行业自律、行政监管以及社会监督三个方面是我国房地产经纪业行业管理“三位一体”的基本框架，该模式是我国的合理选择。

第二篇

房地产经纪操作实务

第四章 04

房地产经纪业务

房屋买卖、房屋租赁是最为重要的房地产交易类型，房屋置换也是房地产交易过程中的补充。房地产经纪人只有很好地了解房屋买卖、房屋租赁的相关规定，才有促成房地产买卖交易的可能。本章介绍房地产经纪业务中最常见的房屋买卖、房屋租赁、房屋置换的相关规定以及房屋买卖环节的税费等知识。

第一节 房屋买卖

房屋买卖是指将自己名下的房产进行买卖，买卖的房产必须具备房屋产权所有证或不动产权证书。房地产交易是实现房地产商品价值与使用价值的经济过程，房屋买卖是房地产交易的典型类型，房屋买卖不仅包含房屋占有权的转移，也包括房屋处分权的转移。

一、房屋买卖的特征

1. 买卖的对象是房产的所有权

在民商事法律理论中，买卖是一种极为广泛和较为重要的民事法律行为，是当事人约定一方转移财产所有权于他方，他方支付价款的行为。出让财产所有权的人称为出卖人，依约支付价款并取得约定之物的所有权的人称为买受人。

我国《合同法》第一百三十条规定："买卖合同是出卖人转移标的物所有权于买受人，买受人支付价款的合同"。

房屋买卖就是房产所有权人将房屋所有权及其与之相关的土地使用权转移给买受人，买受人依约支付房产价金的行为。

需要在此申明的是，房地产交易市场包括买卖、租赁、抵押、信托等交易行为，租赁是处分其使用权的行为，抵押是一种担保物权的设定行为，信托是让渡处分权而保留受益支配权的行为。区分这几种行为在法律上的概念是很重要的。在房地产交易市场上，有人就鱼目混珠将使用权转让混同于买卖，俗称"买使用权的房屋"，极易引起法律上的"重大误解"

而影响交易安全。切记买卖的标的物是“所有权”，是包含占有、使用、受益、处分在内的所有权，而不是租赁关系中的不包含处分权的承租权。

2. 出卖人需有处分权

《合同法》第一百三十二条规定：“出卖的标的物应当属于出卖人所有，或者出卖人有权处分。”

在房屋买卖这种特定的交易中，与种类物买卖不同，特定物具有唯一性，可替代性有限，种类物则不具备唯一性而具备可替代性，特定物的主人往往具有唯一性，这是物权的一物一权主义原则决定的。虽然房屋这个特定物的主人们之间可能存在共有关系，但所有权只能有一个。作为买方来说，只能与房屋的主人及其代理人商谈买卖房屋的事宜，如果与买方所签买卖合同的对方不是买方所买房屋的所有权人或其代理人，那么这个合同将可能是一个无效的合同，而且还可能是侵犯房屋所有权人权益的行为。

出卖人需有处分权，包括以下几种情况：

第一种是出卖人本身就是房屋所有权人，并且其所有权并没有受到如优先购买权、共有权、抵押权等对处分权的限制；

第二种是出卖人是待售房屋的实际权利人，但这个房屋因为没有或尚不具备初始登记的条件，根据相关法律法规的规定，取得了预售的合法许可，也可以作为有权处分的出卖人，主要指正在开发楼盘或未竣工楼盘的房地产开发商；

第三种是前两种出卖人所委托授权的代理人或行纪人。

二、房地产转让的条件

房地产转让可分为有偿和无偿两种方式，有偿转让主要包括房地产买卖、房地产抵债、房地产入股等行为，无偿转让主要包括房地产赠与、房地产继承等行为。房地产买卖是指房地产权利人（房屋所有权人和该房屋占用范围内土地使用权人于一身的权利主体）将其合法拥有的房地产以一定价格转让给他人的行为。房地产赠与是指房地产权利人将其合法拥有的房地产无偿赠送给他人，不要求受赠人支付任何费用或为此承担任何义务的行为。

房地产买卖属于双务行为，即买卖双方均享有一定的权利，并需承担一定的义务；房地产赠与属于单务行为，受让人不需承担任何义务。正是由于这一点，在实践中，经常会出现为了某种日的（譬如规避交易税费）而将房地产买卖变相转为房地产赠与的行为，需要严格区分并加以管理。

《城市房地产管理法》及《城市房地产转让管理规定》都明确规定了房地产转让应当符合的条件，规定了下列房地产不得转让。

（1）达不到下列条件的房地产不得转让。以出让方式取得土地使用权用于投资开发的，按照土地使用权出让合同约定进行投资开发，属于房屋建设工程的，应完成开发投资总额的25%以上；属于成片土地开发的，形成工业用地或者其他建设用地条件。同时规定应按照出让合同约定已经支付全部土地使用权出让金，并取得土地使用权证书。做出此项规定的目的，就是严格限制炒卖地皮牟取暴利，并切实保障建设项目的实施。

（2）司法机关和行政机关依法裁定、决定查封或以其他形式限制房地产权利的。司法机关和行政机关可以根据合法请求人的申请或社会公共利益的需要，依法裁定、决定查封、决定限制房地产权利，如查封、限制、限制转移等。在权利受到限制期间，房地产权利人不得转让该项房地产。

（3）依法收回土地使用权的。根据国家利益或社会公共利益的需要，国家有权决定收回出让或划拨给单位和个人使用的土地，任何单位和个人都应当服从国家的规定，在国家依法做出收回土地使用权决定之后，原土地使用权人不得再行转让土地使用权。

（4）共有房地产，未经其他共有人书面同意的。共有房地产，是指房屋的所有权、国有土地使用权为两个或两个以上权利人共同拥有。共有房地产权利的行使需经全体共有人同意，不能因部分权利人的请求而转让。

（5）权属有争议的。权属有争议的房地产，是指有关当事人对房屋所有权和土地使用权的归属发生争议，致使该项房地产权属难以确定。转让该类房地产，可能影响交易的合法性，因此在权属争议解决之前，该项房地产不得转让。

（6）未依法登记领取权属证书的。产权登记是国家依法确认房地产权属的法定手续，未履行该项法律手续，房地产权利人的权利不具有法律效力，因此也不得转让该项房地产。

（7）法律和行政法规规定禁止转让的其他情形。法律、行政法规规定禁止转让的其他情形，是指除上述情形外，其他法律、行政法规规定禁止转让的其他情形。

《城市房地产管理法》规定："商品房预售的，商品房预购人将购买的未竣工的预售商品房现行转让的问题，由国务院规定。"为抑制投机性购房，2005 年 5 月 9 日，国务院决定，禁止商品房预购人将购买的未竣工的预售商品房再行转让。

三、房地产买卖主体资格

房地产买卖双方主体资格需要审查以下几方面。

（1）房地产转让人应该是依法登记取得房地产权属证书的房地产权利人。

（2）房地产受让人可以是中华人民共和国境内外的自然人、法人和其他组织，但法律、法规、规章另有规定或者土地使用权出让合同另有约定的除外。

（3）房地产属于有限责任公司、股份有限公司的，应当审查公司董事会、股东会审议同意的书面文件。

（4）房地产属于国有或集体资产的，应当审查政府主管部门的批准文件。

四、房屋买卖权属转移登记程序

房地产转让应当按照一定的程序，经房地产管理部门办理有关手续后，方可交易过户。《城市房地产转让管理规定》对房地产转让的程序做了如下规定：

（1）房地产转让当事人签订书面转让合同；

（2）房地产转让当事人在房地产转让合同签订后 90 日内持房地产权属证书、当事人的合法证明、转让合同等有关文件向房地产所在地的房地产管理部门提出申请，并申报成交价格；

（3）房地产管理部门对提供的有关文件进行审核，并在 7 日内做出是否受理申请的书面答复，7 日内未做书面答复的，视为同意受理；

（4）房地产管理部门核实申报的成交价格，并根据需要对转让的房地产进现场查勘和评估；

（5）房地产转让当事人按照规定缴纳有关税费；

（6）房地产管理部门办理房屋权属登记手续，核发房地产权属证书。

房屋转让申请登记时需提交的材料有：

（1）房屋权属登记申请表（在登记窗口索取或网上下载表格）；

（2）房屋买卖合同；

（3）房屋所有权证及共有权证（由转让方提供）；

（4）土地使用证（核对原件，收复印件）；

（5）买卖双方及配偶婚姻状况证明、身份证（核对原件，收复印件）；

（6）受让方契税完税证明；

（7）房屋所有权证配图（有资质的房产测绘机构测绘，二手房已有，不需要重新测绘）。

注：2015年3月1日起，全面启用统一的不动产登记簿证样式。原有的房屋所有权证和土地使用证合并为不动产权证书。

买卖一方或双方为单位的，需提交下列材料：

（1）单位营业执照和法人代码证（复印件由受让方提供）；

（2）上级主管部门或董事会、股东会批准买卖的文件；

（3）法定代表人授权委托书及代理人身份证复印件（摘录号码）；

（4）公司章程（摘录有关内容）。

五、房屋买卖合同

房屋买卖合同作为一种特殊的买卖合同，它是指出卖人将房屋交付并转移所有权给买受人，买受人支付价款的合同。房屋买卖合同的法律特征既有买卖合同的一般特征，也有其自身固有的特征。这主要表现为：

（1）出卖人将所出卖的房屋所有权转移给买受人，买受人支付相应的价款；

（2）房屋买卖合同是诺成、双务、有偿合同；

（3）房屋买卖合同的标的物为不动产，其所有权转移必须办理登记手续；

（4）房屋买卖合同属于法律规定的要式法律行为。

房屋买卖合同是一方转移房屋所有权给另一方，另一方支付价款的合同。转移所有权的一方为出卖人或卖方，支付价款而取得所有权的一方为买受人或者买方。以下为房屋买卖合同（简易版）范本，仅供参考。

房屋买卖合同（简易版）

卖方（简称甲方）：　　　　　　身份证号码：

买方（简称乙方）：　　　　　　身份证号码：

根据《中华人民共和国合同法》《中华人民共和国城市房地产管理法》及其他有关法律、法规之规定，甲、乙双方在平等、自愿、协商一致的基础上，就乙方向甲方购买私有住房，达成如下协议。

第一条　房屋的基本情况

甲方自愿将其坐落于__________市__________________区____________路________号____________小区________号楼______号，房产证登记面积______平方米（地下室________平方米），________结构房屋及其附属设施、设备（__________________________________）出售给乙方；房屋所有权证编号：________________________。

第二条　价格

1. 甲、乙双方协商一致，甲方所售房屋总金额为人民币__________元（大写：____仟____佰____拾____万____仟____佰____拾____元整）含附属设施费用；本合同签订之日起，乙方向甲方支付人民币________________元整，作为购房定金。

2. 甲、乙双方协商一致，该房屋在办理过户手续过程中所需缴纳的税费由乙方承担。

第三条　付款时间与方法

乙方于本合同签订当时内向甲方支付首付款________元整（大写：____仟____佰____拾____万____仟____佰____拾____元整），余款______元整（大写：____仟____佰____拾____万____仟____佰____拾____元整）在房屋过户手续办理完毕之日支付。

第四条

1. 签订合同之后，所售房屋室内外设施不再变更。

2. 甲方保证过户前交清该房产的水费、电费、供暖费、天然气费、物业费、有线费、网络费及所有与该房产相关的费用，单据交乙方确认；甲方收到首付款后，应积极配合乙方将水、电、气、供暖、物业、有线、网络等登记、注册手续变更为乙方。

3. 甲方出售该房产，该房产占用范围内的土地使用权以及该房产的相关权益随该房产一并转让。

4. 甲方保证上述房屋产权清晰，无争议，可进行市场交易，手续齐全；未被判决、裁定限制出售，也未设置抵押，不在建设拆迁范围内；已取得其他共有人书面同意；协议有效期内，甲方不得将该房产另行出售给第三人；甲方向乙方介绍的房产情况，真实、准确，不得故意隐瞒房屋质量问题，不得故意隐瞒重要事实或提供虚假信息。若发生与甲方有关的产权纠纷或债权债务，概由甲方负责清理，并承担民事责任，因此给乙方造成的经济损失，甲方负责赔偿。

5. 甲方保证在办理完过户手续之日起____日内，将户口迁出，逾期超过____日，乙方每日按已付款的____%收取违约金。

第五条 违约责任

1. 甲方不能如期签订《房地产买卖契约》，或者甲方在办理过户过程中违约，并导致最终不能办理过户手续的，在得到确认后，甲方退还乙方所交的购房款。对已办理完的过户手续所产生的费用，甲方应全部承担，并向乙方支付总房款____%的违约金。

2. 乙方不能如期付款，或者乙方在办理过户过程中违约，并导致最终不能办理过户手续的；在得到确认后，甲方退还乙方所交的购房款项。但对已办理完的过户手续所产生的费用，乙方应全部承担，并向甲方支付总房款____%的违约金。

第六条 若对其他事项有异议的可协议补充在以下约定条款中，若约定条款与前条款有异议，以约定条款为主，约定条款具有优先效力。

第七条 其他约定事项

____

____

第八条 本合同一式______份，每份共______页，甲、乙双方各执______份，从双方签字之日起生效，具有同等法律效力。

甲方：	乙方：
身份证号：	身份证号：
地址：	地址：
电话：	电话：

______年______月______日

六、房屋买卖环节的税种

我国现行房地产税种有房产税、城镇土地使用税、耕地占用税、土地增值税、契税。其他相关税种主要有增值税、城市维护建设税、教育费附加、企业所得税、外商投资企业和外国企业所得税、印花税、固定资产投资方向调节税。

房屋买卖的相关税种主要包括增值税、城市维护建设税、教育费附加、土地增值税、个人所得税、契税、印花税等。

(一)增值税

(1) 个人将购买不足2年的住房对外销售的，按照5%的征收率全额缴纳增值税；个人将购买2年以上（含2年）的住房对外销售的，免征增值税。

(2) 纳税人申报时，同时出具房屋产权证和契税完税证明，两者所注明的时间不一致的，按照“孰先”的原则确定购买房屋的时间。即房屋产权证上注明的时间早于契税完税证明上注明的时间的，以房屋产权证明的时间为购买房屋的时间；契税完税证明上注明的时间早于房屋产权证上注明的时间的，以契税完税证明上注明的时间为购买房屋的时间。

(3) 个人将通过受赠、继承、离婚财产分割等非购买形式取得的房屋对外销售的行为，其购房时间按发生受赠、继承、离婚财产分割行为前的购房时间确定，其购房价格按发生受赠、继承、离婚财产分割行为前的购房原价确定。个人需持其通过受赠、继承、离婚财产分割等非购买形式取得住房的合法、有效法律证明文书，到地方税务部门办理相关手续。

(4) 根据国家房改政策购买的公有住房，以购房合同的生效时间、房款收据的开具日期或房屋产权证上注明的时间，按照“孰先”的原则确定购买房屋的时间。

(5) 涉及家庭财产分割的个人无偿转让不动产免征增值税。

家庭财产分割，包括下列情形：离婚财产分割；无偿赠与配偶、父母、子女、祖父母、外祖父母、孙子女、外孙子女、兄弟姐妹；无偿赠与对其承担直接抚养或者赡养义务的抚养人或者赡养人；房屋产权所有人死亡，法定继承人、遗嘱继承人或者受遗赠人依法取得房屋产权。

(二)城市维护建设税

城市维护建设税以缴纳增值税、消费税的单位和个人为纳税人。

城市维护建设税以纳税人实际缴纳的增值税、消费税、营业税（简称“三税”）税额为计税依据。

城市维护建设税实行的是地区差别税率，按照纳税人所在地的不同，税率分别规定为7%、5%、1%三个档次，具体是：纳税人所在地在城市市区的，税率为7%；在县城、建制镇的，税率为5%；不在城市市区、县城、建制镇的，税率为1%。

(三)教育费附加

教育费附加是随增值税、消费税和营业税附征并专门用于教育的一种特别目的税。教育费附加的税率在城市一般为营业税的3%。

(四)土地增值税

土地增值税是对有偿转让国有土地使用权及地上建筑物和其他附着物（以下简称转让房地产）的单位和个人征收的一种税。凡有偿转让房地产并取得收入的单位和个人为土地增值税的纳税人。

各类企业单位、事业单位、国家机关、社会团体和其他组织，个体经营者、外商投资企业、外国企业及外国驻华机构，以及外国公民、华侨、港澳台同胞等均在土地增值税的纳税义务人范围内。

土地增值税的征税范围包括国有土地、地上建筑物及其他附着物，不包括通过继承、赠与等方式无偿转让房地产的行为。

土地增值税的课税对象是有偿转让房地产所取得的土地增值额。

土地增值税以纳税人转让房地产所取得的土地增值额为计税依据，土地增值额为纳税人转让房地产所取得的收入减除规定扣除项目金额后的余额。纳税人转让房地产所取得的收入，包括转让房地产的全部价款及相关的经济利益。具体包括货币收入、实物收入和其他收入。

税率和应纳税额和计算：土地增值税实行四级超率累进税率。

（1）增值额未超过扣除项目金额50%的部分，税率为30%。

（2）增值额超过扣除项目金额50%，未超过100%的部分，税率为40%。

（3）增值额超过扣除项目金额100%，未超过200%的部分，税率为50%。

（4）增值额超过扣除项目金额200%以上的部分，税率为60%。

土地增值税的扣除项目为：

（1）取得土地使用权时所支付的金额；

（2）土地开发成本、费用；

（3）建房及配套设施的成本、费用，或旧房及建筑物的评估价格；

（4）与转让房地产有关的税金；

（5）财政部规定的其他扣除项目。

土地增值税的减免规定如下。

（1）对建造普通标准住宅出售的，增值额未超过扣除项目金额20%的，免征土地增值税。

（2）对于纳税人既建普通标准住宅又做其他房地产开发的，应分别核算增值额。不分别核算增值额或不能准确核算增值额的，其建造的普通标准住宅不能适用本免税规定。“普通住宅”的认定，一律按各省、自治区、直辖市人民政府根据《国务院办公厅转发建设部等部门关于做好稳定住房价格工作意见的通知》（国办发［2005］26号）制定并对社会公布的“中小套型、中低价位普通住房”的标准执行。

（3）企事业单位、社会团体以及其他组织转让旧房作为廉租住房、经济适用住房房源且增值额未超过扣除项目金额20%的，免征土地增值税。

（4）因国家建设需要依法征收、收回的房地产免征土地增值税。

（5）因城市实施规划、国家建设的需要而搬迁，由纳税人自行转让原房地产的，比照有关规定免征土地增值税。

（6）因“城市实施规划”而搬迁，是指因旧城改造或因企业污染、扰民（指产生过量废气、废水、废渣和噪声，使城市居民生活受到一定危害），而由政府或政府有关主管部门根据已审批通过的城市规划确定进行搬迁的情况；因“国家建设的需要”而搬迁，是指因实施国务院、省级人民政府、国务院有关部委批准的建设项目而进行搬迁的情况。

（7）对个人销售住房征收土地增值税问题。《财政部、国家税务总局关于调整房地产交易环节税收政策的通知》（财税字［2008］137号）规定，自2008年11月1日起，对个人销售住房暂免征收土地增值税。

（五）个人所得税

个人转让房屋按规定应征收的个人所得税，通过税收征管、房屋登记等信息系统能核实房屋原值的，应依法严格按照个人转让住房所得的20%计征；不能核实房屋原值的，依法按照核定征收方式即总金额的1%计征个人所得税；别墅和非住宅按2%计征个人所得税。

依照《中华人民共和国个人所得税法》规定：财产转让所得，适用比例税率，税率为20%。财产转让所得，以转让财产的收入额减除财产原值和合理费用后的余额，为应纳税所得额，即

应纳税所得额=转让收入-房屋原值-合理费用

应纳税额=应纳税所得额×20%

房屋原值指购置或建造该房屋时实际支付的款项（如房价款、土地出让金、建造费用等及缴纳的相关税费）。注：包括取得房屋时所支付价款中包含的增值税。

合理费用包括如下两类。

(1) 房屋装修费用（政策依据国税发［2006］108号）。纳税人能提供实际支付装修费用的税务统一发票，并且发票上所列付款人姓名与转让房屋产权人一致的，经税务机关审核，其转让的住房在转让前实际发生的装修费用，可在以下比例内扣除：商品房及其他房屋最高扣除限额为房屋原值的10%，纳税人所购房为装修房，即合同注明房价款中含有装修费的，不得再重复扣除装修费用。依据国税发［2007］33号，凡有下列情况之一的，在计算缴纳转让房屋个人所得税时不得扣除装修费用：一是纳税人提供的装修费用凭证不是有效发票的；二是发票上注明的付款人姓名与房屋产权人或产权共有权人的姓名不一致的；三是发票由建材市场、批发市场管理机构开具，且未附所购商品清单的。

(2) 其他费用（政策依据国税发［2006］108号）。纳税人出售以按揭方式购置的房屋，其向贷款银行实际支付的贷款利息。纳税人按照有关规定实际支付的手续费、公证费等，凭有关部门出具的有效证明据实扣除。

对个人转让自用5年以上，并且是家庭唯一生活用房取得的所得，继续免征个人所得税。除了这种情况，以下情形的房屋产权无偿赠与，对当事双方也免征个人所得税：

(1) 房屋产权所有人将房屋产权无偿赠与配偶、父母、子女、祖父母、外祖父母、孙子女、外孙子女、兄弟姐妹；

(2) 房屋产权所有人将房屋产权无偿赠与对其承担直接抚养或者赡养义务的抚养人或者赡养人；

(3) 房屋产权所有人死亡，依法取得房屋产权的法定继承人、遗嘱继承人或者受遗赠人。

(六) 契税

契税是在土地、房屋权属发生转移时，对产权承受人征收的一种税。

在我国境内转移土地、房屋权属，承受的单位和个人为契税的纳税人。

转移土地、房屋权属指下列行为：(1) 国有土地使用权出让；(2) 土地使用权转让；(3) 房屋买卖；(4) 房屋赠与；(5) 房屋交换。

契税的课税对象是发生产权转移的土地和房屋。

契税的税率如下。自2016年2月起，对个人购买家庭唯一住房（家庭成员范围包括购房人、配偶以及未成年子女，下同），面积为90平方米及以下的，减按1%的税率征收契税；面积为90平方米以上的，减按1.5%的税率征收契税。对个人购买家庭第二套改善性住房，面积为90平方米及以下的，减按1%的税率征收契税；面积为90平方米以上的，减按2%的税率征收契税。

契税的计税依据为：国有土地使用权出让、土地使用权转让、房屋买卖，以成交价格为计税依据；土地使用权赠与、房屋赠与，参照土地使用权出售、房屋买卖的市场价格核定；土地使用权交换、房屋交换，以交换的价格差额为计税依据（等值交换免征契税）。

前款成交价格明显低于市场价格并且无正当理由的，或者所交换土地使用、房屋的价格差额明显不合理并且无正当理由的，由征收机关参照市场价格核定。

契税的纳税环节是在纳税义务发生以后，办理契证或房屋产权证之前。

对于个人无偿赠与不动产的行为，应对受赠人全额征收契税，但并不包括法定继承人继承土地、房屋权属的情况。

法定继承人继承房屋权属不属于契税征税范围，不需要缴纳契税。但非法定继承人根据遗嘱承受房屋权属的，需要按规定缴纳契税，税率按照当地规定，计税价格由征收机关按照市场价格核定。计征契税的成交价格不含增值税。其中《中华人民共和国继承法》规定的法定继承人，包括配偶、子女、父母、兄弟姐妹、祖父母、外祖父母。

婚姻关系存续期间，房屋、土地权属原归夫妻一方所有，变更为夫妻双方共有的，免征契税。

(七)印花税

印花税的纳税人为在中国境内设立、领受税法规定应税凭证的单位和个人，包括外商投资企业和外籍人员。

印花税的税目为：①各种合同及具有合同性质的各种凭证；②产权转移书据（含土地使用权出让合同、土地使用权转让合同、商品房买卖合同）；③营业账簿；④权利、许可证照；⑤经财政部确定征税的其他凭证。

印花税的税率为0.05%。对个人销售或购买住房暂免征收印花税。按照《中华人民共和国印花税暂行条例实施细则》第五条规定："条例第二条所说的产权转移书据，是指单位和个人产权的买卖、继承、赠与、交换、分割等所立的书据。"房屋法定继承人、非法定继承人继承房屋及房屋赠与时，应依"产权转移数据"税目，按转移金额万分之五贴花，计征印花税。

此外，许可证照、房屋产权证、工商营业执照、商标注册证、专利证、土地使用证按件贴花5元。

以上税种归纳为个人住房交易相关税收政策，具体见表4-1～表4-4。

表4-1 住房买卖——卖方缴纳税费相关政策

税种	适用情况	计税标准及税率
增值税	购买不足2年的住房对外销售	存量房交易计税价格×5%税率
	购买2年(含)以上住房对外销售	免征
个人所得税	能够提供房屋原值，或税务机关能够核实房屋原值	存量房交易计税价格减除房屋原值、转让住房过程中缴纳的税金和有关合理费用后的差额×20%税率
	无法提供房屋原值，并且税务机关未能核实房屋原值	存量房交易计税价格×1%征收率，拍卖取得的房屋适用3%核定征收率
	自用5年以上，并且是家庭唯一生活用房	免征
土地增值税	销售住房	暂免征收
印花税	销售住房	暂免征收
城市维护建设税	需要缴纳增值税的情况下	缴纳的增值税税额×7%税率
教育费附加	需要缴纳增值税的情况下	缴纳的增值税税额×3%税率
地方教育附加	需要缴纳增值税的情况下	缴纳的增值税税额×2%税率

表4-2 住房买卖——买方缴纳税费相关政策

税种	适用情况	计税标准及税率
契税	购买非家庭唯一住房、非家庭第二套改善性住房，即家庭第三套或第三套以上套数住房	增量房成交价格或存量房交易计税价格×4%税率
	购买90平方米以上家庭唯一住房	增量房成交价格或存量房交易计税价格×1.5%税率
	购买90平方米以上家庭第二套改善性住房	增量房成交价格或存量房交易计税价格×2%税率
	购买90平方米及以下家庭唯一住房或家庭第二套改善性住房	增量房成交价格或存量房交易计税价格×1%税率
印花税	购买住房	暂免缴纳

表 4-3 房屋赠与——赠与方缴税相关政策

税种	适用情况	计税标准及税率
增值税	无偿赠与配偶、父母、子女、祖父母、外祖父母、孙子女、外孙子女、兄弟姐妹	免征
	无偿赠与对其承担直接抚养或者赡养义务的抚养人或者赡养人	免征
	房屋产权所有人死亡，法定继承人、遗嘱继承人或者受遗赠人继承房屋	免征
	其他情形的房屋赠与	存量房交易计税价格×5%税率
个人所得税	房屋产权所有人将房屋产权无偿赠与配偶、父母、子女、祖父母、外祖父母、孙子女、外孙子女、兄弟姐妹	不征
	房屋产权所有人将房屋产权无偿赠与对其承担直接抚养或者赡养义务的抚养人或者赡养人	不征
	房屋产权所有人死亡，法定继承人、遗嘱继承人或者受遗赠人继承房屋	不征
	其他情形的房屋赠与	按照“经国务院财政部门确定征税的其他所得”项目缴纳个人所得税，税率为20%
印花税	签订赠与合同	存量房交易计税价格×0.05%税率

表 4-4 房屋赠与——受赠方缴税相关政策

税种	适用情况	计税标准及税率
契税	法定继承人继承	不征
	因夫妻财产分割而将原共有房屋产权归属一方	不征
	夫妻关系存续期间房屋土地权属在夫妻间变更	免征
	其他情况	存量房交易计税价格×税率
印花税	签订赠与合同	存量房交易计税价格×0.05%税率
	产权证贴花	每件5元

八、房屋买卖环节费用种类

(一)房地产经纪服务收费

1. 房地产咨询收费

按照服务形式，房地产咨询收费分为口头咨询费和书面咨询费。口头咨询费按照咨询服务所需时间结合咨询人员专业技术等级由双方协商议定标准。书面咨询按照咨询报告的技术难度、工作繁简结合标的额大小计收。

2. 房地产估价收费

房地产估价收费采用差额定率分档累进计收，即按房地产价格总额大小划分费用率档次，分档计算各档次的收费，各档收费额累计之和为收费总额。

3. 房地产经纪收费

房屋买卖居间服务收费，可向买卖双方收取，具体价格双方协商确定。

(二)住宅专项维修资金

住宅专项维修资金是指专项用于住宅共用部位、共用设施设备保修期满后的维修和更新、改造的资金。住宅共用部位是指根据法律、法规和房屋买卖合同，由单幢住宅内业主或者单幢住宅内业主及与之结构相连的非住宅业主共有的部位，一般包括住宅的基础、承重墙体、柱、梁、楼板、屋顶以及户外的墙面、门厅、楼梯间、走廊通道等。共用设施设备是指根据法律、法规和房屋买卖合同，由住宅业主或者住宅业主及有关非住宅业主共有的附属设施设备，一般包括电梯、天线、照明、消防设施、绿地、道路、路灯、沟渠、池、井、非经营性车场车库、公益性文体设施和共用设施设备使用的房屋等。

业主交存的住宅专项维修资金属于业主所有。从公有住房售房款中提取的住宅专项维修资金属于公有住房售房单位所有。

1. 交存范围

应交存住宅专项维修资金的范围包括：住宅，但一个业主所有且与其他物业不具有共用部位、共用设施设备的除外；住宅小区内的非住宅或者住宅小区外与单幢住宅结构相连的非住宅。属于上述范围的出售的公有住房，售房单位也应当按照《住宅专项维修资金管理办法》规定，交存住宅专项维修资金。

2. 交存标准

商品住宅的业主、非住宅的业主按照所拥有物业的建筑面积交存住宅专项维修资金，每平方米建筑面积交存首期住宅专项维修资金的数额为当地住宅建筑安装工程每平方米造价的5%～8%。直辖市、市、县人民政府建设（房地产）主管部门应当根据本地区情况，合理确定、公布每平方米建筑面积交存首期住宅专项维修资金的数额，并适时调整。

目前温州市住宅专项维修资金的缴存和使用的依据是《温州市物业专项维修资金管理办法》（温政令［2010］第120号），物业首期专项维修资金交存的标准，多层为每平方米建筑安装平均造价的5%，小高层、高层为每平方米建筑安装平均造价的6%。多层住宅、非住宅是指地上结构最高层数为六层以下（含六层）的建筑；高层住宅、非住宅是指地上结构最高层数为七层以上（含七层）的建筑。

住宅专项维修资金的存储利息、利用住宅专项维修资金购买国债的增值收益、住宅共用设施设备报废后回收的残值、利用住宅共用部位共用设施设备进行经营的，业主所得收益，除业主大会另有决定外，都应当转入住宅专项维修资金滚存使用。

3. 住宅专项维修资金的管理

业主大会成立前，商品住宅业主、非住宅业主交存的住宅专项维修资金，由物业所在地直辖市、市、县人民政府建设（房地产）主管部门代管。直辖市、市、县人民政府建设（房地产）主管部门应当委托所在地一家商业银行，作为本行政区域内住宅专项维修资金的专户管理银行，并在专户管理银行开立住宅专项维修资金专户。开立住宅专项维修资金专户，应当以物业管理区域为单位设账，按房屋户门号设分户账；未划定物业管理区域的，以幢为单位设账，按房屋户门设分户账。

业主大会成立后，业主委员会应当通知所在地直辖市、市、县人民政府建设（房地产）主管部门，直辖市、市、县人民政府建设（房地产）主管部门或者负责管理公有住房住宅专项维修资金的部门，应当在收到通知之日起30日内，通知专户管理银行将该物业管理区域内业主交存的住宅专项维修资金账面余额划转至业主大会开立的住宅专项维修资金账户，并将有关账目等移交业主委员会。业主大会应当委托所在地一家商业银行作为本物业管理区域内住宅专项维修资金的专户管理银行，并在专户管理银行开立住宅专项维修资金专户。开立住宅专项维修资金专户，应当以物业管理区域为单位设账，按房屋户门号设分户账。业主大会开立的住宅专项维修资金账户，应当接受所在地直辖市、市、县人民政府建设（房地产）主管部门的监督。

住宅专项维修资金划转后的账目管理单位，由业主大会决定。业主大会应当建立住宅专项维修资金管理制度。业主分户账面住宅专项维修资金余额不足首期额30%的，应当及时续交。成立业主大会的，续交方案由业主大会决定。未成立业主大会的，续交的具体管理办法由直辖市、市、县人民政府建设（房地产）主管部门会同同级财政部门制定。

4. 住宅专项维修资金的使用

住宅专项维修资金应当专项用于住宅共用部位、共用设施设备保修期满后的维修和更新、改造，不得挪作他用。住宅共用部位、共用设施设备的维修和更新、改造费用，按照下列规定分摊：商品住宅之间或者商品住宅与非住宅之间共用部位、共用设施设备的维修和更新、改造费用，由相关业主按照各自拥有物业建筑面积的比例分摊；售后公有住房之间共用部位、共用设施设备的维修和更新、改造费用，由相关业主和公有住房售房单位按照所交存住宅专项维修资金的比例分摊；其中，应由业主承担的，再由相关业主按照各自拥有物业建筑面积的维修和更新、改造费用，先按照建筑面积比例分摊到各相关物业。售后公有住房应分摊的费用，再由相关业主和公有住房售房单位按照所交存住宅专项维修资金的比例分摊。住宅共用部位、共用设施设备维修和更新、改造，涉及尚未售出的商品住宅、非住宅或者公有住房的，开发建设单位或者公有住房单位应当按照尚未售出商品住宅或者共有住房的建筑面积，分摊维修和更新、改造费用。

下列费用不得从住宅专项维修资金中列支：①依法应当由建设单位或者施工单位承担的住宅共用部位、共用设施设备维修、更新和改造费用；②依法应当由相关单位承担的供水、供电、供气、供热、通信、有线电视等管线和设施设备的维修、养护费用；③应当由当事人承担的因人为损坏住宅共用部位、共用设施设备所需的修复费用；④根据物业服务合同约定，应当由物业服务企业承担的住宅共用部位、共用设施设备的维修和养护费用。

在保证住宅专项维修资金正常使用的前提下，可以按照国家有关规定将住宅专项维修资金用于购买国债。利用住宅专项维修资金购买国债，应当在银行间债券市场或者商业银行柜台市场购买一级市场新发行的国债，并持有到期。利用业主交存的住宅专项维修资金购买国债的，应当经业主大会同意；未成立业主大会的，应当经专有部分占建筑物总面积 2/3 以上的业主且占总人数 2/3 以上业主同意。利用从公有住房售房款中提取的住宅专项维修资金购买国债的，应当根据售房单位的财政隶属关系，报经同级财政部门同意。禁止利用住宅专项维修资金从事国债回购、委托理财业务或者将购买的国债用于质押、抵押等担保行为。

(三)房屋登记费

房屋登记费指县级以上地方人民政府房地产主管部门对房屋权属依法进行各类登记时，向申请人收取的费用。

房屋登记费向申请人收取。按规定需由当事人双方共同申请的，只能向登记为房屋权利人的一方收取。住房登记的一套住房为一件，收费标准为每件 80 元；农民利用宅基地建设的住房登记，不收取房屋登记费，只收取房屋权属证书工本费 10 元，非住房登记的房屋权利人按规定申请并完成一次登记的为一件，收费标准为每件 550 元。

经济适用住房登记以及房屋坐落的街道或门牌号码变更、权利人名称变更而申请的房屋变更登记，按对应性质房屋登记收费标准的一半收取；房屋查封登记、注销登记和因登记机关错误造成的更正登记，不收取房屋登记费。

房屋登记收费标准中包含房屋权属证书费。房地产主管部门按规定核发一本房屋权属证书免收证书费。向一个以上房屋权利人核发房屋权属证书时，每增加一本证书加收证书工本费 10 元。房屋权利人因丢失、损坏等原因申请补领证书，只收取房屋权属证书费。上述规定自 2008 年 5 月 1 日起执行。

房屋权利人在办理房屋登记时，委托有关专业计数单位进行房地产测绘缴纳的费用属于经营服务性费用，收费标准由省级价格主管部门有关规定制定。

(四) 住房交易手续费

住房交易手续费是指由政府依法设立的，由房地产主管部门设立的房地产交易机构为房屋权利人办理交易过户等手续所收取的费用。交易手续费是房地产管理部门设立的房地产交易机构为房屋权利人提供交易场所、信息服务和代办房屋产权审查、登记等所发生费用的合理补偿。凡经过房地产交易机构办理房屋买卖、租赁、抵押、分割、交换、赠与、继承等房地产流通过程中的各种经营活动，房屋权利人应按规定向房地产交易机构交纳一定的交易手续费。

住房交易手续费的收费项目和标准如下。

（1）住房转让手续费。按住房建筑面积收取。收费标准为：新建商品住房每平方米3元，存量住房每平方米6元。新建商品房转让手续费由转让方承担，经济适用住房减半计收；存量住房转让手续费由转让双方各承担50％。

限价商品住房、棚户区改造安置住房等保障性住房转让手续费执行与经济适用住房相同的收费标准（减半计收）；因继承、遗赠、婚姻关系共有发生的住房转让免收住房转让手续费。

（2）住房租赁手续费。按套收取，收费标准为每套100元，由出租人承担。

廉租住房、公共租赁住房等保障性住房租赁行为免收租赁手续费。

（3）住房抵押不得收取抵押手续费。

(五) 房地产价格评估费

房地产价格评估费，由具备房地产估价资格并经房地产行政主管部门、物价主管部门确认的机构按规定的收费标准计收。以房产为主的房地产价格评估费，区别不同情况，按照房地产的价格总额采取差额定率分档累进计收。

(六) 房贷担保费

按照正常流程，银行只有在出示抵押证明时才能发放房屋贷款，而贷款证明则需要房屋过户、两证办理齐全后才能出具，这样不但贷款手续烦琐，而且也会令卖方面临房、财可能两空的尴尬局面。为避免这种情况出现，房贷担保费就应运而生了。

所谓的房贷担保费是指银行为了规避房贷风险，需要借款人提供有足够代偿能力的法人、其他经济组织的担保证明，这时借款人所支付的费用就是房贷担保费。

(七) 房屋保险费

房屋保险属于家庭财产保险范畴，主要保障火灾、爆炸、雷击等自然灾害和意外事故造成的房屋损失。房屋保险一般由屋主或住户投保，保险费率为0.1％～0.2％，发生损失时，保险公司按房屋的实际价值计算赔偿，但以不超过保险金额为限。

城市房屋保险金融是保险公司收取房屋保险费的重要依据。房屋的保险金额是根据房屋的保险估价来确定的，而房屋的保险估价则由保险公司标的——被保险房屋的实际价值来核定。

第二节　房屋租赁

近几年来，随着城市建设步伐加快，城市规模越来越大，城市流动人口越来越多，带动了房屋租赁市场，承租群体不断扩大：坐落在不同繁华区的营业性用房，偏僻处的车库和仓库，一些关停并转企业的厂房、场地，租赁他人用于加工、生产的房屋以及居民的居住用房等。随着房屋租赁市场的兴起，极大地促进了房屋租赁收入的增长。目前，房屋出租在城市、郊区乃至乡镇，都是十分普遍的现象，且呈现出快速发展的态势。

一、房屋租赁的概念

房屋租赁是指房屋出租人将房屋交付承租人使用、收益，由承租人支付租金的行为。房屋租赁的主要依据为《合同法》和《商品房屋租赁管理办法》（住房和城乡建设部令第 6 号，2011 年 2 月 1 日起施行）。《商品房屋租赁管理办法》旨在加强商品房屋租赁管理，规范商品房屋租赁行为，维护商品房屋租赁双方当事人的合法权益。但是该办法只是国家部委的一个规章，约束效力相对偏低。倘若涉及租赁纠纷，在司法诉讼过程中，法院判决的依据主要是由最高人民法院审判委员会第 1469 次会议通过，自 2009 年 9 月 1 日起施行的《最高人民法院关于审理城镇房屋租赁合同纠纷案件具体应用法律若干问题的解释》。

二、房屋租赁市场的类型和特点

随着房地产经济的发展，房屋租赁市场在房地产交易市场中的比例不断攀升，特别是租赁房屋用于生产经营的行为日益增多。

(一) 房屋租赁市场的类型

（1）按房屋用途划分：住宅租赁市场、非住宅租赁市场。

（2）按照租赁目的划分：自住、转租用于投资。

（3）按住宅性质划分：商品住房租赁市场、保障性住房租赁市场。

（4）按租赁期长短划分：短租市场、长租市场。

（5）按房屋所有权的性质划分：公有房屋的租赁和私有房屋的租赁。

根据房屋租赁方式和租金给付方式的不同，可将个人私房出租业务划分为直接出租、中介出租、变相出租、转租和再转租等类型。由于直接出租的租赁双方一般都签订有房屋租赁合同，且大多数情况下是先交租金后用房，税收征管难度相对较小。中介出租的租赁双方一般也都签订有租房合同，房屋租金一般通过房地产经纪机构代扣代缴房屋租赁业税收或进行税源控管，税收征管难度不会很大。变相出租房屋的形式虽然很多，但其实质是房屋的产权所有人与实际使用人不一致，且出租方与承租方私下的租金支付方式具有较大的隐蔽性和不确定性，税收征管难度较大。由于转租和再转租房屋的承租人往往继续利用原承租人已有的营业证照进行经营活动极为隐蔽，这种现象一般很难发现。

(二) 房屋租赁市场的特点

房屋租赁市场的特点是：（1）租赁价格相对稳定；（2）呈现季节性变化；（3）交易更为频繁；（4）属地区性市场。

三、房屋出租条件

公民、法人或其他组织对享有所有权的房屋和国家授权管理、经营的房屋可依法出租，但有下列情形之一的房屋不得出租。

（1）属于违法建筑的。违法建筑是指未经规划土地主管部门批准，未领取建设工程规划许可证或临时建设工程规划许可证，擅自建筑的建筑物和构筑物。常见的违法建筑就是平房或者楼房的一层私搭乱建的各种建筑。违法建筑包括：①占用已规划为公共场所、公共设施用地或公共绿化用地的建筑；②不按批准的设计图纸施工的建筑；③擅自改建、加建的建筑；④农村经济组织的非农建设用地或村民自用宅基地非法转让兴建的建筑；⑤特区内城市化的居民委员会或股份合作公司的非农业用地非法转让兴建的建筑；⑥农村经济组织的非农业用地或村民自用宅基地违反城市规划或超过市政府规定标准的建筑；⑦擅自改变工业厂房、住宅和其他建筑物使用功能的建筑；⑧逾期未拆除的临时建筑；⑨违反法律、法规有关规定的其他建筑。

（2）不符合安全、防灾等工程建设强制性标准的。

（3）违反规定改变房屋使用性质的。房屋使用性质就是规划用途，例如住宅不能作为商业用房出租，独立的厨房和厕所不能作为单独的房间出租供人员居住。

（4）共有房屋未取得共有人同意的。

（5）权属有争议的。

（6）司法机关和行政机关依法裁定、决定查封或者以其他形式限制房地产权利的。

（7）不符合公安、环保、卫生等主管部门有关规定的。

（8）法律、法规规定禁止出租的其他情形的。例如，超过了使用年限的房屋等。

《商品房屋租赁管理办法》规定：出租住房的，应当以原设计的房间为最小出租单位，人均租住建筑面积不得低于当地人民政府规定的最低标准。厨房、卫生间、阳台和地下储藏室不得出租供人员居住。

四、房屋租赁流程和禁止行为

(一) 租赁流程

一般房屋租赁的流程为：搜寻租赁房屋的房源和客源信息→实地看房→洽谈租赁合同→签订房屋租赁合同→支付房租和押金→交验房屋→租赁合同备案。

(二) 房屋租赁的各种禁止行为

1. 出租人的禁止行为

① 违反规定分割出租。出租住房的，应当以原设计的房间为最小出租单位，人均租住建筑面积不得低于当地人民政府规定的最低标准。

② 厨房、卫生间、阳台和地下储藏室不得出租供人员居住。

③ 严禁将经济适用住房、廉租住房出租或转租给他人使用。

④ 在房屋租赁合同期内，出租人不得单方面随意提高租金水平。

⑤ 严禁企事业单位、个人将非居住用房出租给他人居住使用。

2. 承租人的禁止行为

① 保障性住房转租（具体来说，就是个人购买的经济适用住房和限价房不能用于出租，公共租赁住房和廉租住房的承租人也不能转租）。

② 违反租赁用途和使用要求使用房屋。

③ 擅自改动房屋承重结构和拆改室内设施。

④ 不得损害其他业主和使用人的合法权益。承租人因使用不当等原因造成承租房屋和设施损坏的，承租人应当负责修复或者承担赔偿责任。

⑤ 严禁利用出租房屋进行各类违法犯罪活动。

五、房屋租赁合同

房屋租赁期限超过六个月，双方当事人必须签订书面合同，《中华人民共和国合同法》第 214 条规定，“租赁期限不得超过二十年。超过二十年的，超过部分无效。租赁期间届满，当事人可以续订租赁合同，但约定的租赁期限自续订之日起不得超过二十年。”因此，房屋租赁合同（包括定期租赁合同、不定期租赁合同以及续订房屋租赁合同）的最长期限均为20年。房屋租赁合同中应包括以下方面的主要条款：出租房屋的范围、面积；房屋租赁的期限、用途；租金的数额及交付时间；房屋修缮的责任、转租以及违约责任等。以下是房屋租赁合同范本，仅供参考。

房屋租赁合同

出租方（以下简称甲方）：　　　　　　　　　　身份证号：

承租方（以下简称乙方）：　　　　　　　　　　身份证号：

根据《中华人民共和国合同法》《中华人民共和国城市房地产管理法》及相关法律法规的规定，甲、乙双方在平等、自愿的基础上，就甲方将房屋出租给乙方使用，乙方承租甲方房屋事宜，为明确双方的权利和义务，经协商一致，订立本合同。

第一条　房屋的坐落、面积、装修、设施情况

1. 甲方出租给乙方的房屋（以下简称“该房屋”）位于____________________（地址）____________________（小区名称）。

2. 该房屋面积共____________平方米（建筑面积）。

3. 该房屋现有装修及设施、设备情况详见合同附件。该附件作为甲方按照本合同约定交付乙方使用和乙方在本合同租赁期满交还该房屋时的验收依据。

第二条　甲方应提供房产证（或具有出租权的有效证明）、身份证明等证件，乙方应提供身份证明。双方验证后可复印对方证件备存。所有复印件仅供本次租赁使用。

第三条　房屋用途

该房屋用途为住宅，除双方另有约定外，乙方不得改变该房屋用途。

第四条　租赁期限

1. 该房屋租赁期共____个月，自____年____月____日起至____年____月____日止。

2. 租赁期满，甲方有权收回该房屋，乙方应如期交还。乙方如要求续租，则必须在租赁期满2个月之前书面通知甲方，经甲方同意后，重新签订租赁合同。

第五条　租金及支付方式

1. 该房屋每月租金为：____________________元（大写：________元）整。租赁期间，如遇到市场变化，双方可另行协商，调整租金标准。

2. 乙方应于本合同生效之日，向甲方支付3个月租金__________元（大写：______元）整；并同时缴纳押金__________元人民币整；押金在该房屋交回后，甲方清点物品（物品清单见附件）无损、乙方应承担的相关费用缴清后退还。提前缴纳的租金及押金不计算利息。

3. 租金每个月一交，每次交纳的租金，乙方必须提前____日支付给甲方。

4. 交付房屋期限：甲方于本合同生效之____日将该房屋交付给乙方，甲方缴清合同生效前水电费，并共同核对水表和电表数据（水表和电表读数详见附件物品清单）。

5. 支付方式：电汇、网上银行转账；甲方收款后应向乙方开具有效的收款收据，以上费用均不包含税金，如乙方需要发票，产生费用均由乙方承担。

第六条　租住责任与义务

1. 乙方在租住期间，要做好防火安全、门前三包及安全、保卫等工作，主动办理暂住证，临时户口等政府规定的租住相关手续。

2. 乙方应执行当地有关部门规定并承担全部责任和服从甲方监督检查。

3. 不得在该房屋内接纳传销等一切非法人员。

4. 注意维持好邻里关系，不得在楼道内扔垃圾及噪声扰邻。

5. 注意使用水、电、气等的安全，使用不善或意外事故造成的伤害，由乙方承担全部责任并赔偿损失。

6. 未经允许，不得在任何墙面砸钢钉、膨胀螺栓等，否则甲方有权向乙方收取100元/个的维修费用和违约金。

第七条 房屋修缮与使用

1. 在租赁期内，该房屋及所属设施如因乙方使用不当造成损坏，由乙方负责修缮。

2. 乙方如改变该房屋的内部结构、装修或设置对房屋结构有影响的设备，设计规模、范围、工艺、用料等方案均需事先征得甲方的书面同意后方可施工。租赁期满后退租时，除双方另有约定外，甲方有权选择以下权利中的一种。

(1) 依附于该房屋的装修归甲方所有。

(2) 要求乙方恢复原状。

(3) 向乙方收取恢复工程实际发生的费用。

第八条 租赁期间相关费用

1. 在该房屋租赁期间，以下费用由乙方支付，并由乙方承担延期付款的违约责任：(1) 水电费；(2) 燃气费；(3) 电话、网络费；(4) 有线电视费；(5) 物业费；(6) 供暖费。

2. 甲方现已缴纳物业费至____年____月，____年____月的物业费［共计________元（大写____________元）］在合同签订后，由乙方会同第一笔租金、押金一并支付给甲方。

3. 在租赁期间，如果发生政府有关部门征收本合同未列出的项目，但与使用该房屋有关的费用，均由乙方支付。

第九条 租赁期满

租赁期满前，无论乙方是否续租，均要提前2个月通知甲方。

1. 租赁期满后，如乙方要继续租赁，且甲方仍要对外出租的，在同等条件下，乙方享有优先承租权。

2. 租赁期满后，如乙方不续租，本合同即终止，届时乙方需将该房屋退还给甲方。逾期交房，甲方有权按月租金的5%每日向乙方加收滞纳金。

第十条 因乙方责任终止合同的约定

租赁期间，乙方有下列情形之一的，甲方有权终止合同并收回该房屋，乙方应按照合同一年租金的20%向甲方支付违约金。若支付的违约金不足以弥补甲方损失的，乙方还应负责赔偿，直至达到弥补全部损失为止。

1. 利用该房屋存放危险物品或进行违法活动的。

2. 故意损坏该房屋，擅自拆改该房屋结构或改变该房屋用途的。

3. 拖欠租金累计达1个月的。

4. 逾期未交纳按约定应当由乙方交纳的各项费用，已经给甲方造成严重损害的。

5. 擅自将该房屋转租、转让、转借他人或擅自调换使用的。

6. 影响邻里关系造成多次投诉的。

第十一条 提前终止合同

1. 租赁期间，任何一方提出终止合同，需提前1个月通知对方，经双方协商后签订终止合同书，在终止合同书签订前，本合同仍有效。

2. 如甲方出售该房屋，需在1个月前通知乙方，在同等条件下，乙方有优先购买权。

3. 如因国家建设、房屋拆迁、不可抗力因素或出现本合同第十条规定的情形，甲方必须终止合同时，一般应提前通知乙方。乙方的经济损失甲方不予补偿。

4. 因上述原因而提前终止合同的，租金按照实际使用时间计算，不足整月的按天数计算，多退少补。

第十二条　违约责任

1. 乙方逾期未交付租金的，甲方有权按月租金的5%每日向乙方加收滞纳金。

2. 在租赁期内，乙方逾期交纳本合同约定应由乙方负担的费用的，每逾期1日，则应按上述费用总额的10%，向甲方支付滞纳金。

3. 在租赁期内，乙方未经甲方同意，中途擅自退租的，乙方应该按合同1个月租金的额度向甲方支付违约金。若支付的违约金不足弥补甲方损失的，乙方还应承担赔偿责任。

4. 租赁期满，双方未达成续租协议的，乙方应如期交还该房屋。乙方逾期归还，则每逾期1日应向甲方支付月租金5%的滞纳金。乙方还应承担因逾期归还给甲方造成的损失。

5. 乙方逾期未交付租金，且无法与乙方取得联系时，甲方可收回该房屋，并有权任意处置乙方遗留在该房屋中的任何物品。

第十三条　合同争议的解决方式：本合同在履行过程中发生的争议，由双方当事人协商解决；也可由当地工商行政管理部门调解。协商或调解不成时，依法向该房屋所在地人民法院起诉。

本合同解除的条件：按《中华人民共和国合同法》有关条款执行。

第十四条　本合同经甲、乙双方本人或委托代理人签字并按指纹后，方能生效。

第十五条　合同份数：本合同共____份，甲方持____份，乙方持____份，中介公司____份。

第十六条　其他约定事项

1. 未尽事宜，双方协商解决。

2. 本合同未涉及的条款，双方可签订补充协议，但需经甲、乙双方或委托代理人签字、按指纹后，方能生效。

3. 合同附件____个，即《房屋现有装修及设施、设备情况》。

甲方（卖方）：　　　　　　　　乙方（买方）：
身份证号：　　　　　　　　　　身份证号：
电话：　　　　　　　　　　　　电话：
住址：　　　　　　　　　　　　住址：
　　　　　　　　　　　　　　　签订日期：________年____月____日

附件：房屋现有装修及设施、设备情况

序号	名称	规格	单位	数量	备注

装修标准：
电表数：
水表数：
燃气表数：

六、房屋租赁的注意事项

1. 注意低价虚假广告

当租房者通过报纸、网站等信息渠道看到所刊登的房屋租价明显低于其正常市场价格时就要引起注意了，因为这些虚假信息有可能是某些不法经纪人员为了牟取不正当利益，以此为诱饵骗取租房者上当的一种手段。

2. 仔细核实房东个人情况

承租房屋时，租房者对于房东的个人情况要验查仔细。如果是房东本人出面签约时，最好查看其房产证与身份证；如果是帮助朋友出租房屋，那么一定要有出租委托书、朋友的房产证、身份证或复印件；如果房产证没有办下来则一定要其出具购房合同以证明其身份。此外，对于租房时可能遇到的“二房东”问题，租房者应验明该“二房东”在其租赁期间是否有权利将此房屋转租并让其出示租赁合同以及提供该房屋的相关产权证明，以免引起法律纠纷。

3. 清点承租房屋家电、家具

租房者在承租房屋时一定要清点好房屋内部设施如家电、家具等，并且在看房时检查一下家电的正常运作情况、家具的完好程度等，然后将其一一列入清单内。最好注明如果出现故障时维修费用由谁来承担，也好免除租房者在入住后，家用电器等发生故障维修时与房主产生矛盾，责任划分不清。

4. 明确房屋租赁合同条款

租房者在签订房屋租赁合同时，一定要看清楚合同上面所规定的条款，明确租赁双方的权利与义务。如租赁用途、租赁期限、修缮责任、变更与解除合同、签订转租、违约责任等条款，租赁双方要协商一致，以免在日后租房过程中产生争执，引发不必要的麻烦。

5. 合同附件写清楚

租赁双方达成协议，除了签署正规的房屋租赁合同外，对于房屋内的设备、租赁期间的水、电、气、有线电视、电话、物业维修基金等相关费用的结算与承担也要详细写清楚并且作为合同附件收好，以免给自己带来不必要的麻烦。

6. 房屋押金谈明白

租房者在交纳房屋押金时要与业主协商好是押一付三、押二付三还是押二付四。因为当租房者合同期满要求退租时，房主可能会以房屋设施损坏或者其他借口作为条件来克扣租房者押金，造成租客不必要的损失。因此在签订房屋租赁合同时，双方就应当注明租约期满后多少个工作日内，在房屋及其设施无毁损的情况下，业主应退还押金。

7. 谋求合适房屋

旺季租赁，租客很难在短时间内找到合适的房屋。因此，租客在租房时不应单一地寻求工作地点周边的房屋，也可根据自身需求，特别是在租金承受能力有限的情况下，只要交通便利，距离远一些的房屋也应列入选择租赁范围之内。

8. 买卖不破租赁

在租赁关系存续期间，即使所有权人将租赁物让与他人，对租赁关系也不产生任何影响，买受人不能以其已成为租赁物的所有人为由否认原租赁关系的存在并要求承租人返还租赁物。

例如曾先生在选购一套二手房时，被前业主告知该房产已经有人承租，租期尚有 9 个多月才到期，曾先生以为购买房屋后就有权随时要求承租人搬离，于是与前业主签订了合同并办理了过户手续。但是，在曾先生与承租人交涉限期搬离的过程中，承租人提出“买卖不破租赁”的概念要求继续承租，并指责前业主和曾先生没有尊重其“优先购买权”，就优先购买权请求原业主承担损害赔偿责任。

以上案例是在转让已经租赁的房产过程中普遍存在的问题。承租人所提出的“买卖不破租赁”是一项专业法律术语，具体解释为租赁房屋发生转移的场合，承租人对于该房屋的使用权，不会因为该房屋的买卖而受影响，买受人仍应继续履行原租赁合同的规定，此时租赁权的效力大于买卖双方的转让效力，只有当租赁期限到期时，买受人方才可以行使完整所有权。

对此，《合同法》第 229 条规定：“租赁物在租赁期间发生所有权变动的，不影响租赁合同的效力”，最高人民法院《关于贯彻执行〈中华人民共和国民法通则〉若干问题的意见（试行）》第 119 条第二款规定：“私有房屋在租赁期内，因买卖、赠与或者继承发生房屋产权转移的，原租赁合同对承租人和新房主继续有效。”

而承租人提出的“优先购买权”则是指出租人出卖房屋时，承租人在同等条件下，依法享有优先购买的权利。《合同法》第 230 条规定：“出租人出卖出租房屋的，应当在出卖之前的合理期间内通知承租人，承租人享有以同等条件优先购买的权利。”

9. 房屋租赁与抵押的先后顺序与效力

已出租的商品房可以抵押，但实现抵押权（拍卖该房屋）时，承租人在同等条件下对该房屋有优先购买权；抵押权实现后，租赁合同在有效期限内对于商品房的受让人继续有效，即承租人仍可在租赁合同约定的租赁期限内继续占有、使用该房屋并从中收益，受让人除可向承租人收取租金外，不得妨害承租人的租赁权。抵押后的房屋也可出租，但应当书面告知承租人该房屋已抵押的事实。已经抵押的房屋出租的，抵押权实现后，租赁合同对房屋受让人不具有约束力，即受让人可终止原租赁合同，承租人对该房屋不享有优先购买权、继续租赁权。抵押人未书面告知承租人抵押事实的，抵押权实现造成承租人损失的，抵押人承担赔偿责任；如果书面告知承租人该房屋已经设定抵押，抵押权实现造成承租人损失的，由承租人自己承担。

10. 重要的司法解释

《最高人民法院关于审理城镇房屋租赁合同纠纷案件具体应用法律若干问题的解释》如下。

第一条

本解释所称城镇房屋，是指城市、镇规划区内的房屋。乡、村庄规划区内的房屋租赁合同纠纷案件，可以参照本解释处理。但法律另有规定的，适用其规定。当事人依照国家福利政策租赁公有住房、廉租住房、经济适用住房产生的纠纷案件，不适用本解释。

第二条

出租人就未取得建设工程规划许可证或者未按照建设工程规划许可证的规定建设的房屋，与承租人订立的租赁合同无效。但在一审法庭辩论终结前取得建设工程规划许可证或者经主管部门批准建设的，人民法院应当认定有效。

第三条

出租人就未经批准或者未按照批准内容建设的临时建筑，与承租人订立的租赁合同无效。但在一审法庭辩论终结前经主管部门批准建设的，人民法院应当认定有效。租赁期限超过临时建筑的使用期限，超过部分无效。但在一审法庭辩论终结前经主管部门批准延长使用期限的，人民法院应当认定延长使用期限内的租赁期间有效。

第四条

当事人以房屋租赁合同未按照法律、行政法规规定办理登记备案手续为由，请求确认合同无效的，人民法院不予支持。当事人约定以办理登记备案手续为房屋租赁合同生效条件的，从其约定。但当事人一方已经履行主要义务，对方接受的除外。

第五条

房屋租赁合同无效，当事人请求参照合同约定的租金标准支付房屋占有使用费的，人民法院一般应予支持。当事人请求赔偿因合同无效受到的损失，人民法院依照合同法的有关规定和本司法解释第九条、第十三条、第十四条的规定处理。

第六条

出租人就同一房屋订立数份租赁合同，在合同均有效的情况下，承租人均主张履行合同的，人民法院按照下列顺序确定履行合同的承租人：（一）已经合法占有租赁房屋的；（二）已经办理登记备案手续的；（三）合同成立在先的。不能取得租赁房屋的承租人请求解除合同、赔偿损失的，依照合同法的有关规定处理。

第七条

承租人擅自变动房屋建筑主体和承重结构或者扩建，在出租人要求的合理期限内仍不予恢复原状，出租人请求解除合同并要求赔偿损失的，人民法院依照合同法第二百一十九条的规定处理。

第八条

因下列情形之一，导致租赁房屋无法使用，承租人请求解除合同的，人民法院应予支持：（一）租赁房屋被司法机关或者行政机关依法查封的；（二）租赁房屋权属有争议的；（三）租赁房屋具有违反法律、行政法规关于房屋使用条件强制性规定情况的。

第九条

承租人经出租人同意装饰装修，租赁合同无效时，未形成附合的装饰装修物，出租人同意利用的，可折价归出租人所有；不同意利用的，可由承租人拆除。因拆除造成房屋毁损的，承租人应当恢复原状。已形成附合的装饰装修物，出租人同意利用的，可折价归出租人所有；不同意利用的，由双方各自按照导致合同无效的过错分担现值损失。

第十条

承租人经出租人同意装饰装修，租赁期间届满或者合同解除时，除当事人另有约定外，未形成附合的装饰装修物，可由承租人拆除。因拆除造成房屋毁损的，承租人应当恢复原状。

第十一条

承租人经出租人同意装饰装修，合同解除时，双方对已形成附合的装饰装修物的处理没有约定的，人民法院按照下列情形分别处理：（一）因出租人违约导致合同解除，承租人请求出租人赔偿剩余租赁期内装饰装修残值损失的，应予支持；（二）因承租人违约导致合同解除，承租人请求出租人赔偿剩余租赁期内装饰装修残值损失的，不予支持。但出租人同意利用的，应在利用价值范围内予以适当补偿；（三）因双方违约导致合同解除，剩余租赁期内的装饰装修残值损失，由双方根据各自的过错承担相应的责任；（四）因不可归责于双方的事由导致合同解除的，剩余租赁期内的装饰装修残值损失，由双方按照公平原则分担。法律另有规定的，适用其规定。

第十二条

承租人经出租人同意装饰装修，租赁期间届满时，承租人请求出租人补偿附合装饰装修费用的，不予支持，但当事人另有约定的除外。

第十三条

承租人未经出租人同意装饰装修或者扩建发生的费用，由承租人负担。出租人请求承租人恢复原状或者赔偿损失的，人民法院应予支持。

第十四条

承租人经出租人同意扩建，但双方对扩建费用的处理没有约定的，人民法院按照下列情形分别处理：（一）办理合法建设手续的，扩建造价费用由出租人负担；（二）未办理合法建设手续的，扩建造价费用由双方按照过错分担。

第十五条

承租人经出租人同意将租赁房屋转租给第三人时，转租期限超过承租人剩余租赁期限的，人民法院应当认定超过部分的约定无效，但出租人与承租人另有约定的除外。

第十六条

出租人知道或者应当知道承租人转租，但在六个月内未提出异议，其以承租人未经同意为由请求解除合同或者认定转租合同无效的，人民法院不予支持。因租赁合同产生的纠纷案件，人民法院可以通知次承租人作为第三人参加诉讼。

第十七条

因承租人拖欠租金，出租人请求解除合同时，次承租人请求代承租人支付欠付的租金和违约金以抗辩出租人合同解除权的，人民法院应予支持，但转租合同无效的除外。次承租人代为支付的租金和违约金超出其应付的租金数额，可以折抵租金或者向承租人追偿。

第十八条

房屋租赁合同无效、履行期限届满或者解除，出租人请求负有腾房义务的次承租人支付逾期腾房占有使用费的，人民法院应予支持。

第十九条

承租人租赁房屋用于以个体工商户或者个人合伙方式从事经营活动，承租人在租赁期间死亡、宣告失踪或者宣告死亡，其共同经营人或者其他合伙人请求按照原租赁合同租赁该房屋的，人民法院应予支持。

第二十条

租赁房屋在租赁期间发生所有权变动，承租人请求房屋受让人继续履行原租赁合同的，人民法院应予支持。但租赁房屋具有下列情形或者当事人另有约定的除外：（一）房屋在出租前已设立抵押权，因抵押权人实现抵押权发生所有权变动的；（二）房屋在出租前已被人民法院依法查封的。

第二十一条

出租人出卖租赁房屋未在合理期限内通知承租人或者存在其他侵害承租人优先购买权情形，承租人请求出租人承担赔偿责任的，人民法院应予支持。但请求确认出租人与第三人签订的房屋买卖合同无效的，人民法院不予支持。

第二十二条

出租人与抵押权人协议折价、变卖租赁房屋偿还债务，应当在合理期限内通知承租人。承租人请求以同等条件优先购买房屋的，人民法院应予支持。

第二十三条

出租人委托拍卖人拍卖租赁房屋，应当在拍卖 5 日前通知承租人。承租人未参加拍卖的，人民法院应当认定承租人放弃优先购买权。

第二十四条

具有下列情形之一，承租人主张优先购买房屋的，人民法院不予支持：（一）房屋共有人行使优先购买权的；（二）出租人将房屋出卖给近亲属，包括配偶、父母、子女、兄弟姐妹、祖父母、外祖父母、孙子女、外孙子女的；（三）出租人履行通知义务后，承租人在十五日内未明确表示购买的；（四）第三人善意购买租赁房屋并已经办理登记手续的。

第二十五条

本解释施行前已经终审，本解释施行后当事人申请再审或者按照审判监督程序决定再审的案件，不适用本解释。

七、房屋转租

房屋转租是指承租人在租赁期间将其承租房屋的部分或者全部再出租的行为，包括以联营、承包经营和合作经营等名义，将承租房屋交付给他人使用并获得租金性质的保底收益。

(一)转租条件

房屋转租的条件如下。

（1）转租的房屋必须合法。

（2）需经出租人书面同意。承租人未经出租人书面同意转租的，出租人可以解除房屋租赁合同，收回房屋并要求承租人赔偿损失。但出租人知道或者应当知道承租人转租，但在六个月内未提出异议，其以承租人未经同意为由请求解除合同或者认定转租合同无效的，人民法院将不予支持。承租人经出租人同意，将租赁物业转租给第三人，原租赁合同继续有效，第三人对租赁物造成损失的，承租人应当赔偿损失。

（3）转租期限不得超过原合同规定的期限。承租人经出租人同意将租赁房屋转租给第三人时，转租期限不得超过原房屋租赁合同剩余期限，但出租人与转租人双方协商一致的除外。

除上述规定外，房屋转租也需签订转租协议，并办理登记备案手续。

(二)转租效力

承租人转租的，承租人与出租人之间的房屋租赁合同继续有效，第三人对租赁物造成损失的，承租人应当赔偿损失。承租人未经出租人同意转租的，出租人可以解除合同。

(三)转租的注意事项

转租在签订租赁合同时，应注意以下事项：

（1）查看转租人（“二房东”）的有效身份证明及与原房东（业主）签订的租赁合同；

（2）签订转租合同前，应明确房租包含的内容，水、电、暖、煤气（天然气）和物业管理费归谁承担，是否包括在房租内；

（3）全部转租的，要求转租人在房屋转租前结清水、电、暖、煤气（天然气）和其他费用；

（4）明确租赁期限、房租支付时间和付款方式，并要求转租人提供租金收据；

（5）要明确违约责任和违约的补偿标准；

（6）入住前检查屋内家具、电器、其他设施的好损情况，并约定维修责任；

（7）应对提前终止合约情况做出约定。

第三节 房屋置换

一、房屋置换的概念及特点

房屋置换交易是一种特殊形式的房屋买卖方式，其特殊性在于它可保证买卖行为的同时进行，也就是说房屋置换服务是买和卖的双向服务，一次置换成功，相当于两次交易，即卖掉原来住房，再买进一套需求的住房。因此，房屋的成功置换必须是一方的原有住房有下家接受，同时看中了下家的住房。在置换交易中一般需有第三方参与。这种情况极特殊，操作又复杂，所以在实际过程中比较少发生。

房屋置换交易的最大好处就是买和卖同时进行，省去临时周转的麻烦，通过置换，可以比较轻松地以小换大，以房屋置换远近，改善居住条件。在置换交易中，同时性最为重要，这也决定了交易条件的苛刻。因此，在房地产市场上相对比较难满足。

房屋置换是不同房屋间等价交换或差价交换的房屋交易形式。与房地产买卖不同的是，房屋置换不仅是一种货币和实物的交换方式，而且在房屋置换中包含有实物与实物间的交换，即房屋置换是“货币与实物”和“实物实物”两方面内容的交换方式。

通过房屋置换可以减轻置换双方的付款压力，房屋置换通过原有房屋价值的一部分资金、单位补贴一部分资金、个人储蓄拿出一部分资金、银行借贷一部分资金的方式，提高了改善住房条件的能力。一次置换成功，相当于两种交易概念，即卖掉原有的住房，再买进一套所需求的住房。因此，房屋置换可以解释为买卖的双向服务，买进卖出同时进行。

二、房屋置换的流程

首先，房屋置换的一方找一家房屋置换公司或房地产经纪机构。房屋置换公司应该具备以下三个条件：大量的买卖双方信息；利用网络化计算机处理信息；完善、正规的交易操作规程。办理房屋置换的基本流程如下。

第一步：置换登记。凡需办理房屋置换登记手续的置换人需携带原房屋的有效证件原件、业主有效身份证以及同住人同意置换的书面证明材料，委托置换的，还需提供委托授权书。填写房屋出售登记表和需求登记表（参考表 4-1 和表 4-2）。

第二步：价格评估。对置换的房屋需进行价格评估，评估中的初评，必须由专业人员上门实地详细勘察，再经过专业人员的认真测算，进行评估，得出需置换房屋的评估价格。房屋置换人需配合并告之该物业的客观情况。

第三步：置换委托。房屋置换人领取评估报告，确定置换价格，支付评估费用。得到原物业评估价格后，可正式委托置换公司进行房屋置换服务，签订房屋置换委托协议书。

第四步：签订合同。房屋置换委托后，由房屋置换公司或房地产经纪机构的专人具体负责为房屋置换人服务，推荐房源或寻找下家，陪同实地看房，直至房屋置换人满意后，正式签订房屋置换合同和房屋交易合同，确定房屋置换委托人和房屋置换公司或房地产经纪机构的权利、义务及违约责任等。

第五步：办理手续。房屋置换委托人可以自行办理或委托房屋置换公司或房地产经纪机构的员工代办相关手续，但需公证处公证。房屋置换委托人支付有关房款定金和代理费后，可以开始办理有关手续，等待领取不动产所有权证。

第六步：房屋交割。委托置换的房屋交付下家使用或暂由房屋置换公司或房地产经纪机构保管。新置换的房屋在交割验收时，必须具备三个条件：一是委托置换的房屋原有户口全部迁出；二是按照合同要求室内物件搬空或留置；三是水、电、煤气、通信、物业等费用全部结清（具体交割过程，请参考第十一章中第二节“房屋的交接”）。

三、房屋置换的税费

（1）根据《中华人民共和国契税暂行条例细则》财法字［1997］52 号第十条第一款的规定：土地使用权交换、房屋交换，交换价格不相等的，由多交付货币、实物、无形资产或者其他经济利益的一方缴纳税款。交换价格相等的，免征契税。

（2）房屋置换除契税外还涉及增值税、个人所得税、城市维护建设税、印花税、土地增值税等 6 个税种及教育费附加和地方教育费。交换双方按照各自房屋的评估价格计算交纳印花税、营业税、个人所得税、城市维护建设税、教育费附加和地方教育附加。

（3）房屋置换征收办法，每个城市稍有不同，具体的请到产权交易市场的地税征收窗口咨询。

四、房屋置换协议书

以下为房屋置换协议书范本，仅供参考。

房屋置换协议书

甲方：________身份证号：____________________________

乙方：________身份证号：____________________________

甲方自愿以______________________，房产权证号为__________________号的物业与其他物业进行置换。

乙方自愿以______________________，房产权证号为__________________号的物业与其他物业进行置换。

双方经协商，就上述房屋的置换事宜，订立本合同。

第一条 甲、乙双方同意将上述两处房屋进行置换。双方协商一致___________（即已实交首付款），由于置换价格存在差异，乙方同意支付甲方人民币：___________元（大写__________________元）作为补偿。

第二条 甲、乙双方承诺，上述两处房屋进行置换均已征得共同所有人的同意，并保证对方今后顺利取得房产手续。

第三条 双方同意在本合同签订后____日内，乙方将补偿款支付给甲方。

第四条 甲、乙双方约定在________年____月____日前将房屋手续交付给对方。

第五条 甲、乙双方约定，双方彼此交付时，该物业原有的水电费、物业管理费及等交房费用均有原业主负责承担。

第六条 在办理手续过程中所产生的税费按政策规定双方各自缴纳。

第七条 本契约生效后，除不可抗力外，双方不得撤销合同。如因乙方原因造成本合同终止，房屋补偿款不予退还。如因甲方原因造成本合同终止，应先退还房屋补偿款。

第八条 本合同自双方签字之日起生效，未尽事宜双方可另签补充协议，本契约的附件和双方签订的补充协议，为本契约不可分割的组成部分，具有同等的法律效力。

第九条 本合同在履行过程中如发生争议，双方应协商解决。协商不成的可向房地产所在地人民法院提起诉讼。

第十条 本合同正本一式两份，甲、乙双方各执一份。

甲方（签字）：________	乙方（签字）：________
身份证号码：____________________	身份证号码：____________________
电话：__________________	电话：__________________
________年____月____日	________年____月____日

第五章 05

房地产交易信息搜集与匹配

房地产交易信息是房地产经纪活动的基础，特别是房源信息和客源信息，对房地产经纪人员来说，相当于生产资料。本章重点介绍房源信息的搜集和管理，客源信息的搜集和管理，以及房源与客源的匹配。

第一节　房源信息的搜集与管理

一、房源信息的内容

房源信息是指拟出售或出租的房屋相关信息，包括以下内容。

（1）房源区位状况：①周边生活配套，如商场、超市、医院等；②周边交通配套，如地铁与公交车站、出行路线等；③教育设施配套，如幼儿园、中小学、大学，特别是本房源所属学区；④周边景观环境；⑤区位未来市政规划等。

（2）房源物理状况：①户型；②朝向；③楼层；④建筑面积；⑤建设年代；⑥装修状况；⑦净高；⑧建筑结构等。

（3）房源权属状况：①产权性质；②是否存在共有权；③是否设定抵押权；④是否属于征收（拆迁）范围等。

（4）房源交易条件：①交易价格，含出售价格、出租价格等；②可接受的付款方式（全款、贷款，其中贷款又分为商业贷款、公积金贷款和组合贷款）；③随房源同时交易的家具家电和附属设施设备；④交房日期；⑤税费支付方式等。

（5）房源权利人状况：①权利人姓名；②联系方式；③方便看房时间等。

（6）物业管理状况：①物业服务机构名称及评价；②物业服务费水平；③物业供暖方式以及费用；④是否存在欠交物业服务费、供暖费、水电费等。

二、搜寻房源信息的途径和方法

目前房源的搜寻对象主要有小业主和大业主两种。小业主是指拥有一套或几套房屋的普通消费者。小业主的房源是房地产经纪业务中最重要的房源来源之一。大业主是相对于小业主而言的，它通常是指一些拥有批量物业的单位，如房地产开发企业、资产管理公司、银行等。

(一)小业主房源的搜寻途径和方法

1. 门店接待

门店接待是指房地产经纪人员利用开设在住宅小区附近或小区内的房地产经纪店面，招揽客户上门咨询而获取房源信息的一种方式。门店接待是目前搜寻房源最常用的一种方式，也是最为直接的渠道。其优点是容易取得客户信任、较易和客户建立关系、获取信息准确度高、客户需求明确。缺点是成本比较高，受门店地理位置影响大，门店辐射范围受限制。

2. 互联网来访

房地产经纪人员通过房地产经纪机构官网、网上门店、网络经纪人以及房地产门户网站等进行广告宣传和客源推广，吸引业主来电、来信（电子邮件、短信等）访问，以获取房源信息。在互联网普及应用和购房者年龄越来越年轻的情况下，这种渠道成为搜集房源信息的重要途径。其优点是不受时间和地点限制，搜寻便捷，成本相对较低。缺点是难以保证搜寻信息的真实、齐全。

3. 老客户推荐

老客户推荐就是房地产经纪人员通过自身优质的服务获得老客户的信任，老客户再推荐有房出售或出租的同事、亲属、朋友等给房地产经纪人员。通过老客户开发获得的房源，在质量和出售意向方面都优于其他渠道搜寻的房源，老客户推荐的方法现在越来越受到房地产经纪机构的重视。其优点是成本低、信任度高、成功的可能性大。缺点是可遇而不可求，机会不多。

4. 社区开发

房地产经纪人员会在某些住宅小区的出入口摆放路牌广告或房源板，吸引过路者观看，以引起客户关注，获取房源信息和业主委托。这也是房地产经纪机构宣传公司形象从而开拓房源的一个较好方式。其优点是目标性强，面对面交流，会给周边居民留下深刻印象。缺点是路牌广告或房源展板的信息传播面较窄，也容易对市容市貌造成不良影响。

5. 派发宣传单

在小区内或者路边、超市门口等人们聚集的地方发放房源宣传单或者房地产广告，推广房源信息的同时也顺便搜寻房源。其优点是派发宣传单的目标性较强，成本也较低。缺点是此类信息若过多过滥，会引起信息接收者的反感，起不到应有的宣传效果。

6. 电话访问

在获知目标客户的电话号码后，对其进行电话访问，咨询其物业信息，这是可以立即见效的一种开拓房源的渠道。电话访问的优点是比较集中，针对性较强且可联系的人较多，不受地点限制，不受天气影响，而且花费的时间较少。但也存在很大缺点，会在一定程度上受时间的限制，比如上班时间不宜打扰；只能通过声音传达信息，可能缺乏人情味，容易遭受拒绝，客户印象不深刻等。

7. 报纸广告

房地产经纪机构一般会选择在当地发行量最大、属于大众阅读层次的报纸上刊登广告，以保证广告效果。一般来说，房地产经纪机构不仅可以在广告中刊登“房源委托热线电话”及“销售地点”（一般为经纪公司及其分支机构的办公地点）等“房源求购”（南方称“求盘”）信息，还可以发布一些机构独有的房源出售信息，尽可能充分地利用广告资源，吸引各类目标客户。其优点是报纸信息传递迅速、传播面广、受众群体大，专业广告设计有利于形象和实力的宣传。缺点是广告费用高、持续性差。

8. 人际关系开发

有些房地产经纪人员会依靠自己的人际网络去搜集信息。所谓的人际网络指的是人与人之间的交际圈子，如同学会、同乡会等，人脉宣传是最好的广告之一。其优点是容易获得信任、成本不高。缺点是需要长时间的积累才能取得效果。

(二) 大业主

大业主主要有以下五种类型。

1. 房地产开发企业

房地产开发企业的楼盘销售了一段时期后，会剩下一些“尾楼”房源。从销售成本等角度考虑，房地产开发企业会将这些“尾楼”单位委托给房地产经纪机构进行销售或出租。有些房地产经纪机构为了争取到这些“尾楼”单位的独家代理权，会主动联系房地产开发企业，精心提供营销方案。

2. 房地产关联企业

某些情况下，房地产开发企业由于资金等原因，以物业抵工程款、材料款甚至广告费等，从而使这些房地产相关行业中的一些企业，如建筑商、材料商甚至广告商等拥有批量物业。这些企业通常也会将所得到的物业委托房地产经纪机构进行销售。

3. 大型企事业单位

有些大型企事业单位会拥有数量可观的待处理的物业，如与房地产发展商合作开发楼盘后按合作协议获得的物业、单位员工集资开发的物业等。因为这些单位往往不具备销售或出租这些物业的专业资源，所以他们会将这些物业委托给房地产经纪机构进行营销，以获得现金收益。

4. 资产管理公司

资产管理公司，特别是处理银行不良资产的管理公司，往往会拥有一些作为抵押物或不良资产的物业。房地产经纪机构如果能够与资产管理公司合作，提供专业的营销方案和销售专业服务，资产处理公司一般愿意将这些物业委托给房地产经纪机构销售或出租，及时将物业变现。

5. 银行

与资产处理公司相类似，银行也会由于债务人的融资能力出现问题，获得一些作为抵押物或不良资产的物业。银行采用拍卖的方式处理这些物业资产，房地产经纪机构可以为银行提供专业服务，使银行顺利将物业变现。

对于这些大业主，房地产经纪机构一般采用“主动出击”的方式去获得房源资料，即根据这些大业主的具体情况，制定有关处理方案，并派专人（或工作小组）去联系、洽谈和跟进。

三、房源信息的归类和管理

(一) 房源信息归类

按照房屋的用途，可将房源分为住宅、商铺、办公楼、仓库、车库和工业厂房等类型。

1. 住宅

住宅一般是房地产经纪机构中数量最大，同时也是交易量最大的一种房源。住宅可以根据使用类别和产权进行细分。

（1）按使用类别细分。如果按使用类别来分，住宅又可以分成普通住宅、公寓、别墅三种。普通住宅一般按照卧室和起居室的数量可以分为一室一厅、两室一厅、两室两厅、三室两厅等。住宅按照建筑形式分可以分为高层、小高层、多层、低层、平房、独栋别墅、联排别墅、双拼别墅、叠拼别墅等。住宅按照户型特点可以分为跃层、错层、多层、复式和平层等。其中复式住宅在概念上是一层，并不具备完整的两层空间，但层高比普通住宅高，可以局部设计夹层，安排卧室或书房等，用楼梯联系上下，其目的是在有限的空间增加使用面积，提高住宅的空间利用率。别墅可以分为休闲型和住宅型两种，一般建造在城市郊区附近。

（2）按产权性质进行细分。如果按照产权性质进行细分，住宅一般可以分成商品房、房改房、解困房、集资房、限价商品住房、经济适用住房、廉租房、军产房、农村宅基地上的住房（俗称小产权房）等。在这些住房中，可以交易的住房主要有商品房、房改房，以及符合地方政府关于上市交易条件规定的经济适用住房。

① 商品房。商品房是指在市场经济条件下，通过出让方式取得土地使用权后开发建设的房屋，按市场价出售。目前市场上房地产开发商销售的物业基本上是商品房，在二手房市场中，再次转售的商品房占有比较大的比重，而且这种趋势越来越明显。

② 房改房。房改房就是单位、机关、企业等部门分配给职工的公有住房，房改后由职工按规定购买、职工享有房屋使用权的物业。房改房包括以标准价和成本价购买的公房。目前房改房经过房屋产权单位批准并补交了土地收益后，可以在市场上进行流通。

③ 解困房。解困房是指地方各级政府专门修建用于解决本地城镇居民、特别困难户、困难户和拥挤户住房问题的住房。

④ 集资房。集资房是指由政府、单位、个人三方共同承担、集中资金而建造的一种住房。职工个人可按房价全额或部分出资，政府及相关部门在用地、信贷、建材供应、税费等方面给予部分减免。

⑤ 经济适用住房。经济适用住房是面向中低收入者提供的普通住房。其来源一般有三种：一是由政府提供专项用地，通过统一开发、集中组织建设的经济适用住房；二是将房地产开发企业拟作为商品房开发的部分普通住宅项目调整为经济适用住房；三是单位以自建和联建方式建设的，出售给本单位职工的经济适用住房。经济适用住房的产权人在购买住房5年后，先向政府住房保障部门申请回购，政府放弃回购的，可以上市交易。

⑥ 限价商品住房。限价商品住房是指政府采取招标、拍卖、挂牌方式出让商品住房用地时，提出限制销售价格、住房套型面积和销售对象等要求，由建设单位通过公开竞争方式取得土地，进行开发建设和定向销售的普通商品住房。限价商品住房对户型面积做了严格限制，住房建筑面积通常在90平方米以下，两居室住房的建筑面积在75平方米以下。购房对象也有严格限制条件，房屋的分配和销售一般采用申请轮候制，并以摇号形式确定最终购房者。购房人取得房屋权属证书后5年内不得转让所购住房，确需转让的，由政府回购；5年后转让所购住房，需要补交土地收益等价款。限价商品住房主要是为了解决“夹心层”（中等收入者）的住房需求问题而推出的。

2. 商铺

商铺是经营者为顾客提供商品交易、服务及感受体验的场所。商铺首先是商品交易的场所，还包含了服务功能和感受体验的功能。如果按照所在的地理位置来划分，商铺可以分为铺面房和铺位。铺面房，是指临街有门面，可开设商店的房屋，俗称店铺或街铺。铺位，一般只是指大型综合百货商场、大卖场、专业特色街、购物中心等整体商用物业中的某一独立单元或某些独立的售货亭、角等，俗称店中店。

3. 办公楼

办公楼一般分两种，即纯写字楼和商住两用楼。纯写字楼是以工商业办公为用途的建筑，完全不具备居住功能的配套设施，并且是不允许居住的建筑。商住两用楼具有居住功能，既可以居住也可以进行商务活动，但更倾向于后者，而居住楼则全部是家庭居住。

4. 仓库、车库和工业厂房

除了以上三种常见类型以外，房源还包括仓库、车库和工业厂房，不过数量和交易量一般都比较少。仓库一般都位于城乡结合部，那里分布着很多大型仓库，大型仓库的面积超过1万平方米，是市场交易活跃地区。目前在我国，独立停车楼的建设还比较少。一些汽车保有量大的城市，在城市核心商业区和城乡结合部的轨道交通换乘站建设停车楼。工业厂房，特别是工业开发区的标准厂房，一般由房地产开发企业统一建设，再销售给工商业者。

另外，房源还可以根据其他属性进行分类，如根据容易成交的程度，可以将房源分为三类，见表5-1。

表 5-1 房源类别

房源类别	房源特征和营销策略
A类	特征：房源优质、抢手；潜在购买客户多；诚心出售、价格合理；售购房条件不苛刻
	策略：重点推广，尽快成交
B类	特征：房源优质，但并不是十分迫切出售；售价高于市场价，售房条件较高
	策略：重点培养，在跟进服务过程中，不断校正业主的心理预期
C类	特征：房源一般，试探性挂牌出售，成交可能性不大
	策略：明确告知业主无法成交及原因；与业主保持经常性的沟通

(二)房源信息的管理

1. 及时记录和更新

房地产经纪人员在取得房源委托后，应及时将其录入房源信息管理系统，一般规定在1小时内。录入时必须保证房源信息的完整性、真实性、唯一性。录入系统后，房地产经纪人员需要对自己所属房源进行定期的日常跟进维护，若不及时更新，如业主的联络方式、出售条件变化或又已委托其他同行出售和出租等，房源信息将会成为不准确的信息。因此，房地产经纪人员必须定期和业主保持联系，更新资料，这样才能保持其有效性和准确性。

2. 保持联系

从业主委托到完成交易往往需要较长时间，需要房地产经纪人员不断寻找客户，提供看房，逐步逼近交易目标。在这个过程中，房地产经纪人员应保持与业主的联络和沟通，把握其房源的动态，同时也关注其和其他竞争者的联系。房地产经纪人员可以利用节日的机会，问候自己服务的业主。另外，当国家或地方出台新的相关房地产政策或法规时，房地产经纪人员也可以和自己的业主进行沟通，告知业主目前的房地产政策和规定。房地产经纪人员还可以学习一些房地产政策和法规分析文章，加上自己对政策和法规的理解等内容告诉业主，并与业主进行一些交流。通过以上手段，保持和业主的联系，逐步建立信任关系。

四、房源信息的共享

房源信息的共享形式要根据市场现状以及房地产经纪公司自身的特点进行设定，主要包括私盘制、公盘制和分区公盘制。不同信息的共享模式各有优缺点，适合不同规模、不同发展阶段的房地产经纪机构。

(一)私盘制（房源信息不共享）

房源信息由接受业主（委托人）委托的房地产经纪人员录入，其他经纪人只能看到房源的基本情况，业主的联络方式只有该接受委托的经纪人拥有。其他经纪人要联系该物业的业主（委托人），只能通过该经纪人。当其他经纪人促成交易后，该经纪人可分得部分佣金。

私盘制的优点是有利于保障收集房源信息的经纪人利益，有利于提高经纪人收集房源信息的积极性。因为经纪人收集的房源信息越多，促成交易的机会就越大，他所分到的佣金也就会越多。而且在这种制度下，经纪人一般不会存在“留盘”行为（即将收集到的房源信息“据为己有”，不与其他同事分享）。

私盘制的缺点是：多数情况下，每宗交易需要两个房地产经纪人员跟进（一个是收集房源信息的经纪人，另一个是接触信息需求方的经纪人，即买方代理经纪人）。如果两个经纪人不能实现信息共享，收集到房源信息的经纪人在短时间内没有与买方代理经纪人实现信息的交换，或配合不当，还可能导致交易的延迟或者失败。

(二)公盘制（房源信息共享）

公盘制是指在一个房地产经纪机构内部，或者几个联盟房地产经纪机构之间，或者一定区域范围内加入联盟的全部房地产经纪机构，将所有房源信息完全共享。目前，我国大部分的房地产经纪机构内部采用公盘制以达到房源信息共享的目的。

公盘制的优点是由于房源信息共享的信息管理制度，可以使每位房地产经纪人员的“生意面”达到最广，获得最广泛信息，工作效率得到提高。

公盘制的缺点主要是不利于激发房地产经纪人员收集房源信息的积极性，部分经纪人为了个人的利益，会出现“留盘”行为。而且，房源信息较容易外泄。因为经纪人开展经纪业务时存在着明显的区域性，如在 A 区工作的经纪人甲一般不会去做 B 区的业务，这时，甲就有可能将自己在公司里获知的 B 区的房源信息，透露给在 B 区另一个经纪机构的经纪人乙。

(三)分区公盘制（房源信息有限共享）

分区公盘制是指同一个房地产经纪机构内部、在同一区域工作的房地产经纪人员可共享该区域的所有房源信息。如果需要跨区去开展业务，则要与本公司其他区域的房地产经纪人员合作，从而拆分佣金。

分区公盘制的优点是：在一定程度上综合了公盘制与私盘制的优点，既保证了经纪人收集房源信息的积极性，又使每位经纪人的“生意面”都比较广，工作效率也较高。这主要是因为房地产的地域性很强，经纪人主要在自己所在店铺附近拓展业务，“跨区”的个案较为少见。

分区公盘制的缺点是：房地产经纪机构确定分区边界比较困难和复杂，处于分区边界的店铺，较难界定其业务拓展范围。

第二节 客源信息的搜集与管理

一、客源信息的内容

客源是对房地产有现实需求或潜在需求的客户。需求包括以获得物业为目的的购买需求，也包括以暂时获得物业使用权为目的的租赁需求。客源信息包括以下内容。

(一)客户基础资料

(1) 个人客户资料，包括：客户姓名、性别、年龄、籍贯；家庭地址、电话、传真、

E-mail；家庭人口、子女数量、年龄、入学状况；行业、工作单位、职务；教育程度等。

（2）机构团体客户资料，包括：机构名称、机构办公地址、机构经营范围、机构营业区域、法定代表人、经营期限、联系电话、联系人等。

(二) 物业需求状况

物业需求状况包括：所需房屋的用途、区位、房型、面积、建成年份或新旧程度；如果目标物业是住宅，需要调查客户对卧室、浴室、层高、景观、朝向的需求意向；特别需求，如车位、通信设施，是否有装修；房屋价格，包括单价和总价、付款方式、贷款方式、按揭成数等；配套条件的要求，如商场、会所、学校、交通条件（是否需要临近地铁站口）等。

(三) 交易记录

交易记录包括：委托交易的编号、时间；客户来源；推荐记录、看房记录、洽谈记录、成交记录；有无委托其他房地产经纪机构或房地产经纪人员等。

二、搜寻客源信息的途径和方法

(一) 门店接待

门店接待客户是指房地产经纪人员利用房地产经纪机构沿街开设的店面，客户上门咨询而得到客户的方式。这种方式是常用的方法，也是房地产经纪人员获得精准客户的渠道之一。门店接待的优势是方法简单易行、开发客户的成本低、客户信息准确度高、较易和客户建立关系，为今后进一步交往打好基础。劣势是此种方式对于房地产经纪人员来说是一种较为消极的方法，是一种守株待兔的方式；而且受店面的地理位置影响很大，如果店面的地理位置较差的话，很难有上门的客户信息；最后，这种方式受市场、政策等因素波动很大。

(二) 广告宣传

房地产经纪机构可以在当地主流媒体、房地产专业媒体、门店橱窗或者 DM（直接邮寄广告）单等媒介上发布房源信息，通过发布的房源信息吸引潜在客户，从而获得客源信息的渠道。使用广告宣传的优势是：获得的信息量会很多、很大；受众面较广，因此效果也会比其他方式好很多；另外使用广告宣传还可以间接对公司的品牌进行宣传和推广。使用广告宣传的劣势是：成本较高；时效性较差；另外，通过广告而得到的客户信息不一定很准确，需要房地产经纪人员进行大量的甄别工作。

(三) 利用互联网开发客户

在一些经济较发达的地区，使用互联网进行客户开发的方式越来越显示其效果。互联网开发客户的方式主要有两种：一种是在不同的网站（当地主流网站或专业的房地产网站）进行房源广告的发布；另一种是通过发送邮件等方式进行。使用互联网方式开发客户在很多城市逐渐超过了主流媒体的使用率。互联网开发客户的劣势是要不断对自己发布的广告进行刷新，否则会没有任何效果，降低时效性；另外房地产经纪人员对获得的大量的客户信息需进行有效的分析，以甄别出真实的客户。

(四) 客户介绍

客户介绍是房地产经纪人员通过自己服务过的客户介绍新客户的开发方式。曾经服务过的客户是对经纪人服务质量满意与否的最佳证人，是服务中通过直接接触获得的信赖，是经纪人的宝贵资源。经纪人依托信赖建立了稳固的客户关系网，客户常常会免费为经纪人介绍新客户。因此，一个服务质量高、业务素质好、从业时间长的房地产经纪人员，资源积累越多，客源信息也就越源源不断。客户能够介绍潜在客户的前提是对自己过往服务有较高的满意度，因此，房地产经纪人员在服务客户的过程中，应以争取客户获得最大满意度为目标，将服务与业务拓展融为一体。同时，老客户介绍新客户，一是成本很低，二是客户都是真实有效的，这种开发方式越来越受到房地产经纪机构和房地产经纪人员的喜爱。现在业务经营稳健的房地产经纪机构都要求房地产经纪人员将大量时间和精力用于客户关系维护，以获得老客户的介绍。

(五)人际关系经营

人际关系法是指以自己认识的亲朋好友信赖为基础，通过人际关系网络介绍客户的揽客方法。这种揽客法不受时间、场地的限制，是经纪人个人可以操作的方法。房地产经纪人员必须培养自己的交际能力，不断结识新朋友，维护老朋友，以自己的人格魅力争取他们的支持，介绍客户。这种揽客法成本低，简便易行，介绍来的客户效率高，成交可能性大。作为一个经纪人，利用自己的人际网络争取客户是其成功的基本保障。

(六)驻守和挂红幅揽客

目前市场上的很多房地产经纪机构在居住小区驻守和使用挂红幅的方式来获得客户。其中驻守的方式主要是在一个特定的场所，可能是某个小区、某个地段等，房地产经纪人员进行设摊招揽客户咨询或主动接触客户而获得客户的方式。挂红幅使用的方式也类似于驻守的方式。主要是指在小区较显眼的地方把经纪人的联系方式告知客户，等待客户联系经纪人的方式。这两种方法的优势是成本较低，客户的准确性较高。而劣势是驻守的方式比较浪费经纪人的时间，挂红幅也很容易被其他人为因素或自然力损坏，需要经纪人进行不断维护，而且有时驻守会妨碍到行人，挂红幅也可能影响到市容市貌，应提前获得社区或城管部门的许可。

(七)讲座揽客

讲座揽客法是通过向社区、团体或特定人群举办讲座来发展客户的方法。讲座可以是房地产知识介绍，也可以是房地产市场分析或房地产投资信息的提供，或房地产交易流程、产权办证问题的介绍。通过讲座可以发掘潜在客户，启发购房愿望，促成需求实现。在讲座时房地产经纪机构或经纪人可以自我介绍、发放公司和服务的免费资料，创造与客户接触的机会，增加客户。通过讲座可以培养客户对公司服务的信赖和专业的信任，同时也传播房地产信息和知识，减少未来客户在交易过程中的难度。在做社区业务时，此种方法适用。但讲座的组织准备工作尤为关键，主题、时间、场地和邀请方式及主讲人的演讲技巧决定其效果。

(八)会员揽客

会员揽客法是指通过成立客户俱乐部或客户会的方式吸收会员并挖掘潜在客户的方法。这种方法通常是大型房地产经纪机构或房地产开发企业为会员提供的特别服务和享受某些特别权益，如服务费打折、信息提供等方式吸引准客户入会。例如我国香港的“美联会”和深圳的“万科会”，入会的会员因为受到促销产品的利益诱惑等成为会员，并在需要买房或租房时成为房地产经纪机构或经纪人的客户。会员资料是经纪人能够利用的重要资料，在促成交易时若充分利用这些资料将会发挥极大价值。会员揽客法因成立客户会的难度大而较少使用。

(九)团体揽客

团体揽客法是以团体如公司或机构为对象的开发客户的方法。房地产经纪机构利用与团体的公共关系发布信息，宣传公司从而争取客户的委托。例如，房地产经纪机构与银行合作，共同宣传房地产抵押贷款代办服务项目，从而争取到该银行办理房地产抵押贷款业务的客户。这种方法通常和讲座揽客法或服务费打折或提供特别服务的方式一并使用，或者设台咨询，或者争取团体的支持来组织某些活动来加强联系，征求客户。

在实际的房地产经纪活动中，客户开发往往是采用多种方法，灵活运用。在不同区域、不同物业市场和不同的客户类型，适用的方法可能有很大差异。房地产经纪机构和房地产经纪人员应通过实战，不断总结不同方法的适用条件和效果，针对目标客户采用最有效的一种或几种方法的组合，以提高开发效率。

三、客源信息的分类和整理

根据客源购买意向的强弱、经济承受能力、购买的区域范围及对物业品质要求的程度等因素，可以将客源分为 A、B、C 三个等级的客户。房地产经纪人员应对 A、B 类客户进行重点扶持与培养，参见表 5-2。

表 5-2　客户类别

客户类别	客户特征和营销策略
A 类	特征：购买需求强烈，希望尽快买到物业；有一定的经济实力，购买力较强；预算合理，对市场价格有客观认识的；购房条件的要求不是特别苛刻
	策略：重点跟踪，提供周到而专业的服务
B 类	特征：有购房计划，但并不是十分迫切；有一定的购买力，对物业品质的要求较高
	策略：重点培养的目标。在跟进服务过程中，房地产经纪人应不断了解客户特征和需求
C 类	特征：属于根本无法成交的对象
	策略：应客观地告诉客户无法成交的原因；希望重新安排购房计划并再联系；与客户保持经常性的沟通

A 类客户是优质的客户，是房地产经纪人员主要追踪及开展服务工作的对象，其客户群特征为：①购买或租赁物业需求强烈，时间紧，希望尽快获得物业；②经济条件好，购房支付能力较强；③较了解目前房地产市场情况，能根据市场供求状况提出合理购买价格；④对物业条件的要求不是特别苛刻。

B 类客户是良好的客户，是房地产经纪人员应重点培养的目标，属于潜在顾客，其需求经常会发生变化，经纪人应定期追踪。在跟进服务过程中，经纪人应不断了解客户特征和需求。B 类客户群特征为：①有明确的购房或租房计划，但并不是十分迫切；②一般属于完美型客户，对物业品质要求较高，但一旦物业条件合适，便会立即成交。

C 类客户是最差的客户，属于现有条件下根本无法成交的对象，房地产经纪人应客观地告诉客户无法成交的原因，希望其能重新安排购房或租房计划。对于此类客户应引导其购买意向和需求条件，使其明确购房意向，待时机成熟实现房地产交易。因此，房地产经纪人要与 C 类客户保持经常性的沟通。

四、房源客源信息共享

目前常见的客源信息都是专属制，即客源信息属于房地产经纪机构内的某一个房地产经纪人员。关于房源和客源信息共享，通俗的说法叫作“公房私客”。但是在承购、承租多家委托情况下，房地产经纪人员对客源信息的专属制度难以实现。

第三节 房源与客源的匹配

房源与客源的匹配又叫配对、配盘，是指将合适的房源和合适的客户进行匹配，为客户选择符合其需求的房屋、为业主选择对应的购买对象的过程。在二手房买卖过程中，房地产经纪人员必须着眼于提高配盘的有效性来开展工作。房源与客源的匹配是房产交易中一项重要的环节，考验的是经纪人基于对需求房源了解的基础上对客户的分析判断能力。匹配的最终目的是形成带看，带看的结果直接关系着是否能够逼定客户。那么，房地产经纪人员如何才能精准地匹配房客源，促成成交呢？应先从房源与客源分析着手。

一、房源分析

对房源的分析可以从以下方面进行：

（1）小区位置、楼盘地址、区外设施、区内配套；

（2）房屋面积、结构、房型、朝向、楼层、装修、前后景观；

（3）房屋产权人、共有人以及共有人是否同意出售；

（4）房屋内的户口状况；

（5）房屋出售价格、到手价还是成交价、付款方式；

（6）业主购房贷款情况；

（7）小区物业管理费、车位费、会所费；

（8）房屋是否带租约、租金价格、何时到期；

（9）业主售房原因、是否有其他房屋或已购置其他房屋；

（10）房屋挂牌时间、委托期限、是否跳过价。

二、客源分析

对客源的分析可以从以下方面进行：需求特征，收入特征，年龄特征，职业特征，家庭特征，文化特征，心理特征等。

1. 买房客户的需求特征

表 5-3 是买房客户的需求特征。

表 5-3 买房客户的需求特征

需求类型	需求特征
新婚购房	小户型；交通方便；老城区的房源或房龄较短的房源较受欢迎；贷款买房但首付比例不高；比较在意再行出售和保值功能；成熟社区是购房首选
投资购房	地段和升值潜力是购房首选；对经纪人要求高；倾向于选择知名开发商的品质楼盘、学区小户型房源、商业地段商铺和新开楼盘底商等稀缺性房源
教育用房	重点中小学学区附近；以总价不高的小户型为主；对房源内的户籍情况特别关注；对楼层或朝向不是很在意
改善用房	两代或三代家庭成员共住，面积一般在 90 平方米以上；户型一般为三室一厅或三室两厅两卫；比较在意房龄和社区环境

2. 买房客户的收入特征

（1）豪宅面对的是高收入群体。

（2）处于市区的中档住宅面对的客户群体一般是“白领”、政府公务员、中小企业主、个体工商户。

（3）处于郊区或偏远地段的普通商品房所面对的客户群体则是普通工薪阶层。

3. 买房客户的年龄特征

表 5-4 是买房客户的年龄特征。

表 5-4　买房客户的年龄特征

年龄层	年龄特征
26 岁以下	刚参加工作，没有积蓄，购买能力较弱；如果买二手房，一般以小户型为主，并且往往要贷款或由父母资助
27～35 岁	经济实力有初步发展，但由于成家等方面的原因，购房选择倾向于普通两居室或三居室
26～55 岁	最具有购买力的群体，收入差别大，是从普通住宅到高端豪宅的最大消费群体
56 岁以上	大多已经拥有住房，且子女成年独立，除了少数人出于经营需要或投资保值外，较少对购房感兴趣

4. 买房客户的职业特征

（1）企业主、职业经理人、政府高级官员通常属于高收入群体，其购房意向倾向于具有投资价值的二手住房或商铺，对住房要求环境比较好、房龄比较短。

（2）一般商人、会计师、律师、医生等职业人士，多属于中产阶级，其购房意向多为中档小区的较大户型。

（3）普通职员、一般公务员，由于收入的限制，往往只能选择普通住宅。

5. 买房客户的家庭特征

（1）家庭人口特征。三口之家一般选择两居室，经济条件好者会考虑三居室；三代同堂的家庭一般不会选择两居室，通常选择三居室或以上，除非经济条件确实有限。

（2）家庭生命周期特征

① 初婚期家庭往往对住房面积要求不高，但品质要求高。

② 生育期家庭偏好于有益于子女教育的地段。

③ 满巢期、空巢期家庭购房时更多考虑子女的意愿，在考虑养老性购房时往往比较注重社区的生活环境和社区活动场所等。

6. 买房客户的文化特征

（1）普通知识分子在区域选择方面倾向于具有较浓厚文化气息的小区，在户型选择上希望有书房。

（2）收入高、文化程度高者倾向于选择有较高档次的配套设施（会所、健身房、俱乐部、咖啡屋）的社区。

（3）文化程度较低者则只需满足其普通需求即可，但这不是绝对的，与家庭收入密切相关。

7. 买房客户的心理特征

对于二手房买卖业务而言，通常认为买房客户的购买行为具有以下几种典型类型的心理特征：求实用（采光、通风、使用面积、结构、防潮、隔声、隔热等）；低价位（购房者最关心的问题之一）；求方便（水、电、气、电话、宽带、有线电视、交通、配套等）；求新颖、美观（房屋建筑风格、与生活相关区域环境和景观）；追求建筑的文化品位；求保值、增值；投机、投资获利。

三、房源与客源的匹配

1. 匹配原则

（1）推荐房源的数量适中。

（2）推荐房源的品质要有层次。

2. 匹配方法

（1）模糊匹配：针对了解程度较浅的客户。

（2）精准匹配：针对完全了解的客户。

3. 匹配注意事项

（1）为客户寻找房源要及时。经纪人脑海中一定要熟记几套面对不同购房需求的房源，才能在任何时间接待客户的时候做出初步的匹配工作，这也是为什么所有销售冠军都觉得小区精耕是非常重要的工作。如果一个经纪人的脑海中没有房源，匹配工作都依赖公司的房源库，那么他的匹配工作就会比其他人慢。如果还无法判断客户的一些需求，匹配工作则会被进一步拖延。所以经纪人平时有空的时候，即使没有客户也可以多去看看房，多精细化地解读房源信息。

（2）以客户的需求为中心。“以客户的需求为中心”正成为目前房地产市场营销的新思想、新潮流，房地产经纪人员必须改变传统的等待客户的方式，主动地去寻找甚至争夺客户，按客户的需求提供产品和服务，才能在激烈的市场环境中做到“适者生存”。

（3）合理引导需求。在销售行业，并不是你卖的产品客户看一眼就喜欢，也并不是客户看了就了解，这些都需要引导。有时我们会遇到这样的客户，客户说“我只是随便看看，还没打算现在就买房”。从表面来看，这种客户是没有需求的，对于这种客户，我们这时就要“创造需求”。这种创造需求的过程，就是一个引导的过程。销售，结果只有两个字，不是你把“是”销售给了客户，就是客户把“不”销售给了你。在双方的“较量”过程中，引导与被引导一直在相互交错地发生着。

（4）让客户感受关注。房地产经纪人员必须认识到客户渴望得到关注的心理，并且要在沟通过程中适时适度地表达对他们的关心和体贴。一个好的房地产经纪人员是天性上就会倾向于关心他人，也一直在试图让别人快乐。如果你能让顾客或潜在顾客感觉到你是真心喜欢他们，关爱他们，也很敬重他们，那么你的销售将会无往不胜。

4. 提高匹配能力

一般可以通过以下方式来练习提高匹配能力：

（1）随时随地注意任何同事的房源推荐；

（2）有机会就去实地看房，空看或者陪看；

（3）留意微信群、朋友圈里每个人推荐的房源；

（4）清楚公盘系统内每天的新增房源；

（5）每接收一套房源，在脑海里都要想想哪个客户可能需要。

当然，以上只是各种方式的一部分，也是最常见的渠道，只需要房地产经纪人员自己多留意以及多花点精力即可。如果经纪人还有精力，还可以和一些资深的经纪人交流，彼此分享自己的匹配心得，相互学习。当然更重要的是学会自己思考，比如在带看之后其实也是一次绝佳的匹配机会，因为在带看结束之后知道什么地方是客户不满意的，什么地方是非常吸引客户的，在下次匹配的时候就可以更加注意这些细节。

第六章 06

房地产经纪服务合同

房地产经纪服务合同是界定房地产经纪机构、房地产经纪人员和房地产经纪服务委托人之间权利义务关系的重要业务文书，签订了房地产经纪服务合同才标志着承接了房地产经纪业务。本章主要介绍房地产经纪服务合同的基本内容、类型、合同签约及注意事项等内容。

第一节 房地产经纪服务合同概述

一、房地产经纪服务合同的基本内容

房地产经纪服务合同是指房地产经纪机构为促成委托人房地产交易而提供有偿经纪服务，与委托人之间设立、变更、终止权利和义务关系的协议，是房地产经纪服务委托人与房地产经纪机构就某一个经纪服务项目进行协商而达成一致的协议。房地产经纪机构与委托人签订房地产经纪服务合同时，需要向委托人告知房地产经纪服务合同的有关内容。

房地产经纪服务合同的基本内容是关于房地产经纪机构接受委托提供房地产信息、实地看房、代拟合同等房地产经纪服务的具体条款，应当包含下列内容。

(一)房地产经纪服务双方当事人的姓名（名称)、住所等情况以及执行该业务的房地产经纪机构和房地产经纪人员的情况

缔约双方是房地产经纪机构和委托人。委托人是自然人的，标明自然人的姓名、身份证号码、住址等；委托人是法人的，标明法人的名称、营业执照号和住所。合同中标明房地产经纪机构的法人代表、营业执照号码、经纪机构备案证号、地址、联系电话等，并写明具体执行该业务的房地产经纪人员的信息（姓名、注册号等）。

(二)房地产经纪服务的项目、内容、要求以及完成的标准约定

房地产经纪服务的项目、内容、要求以及完成标准，要参考房地产经纪机构在其经营场所公示的服务项目，还要符合国家或者行业关于房地产经纪服务标准和流程的相关规定。

房地产经纪服务的项目包含三项，即提供房地产信息、实地看房和代拟合同，三项服务也可以在书面合同中进一步细化。提供房地产信息服务包括提供相关的房地产市场信息，搜集、配对交易房源，房地产交易政策咨询等；实地看房服务包括首次看房，制作房屋状况说明书，带领客户看房等服务；代拟合同服务包括交易条件谈判、议价撮合、协助订立房地产交易合同，也称为代书。

对房地产经纪机构和人员来说，房地产经纪服务的基本要求包括房地产交易相关信息及时告知和披露、维护委托人的合法权益等；对委托人来说，房地产经纪服务的基本要求包括提供必要的资料，实地看房和办理相关手续时给予必要协助等。房地产经纪服务一般以签订房地产交易合同（包括买卖合同和租赁合同）为完成标准。

(三) 服务费用及其支付方式

服务费用就是房地产经纪机构提供房地产经纪服务应得的服务报酬，由佣金和代办服务费两部分构成。

房地产经纪服务完成并达到约定的服务标准，房地产经纪机构才可以收取服务报酬，一般情况下，房地产经纪服务的完成以房地产交易合同签订为标志，房地产交易合同订立后就可以收取佣金；代办服务费用的收取标准和时点由当事人自行约定。

依据《合同法》的相关规定，房地产经纪机构未完成约定服务事项的，不得要求支付服务报酬，但可以在合同中约定由委托人支付经纪服务过程实际支出的必要费用，必要费用不得高于房地产经纪服务收费标准，具体收费额度双方协商议定。房地产买卖、租赁过程中，涉及政府规定应由委托人支付的税、费，但由房地产经纪机构代收代缴的，不包含在房地产经纪服务费中。服务过程中涉及支付给第三方的费用，如权属信息查询费、评估费等，也可以在房地产经纪服务合同中进行约定。

(四) 合同当事人的权利和义务

委托人的义务一般包括提供材料、协助看房、支付费用，权利一般包括知情权、全部收入的所有权；房地产经纪机构的义务一般包括及时如实报告义务、尽职尽责义务、风险提示义务等，权利一般包括违法违规行为拒绝权、报酬请求权等。

(五) 委托期限

委托期限指房地产经纪服务委托方委托房地产经纪机构提供房地产经纪服务的具体时间期限。委托期限实质上规定了房地产经纪机构完成某项经纪服务工作的时间界限，有利于督促房地产经纪机构增强紧迫感，提高工作效率。

合同履行期间，任何一方要求变更合同条款，都应书面通知对方。经双方协商一致，可达成补充协议。

合同履行期间，任何一方如有确凿证据证明对方的行为严重影响自己的利益，必须终止合同的，可于委托期限届满前，书面通知对方解除本协议，并结清相关费用，或追偿违约金。

(六) 违约责任和纠纷解决方式

房地产经纪机构的违约情形主要包括：未完成委托人委托的经纪服务事项；未达到合同约定的标准，或未经委托人书面同意，擅自改变房地产经纪服务的内容、要求和标准；未经委托人同意，由第三方代替房地产经纪机构或者房地产经纪机构与第三方共同完成委托方委托的事项；房地产经纪机构违反国家有关法律、法规及本市相关法规，损害委托人利益。

委托人的违约情形主要包括：委托人虚假委托或提供的有关证件和资料不实；委托方未

能按时将约定的经纪服务费支付给房地产经纪机构。

房地产经纪服务合同的违约责任可以定金或者违约金的形式约定，纠纷解决方式可以采取相关部门调节、仲裁、司法诉讼等。

(七)补充内容

房地产经纪服务合同还可以针对房地产经纪机构提供的其他延伸服务增加相关补充内容，但延伸服务需要另外签订服务合同的除外。比如房屋出售经纪合同中可以包括房屋保管服务；房屋承购经纪合同中可以包含代办贷款、代办房地产登记服务、房屋质量保证服务；房屋出租经纪服务中可以包含对出售房屋及设备的使用监督、维修服务，以及代收租金服务；房屋承租经纪服务可以包含房屋质量保证服务；新建商品房销售委托书和销售代理合同内容可以延伸至开发前期，比如从市场调研、产品定位等。

增设补充内容时要特别注意的是，应将房地产经纪服务（也是房地产经纪机构的基本业务）与房地产经纪延伸服务区分清楚。房地产经纪机构完成房地产经纪服务后委托人就有义务支付佣金，延伸服务的效果不应作为影响委托人佣金支付义务的因素。延伸服务是否收费应由房地产经纪机构和委托人协商确定，但其本身并不作为影响委托方佣金支付义务的因素。

现实业务运作中，由房地产经纪机构代办的买方贷款不成功，只是延伸服务的失败，不能作为买方拒付佣金的依据，但是，在房地产承购代理服务中，由于标的物业的产权纠纷因素，导致买卖合同签订后无法办理标的物业的产权过户，则并不只是代办房地产登记这种延伸服务的失败，而在很大程度上与房地产经纪机构在房地产经纪服务的产权调查环节不尽职有关，这时委托人有权拒付佣金。可见，区分房地产经纪服务与房地产经纪延伸服务，对保护房地产经纪服务合同的双方当事人都是有益的。

二、房地产经纪服务合同的类型

从事存量房经纪业务的房地产经纪人员常用的房地产经纪服务合同有：房屋出售经纪服务合同、房屋承购经纪服务合同、房屋出租经纪服务合同、房屋承租经纪服务合同。从事新建商品房销售代理业务的房地产经纪人常用的房地产经纪服务合同有新建商品房销售代理合同。

(一)房屋出售经纪服务合同

房屋出售经纪服务合同是指房地产经纪机构为促成委托人出售房屋提供有偿经纪服务，与委托人之间设立、变更、终止权利和义务关系的协议。

房屋出售经纪服务合同除了具有房地产经纪服务合同的基本内容之外，还具有特殊内容，具体如下。

(1) 出售房屋的基本情况。合同中标明出售房屋的基本情况，包括房屋基本信息、区位信息、实物信息、配套设施设备、债权债务信息等。房屋信息尽可能详细，能够更好地完成经纪工作。

(2) 房地产经纪服务及延伸服务的项目、内容、要求以及完成的标准。在房屋出售经纪服务合同中，房地产经纪机构可以提供的基本服务内容包括：与标的房屋买卖相关的法律法规、政策、市场行情咨询；寻找承购人；在协议约定的期限内代管标的房屋；协助甲方与承购人达成房屋买卖合同。除基本服务外，提供代办个人住房抵押贷款、房地产估价、公证手续；为委托人代办税费缴纳事务；代办解除标的房屋抵押手续；代办房屋产权及附属设施过户手续；代理移交房屋、附属设施及家具设备等；代办各种房屋维修基金、物业管理费、公用事业费账户更名、费用移转手续等其他服务的，房地产经纪机构和委托人根据需要协商确定具体服务内容、要求及完成标准，作为补充内容列入合同，或经协商通过其他服务合同另行约定。

（3）出售价格。标明委托人要求的房屋出售价格，如实际成交价高于上述价格，超过部分归委托人所有。

（二）房屋承购经纪服务合同

房屋承购经纪服务合同是指房地产经纪机构为促成委托人购买房屋提供有偿经纪服务，与委托人之间设立、变更、终止权利和义务关系的协议。

房屋承购经纪服务合同除了具有房地产经纪服务合同的基本内容之外，还具有特殊内容，具体如下。

（1）承购房屋的基本要求。合同中标明承购房屋需求信息，包括房屋区位、价格、面积、户型、其他要求等。

（2）房地产经纪服务的项目、内容、要求以及完成的标准。在房屋承购经纪服务合同中，房地产经纪机构可以提供的基本服务内容包括：与标的房屋买卖相关的法律法规、政策、市场行情咨询；寻找意愿购买房屋及其出售人；对符合委托方购买要求且得到委托人基本认可的房屋进行产权调查和实地查验；协助委托人与出售人达成房屋买卖合同。除基本服务外，提供代办房地产估价、公证手续；为委托人代办税费缴纳事务；代办购房抵押贷款手续；代办房屋产权及附属设施过户手续；代理查验并接受房屋、附属设施及家具设备等；代办各种收费设施的交接手续等其他服务的，房地产经纪机构和委托人根据需要协商确定具体服务内容、要求及完成标准，作为补充内容列入合同，或通过其他服务合同约定。

（3）委托承购价格。标明委托人要求的房屋承购价格。委托人支付的价格应与出售人得到的价格一致。

（三）房屋出租经纪服务合同

房屋出租经纪服务合同是指房地产经纪机构为促成委托人出租房屋提供有偿经纪服务，与委托人之间设立、变更、终止权利和义务关系的协议。

房屋出租经纪服务合同除了具有房地产经纪服务合同的基本内容之外，还具有特殊内容，具体如下。

（1）出租房屋的基本情况。合同中标明出租房屋的基本情况，包括房屋基本信息、区位信息、实物信息、配套设施设备、债权债务信息等。

（2）房地产经纪服务的项目、内容、要求以及完成的标准。在房屋出租经纪服务合同中，房地产经纪机构可以提供的服务包括：与标的房屋买卖出租的法律法规、政策、市场行情咨询；寻找承租人；在约定期限内代管标的房屋；协助委托人与承租人达成房屋出租合同；为委托人代办税费缴纳事务；代理交接房屋、附属设施及家具设备等；代办各种收费设施的交接手续等。

（3）委托出租条件。标明委托人要求的租金、租赁期限、押金标准、租金支付方式和其他费用支付。

（四）房屋承租经纪服务合同

房屋承租经纪服务合同是指房地产经纪机构为促成委托人租赁房屋提供有偿经纪服务，与委托人之间设立、变更、终止权利和义务关系的协议。

房屋承租经纪服务合同除了具有房地产经纪服务合同的基本内容之外，还具有特殊内容，具体如下。

（1）承租房屋的基本要求。合同中标明承租房屋需求信息，包括房屋区位、面积、户型、设施设备、租期、租金及其支付方式、押金等要求。

（2）房地产经纪服务的项目、内容、要求以及完成的标准。在房屋承租经纪服务合同中，房地产经纪机构可以提供的服务包括：与标的房屋租赁相关的法律法规、政策、市场行情咨询；寻找意愿租赁房屋及其出租人；对符合委托方租赁要求且得到委托人基本认可的房屋进行产权调查和实地查验；协助委托人与出租人达成房屋租赁合同；为委托人代办税费缴纳事务；代理查验并接受房屋、附属设施及家具设备等；代办各种收费设施的交接手续等。

（3）委托承租价格。标明委托人要求房屋承租的价格。

(五)新建商品房销售代理合同

新建商品房销售代理合同是房地产经纪机构为房地产开发商提供新建商品房销售代理服务，双方就相互间委托代理关系及相关权利和义务的设立、变更、终止所签订的书面协议。

新建商品房销售代理合同的主要内容如下。

（1）新建商品房销售代理合同双方当事人的名称、住所等情况。合同中标明委托方房地产开发商和受托方房地产经纪机构的注册地址、法人代表（或授权代表）、营业执照、联系电话等信息。销售代理合同双方法人代表或授权人签字，单位盖章后，合同生效。

（2）新建商品房的基本情况。合同中标明新建商品房的基本情况，包括项目名称、位置、性质和代理范围、建设批文等。

（3）房地产经纪服务的项目、内容、要求以及完成的标准。对于新建商品房销售代理商而言，目前已经有很多将服务内容向开发前期延伸，直至发展为从市场调研、产品定位、商品房预（销）售到代收售房款、代办商品房预售合同预告登记等的全过程营销服务。房地产经纪机构应通过与开发商的协商来确定这些内容是全部纳入商品房营销代理合同，还是针对不同的服务内容分别签订合同。对于大型房地产经纪机构而言，由于不同的服务内容常常是由不同的部门甚至下属企业提供，针对不同服务内容分别签订合同可以减少房地产经纪机构内部核算的麻烦，同时也可避免房地产开发企业利用其相对强势的地位减少对延伸服务的费用支付。

（4）销售代理合同要对各项服务项目、具体内容、要求及完成标准进行详细约定。如对于商品房预（销）售代理的基本服务，应约定项目开盘条件、房源室号、分户定价表（具体金额或价格范围），并且明确代理指标和成功销售的标准。

（5）委托期限与方式。房地产经纪机构和委托人可以约定一段时间作为服务时间，或者明确合同终止的标准，并约定在委托期限内是否为独家委托。

（6）经纪服务费用及其支付方式。销售代理的服务费一般包括佣金和营销费用。佣金一般为代理销售价格的一定比率，并随销售进度分批支付。可以约定根据销售批次采取不同的佣金比率。营销费用应包括项目销售中投入的媒体广告、楼书、售楼处样板房装修、销售案场的办公费用等。

（7）委托方的权利和义务。委托方按照约定的时间交付委托项目，并且达到交付标准。委托方提供（预）销售房屋相关的文件和证书及详细数量表，并对提供的文件和证书的真实性负责；落实项目的个人住房抵押贷款银行；及时审查宣传广告文稿；房地产经纪机构的销售节奏要求，派专员办理收款、开具发票、出具预告登记和抵押登记中需委托方提供的各类资料；交房时派专员办理入户手续；及时和房地产经纪机构结算款项。

（8）房地产经纪机构的权利和义务。房地产经纪机构实施营销企划方案中发布的广告、楼书和销售道具等必须经委托方确认后方可发布；教育、约束机构内的房地产经纪人员不得采取误导或其他不当行为给当事人或委托方造成任何损失；明确项目的市场定位、营销企划方向；制定、实施本项目的媒体安排、推广方案、广告内容、销售道具；制定、实施现场销售方案和认购合同的签订、预售合同的签订、按揭贷款的收件工作等；实施销售现场（售楼处）与样板房的日常维护和管理等。

（9）违约责任。合同履行期间，任何一方如出现单方无故终止或解除本合同的严重违约行为致使本合同无法继续履行，给对方造成损失的，需赔偿对方因此造成的相应损失。

（10）合同变更与解除。合同履行期间，任何一方要求变更合同条款，应书面通知对方。经双方协商一致，可达成补充协议。补充协议为本合同的组成部分，与合同具有同等效力。合同履行期间，任何一方如有确凿证据证明对方的行为严重影响自己的利益，必须终止合同的，可于委托期限届满前，书面通知对方解除本协议，并结清相关费用，或追偿违约金。

（11）争议解决方式。如合同发生争议，双方应协商解决。协商不成的，可以向相关部门申请仲裁、司法诉讼等。

第二节 房地产经纪服务合同签订的前期工作

一、书面告知相关事项

根据《房地产经纪管理办法》，房地产经纪机构在签订房地产经纪服务合同前，有义务向委托人书面说明下列事项。

（1）是否与委托房屋有利害关系。此项告知内容体现了房地产经纪机构和房地产经纪人员在房地产经纪活动中应遵循的回避原则。为保持经纪活动的公正性，严禁房地产经纪机构或者房地产经纪人员作为交易方出现在房地产经纪活动中。房地产经纪人员和房地产经纪机构存在以下情形的，需要回避或如实披露并征得另一方当事人同意：一是与房屋出卖方或者出租方有利害关系的，如房主为房地产经纪人员的直系亲属等；二是与房屋的承购方或者承租方有利害关系的，如房地产经纪人是买方的直系亲属等；三是房地产经纪机构和房地产经纪人员在不提供经纪服务的交易中，可以充当交易方，但一定要向交易相对人明示自己的身份。

（2）应当由委托人协助的事宜、提供的资料。为了保证房地产交易的合法性及房地产经纪服务的顺利进行，房地产经纪机构应当根据房地产交易相关规定，告知委托人要提供本人及相关人员的身份证明、房屋权属证明、房屋共有权人与出售或出租等有关的证明和文件资料。

（3）委托房屋的市场参考价格。房地产经纪机构应当告知委托人其委托房屋所在社区或所处商圈范围内同类房屋当时的一般和平均成交价格水平、一段时期内价格变动的情况及其信息来源，并提供若干类似房屋成交实例的真实价格，供委托人作为合理设定心理价格和报价的参考。

（4）房屋交易的一般程序及可能存在的风险。《城市房地产管理法》规定，房屋交易包括房屋转让、房屋抵押和房屋租赁。房地产经纪机构应当根据委托人对交易方式的具体需求，将有关交易程序告知委托人。同时，对可能存在的由交易主体、标的物、不可抗力等导致的风险，如实向委托人进行告知。

（5）房屋交易涉及的税费。房屋交易中，根据权属性质、物业用途、购买年限的不同，所缴税费也有所不同，交易税费计算比较复杂。房地产经纪机构应当根据委托交易房屋的性质、种类和政府出台的关于房地产交易税费的现行规定，将房屋所涉及的税费种类、交费主体、收取标准告知委托人。

（6）房地产经纪服务的内容及完成标准。房地产经纪服务是房地产经纪机构的基本服务，一般包括提供房地产信息、实地看房、代拟合同等内容，但由于委托人的角色（出售或承购、出租或承租）、委托房屋类型（新建商品房与存量房、住宅与非住宅等）、交易方式（买卖、租赁）不同，不同经纪业务项目中经纪服务的具体内容会有所不同。房地产经纪机构应根据特定房地产经纪业务项目的具体情况，详细说明在该项目中所提供的具体服务内容和完成标准（表 6-1）。

表 6-1　房地产经纪服务的内容和标准

服务类别	服务内容	完成标准
房屋出售经纪服务	(1)提供与委托出售房屋相关的法律法规、政策、市场行情咨询 (2)制作《房屋状况说明书》 (3)发布房源信息 (4)寻找并提供客源信息 (5)协助查看买受人身份情况 (6)引领买受人看房 (7)协助签订《存量房屋买卖合同》等	签订《存量房屋买卖合同》完成
房屋承购经纪服务	(1)提供与委托购买房屋相关的法律法规、政策、市场行情咨询 (2)发布客源信息 (3)寻找并提供房源信息 (4)协助查看出卖人身份情况和房屋权属证书 (5)对承购房屋进行产权调查 (6)协助实地查看房屋并核实《房屋状况说明书》 (7)协助签订《存量房屋买卖合同》等	签订《存量房屋买卖合同》完成
房屋出租经纪服务	(1)提供与委托租赁房屋相关的法律法规、政策、市场行情咨询 (2)制作《房屋状况说明书》 (3)发布房源信息 (4)寻找并提供客源信息 (5)协助查看承租人身份情况 (6)引领承租人看房 (7)协助签订《房屋租赁合同》	签订《房屋租赁合同》完成
房屋承租经纪服务	(1)提供与委托租赁房屋相关的法律法规、政策、市场行情咨询 (2)发布客源信息 (3)寻找并提供房源信息 (4)协助查看出租人身份情况和房屋权属证书 (5)协助实地查看房屋并核实《房屋状况说明书》 (6)协助签订《房屋租赁合同》等	签订《房屋租赁合同》完成
其他服务	依据服务合同约定	依据合同约定

（7）房地产经纪服务收费标准和支付时间。房地产经纪机构应当事先告知委托人并在房地产经纪合同中明确具体的收费标准和支付时间。收费标准应当符合价格法律、法规和规章规定，并应当与经营场所公示的有关内容一致。

（8）其他需要告知的事项。一方面房地产经纪机构可根据特殊情况就其他问题向委托人进行告知；另一方面各地方人民政府建设（房地产）主管部门可根据本地区实际情况，规定房地产经纪机构向委托人告知其他事项。

房地产经纪机构根据交易当事人需要提供房地产经纪服务以外的其他服务（如各类房地产经纪延伸服务）的，也应当书面告知服务内及收费标准。书面告知材料应当经委托人签名

（盖章）确认。

二、重要证件查验义务

房地产经纪机构与委托人签订房屋出售、出租经纪服务合同，应当查验委托出售、出租房屋的实体及房屋权属证书、委托人的身份证明等有关资料。房地产经纪机构与委托人签订房屋承购、承租经纪服务合同，应当查看委托人身份证明等有关资料。

(一)查看委托人身份证明

为了防止某些身份不明的人员虚报物业权属资料，给交易造成不便或导致交易不成，甚至给房地产经纪机构和房地产经纪人员带来经济损失或形象损害，房地产经纪机构在与委托人签订房地产经纪服务合同前，应先查看委托人的身份证明。

委托人是自然人的，要查看其身份证或护照，证件上的照片与委托人应当相符，委托人应具有完全民事行为能力。在我国，完全民事行为能力人是指 18 周岁以上可以独立进行民事活动的公民，或 16 周岁以上不满 18 周岁以自己的劳动收入为主要生活来源的公民。无民事行为能力人或者限制民事行为能力人，应由其监护人代理委托；委托人是单位的，要查看其工商营业执照及单位出具的授权委托书，委托书上办理房屋交易相关事项的人员与经办人姓名和证件号一致。所有证件均应在有效期内。

承购、承租房屋的委托人，应符合下列条件：第一，是自然人的，应具有完全民事行为能力，无民事行为能力人或者限制民事行为能力人，应由其监护人代理委托；第二，是法人的，应具有国家规定的资金数额及设立的条件等，经国家主管机关批准，依法向法人登记机关登记，取得法人资格；第三，是其他组织的，应具有相应资格。

房地产经纪机构对经查看的委托人身份证明、房屋权利人委托书等文件应进行复印留存。

(二)查看委托出售、出租的房屋及房屋权属证书

房地产经纪机构在与委托人签订房屋出售、出租经纪服务合同前，应当认真查看委托交易房屋的房屋权属证书，并实地查看房屋，核实房屋的坐落、楼层、建筑面积、规划设计用途等基本情况以及共有权人情况、土地使用状况、房屋性质、抵押情况等权属及权利情况。

房地产经纪机构对经查验的房屋权属证书进行复印留存。

第三节 房地产经纪服务合同的签订

一、房地产经纪服务合同签订的要求

一是要优先采用房地产经纪行业管理部门或者房地产经纪行业组织推荐使用的合同文本，委托人明确表示拒绝采用的，房地产经纪机构才可以自行拟订合同或者使用机构自定的格式合同。

二是房地产经纪机构签订的房地产经纪服务合同，应当加盖房地产经纪机构印章，并由从事该业务的房地产经纪人员签名。

二、房地产经纪服务合同文本

从事存量房经纪业务的房地产经纪人员常用的房地产经纪服务合同有：房屋出售经纪服

务合同、房屋承购经纪服务合同、房屋出租经纪服务合同、房屋承租经纪服务合同。下面以房屋出售经纪服务合同文本为例。

房地产经纪服务合同

（房产出售）

委托人（以下简称甲方）：＿＿＿＿＿＿＿＿＿＿

（个人）姓名：＿＿＿＿＿＿身份证（护照）号码：＿＿＿＿＿＿＿＿＿＿

（法人或其他组织）名称：＿＿＿＿＿＿＿＿＿＿

法定代表人：＿＿＿＿＿＿＿＿＿＿营业执照号码：＿＿＿＿＿＿＿＿＿＿

地址：＿＿＿＿＿＿＿＿＿＿＿＿＿＿

邮政编码：＿＿＿＿＿＿＿＿联系电话：＿＿＿＿＿＿＿＿＿＿＿＿

受托人（以下简称乙方）：＿＿＿＿＿＿＿＿＿＿

法定代表人：＿＿＿＿＿营业执照号码：＿＿＿＿＿＿＿＿＿＿

房地产经纪机构备案证号：＿＿＿＿＿＿＿＿＿＿

地址：＿＿＿＿＿＿＿＿＿＿＿＿＿＿

邮政编码：＿＿＿＿＿＿＿＿联系电话：＿＿＿＿＿＿＿＿＿＿＿＿

执业房地产经纪人员：＿＿＿＿＿注册证号：＿＿＿＿＿＿＿＿

执业房地产经纪人员：＿＿＿＿＿注册证号：＿＿＿＿＿＿＿＿

根据《中华人民共和国合同法》《中华人民共和国城市房地产管理法》《××市房地产交易管理条例》《经纪人管理办法》《房地产经纪管理办法》等有关法律、法规、规章的规定，甲乙双方遵循平等、自愿、公平、诚实信用、守法的原则，经协商一致，就甲方委托乙方提供房产出售的经纪服务，达成如下条款。

第一条　出售房产基本情况

具体见附件一。

第二条　提前告知事项

在签署本合同前，乙方应按照《房地产经纪管理办法》等相关规定，书面告知甲方房产出售的相关事项。书面告知材料应当经甲方签名（盖章）确认。

第三条　证件查验及留存

为保证本合同顺利履行，甲方应向乙方提供以下证件原件进行查验。

1. 身份证 □　　护照 □　　营业执照□

2. 房产权属证书 □

3. 房产权利人委托书 □

4. ＿＿＿＿＿＿＿＿＿＿＿＿＿＿＿＿＿＿＿＿＿＿＿＿＿＿＿＿。

甲方允许乙方留存以下证件的复印件用于办理约定的经纪服务事项。

1. 身份证 □　　护照 □　　营业执照□

2. 房产权属证书 □

3. 房产权利人委托书 □

4. ＿＿＿＿＿＿＿＿＿＿＿＿＿＿＿＿＿＿＿＿＿＿＿＿＿＿＿＿。

第四条　经纪服务具体内容

乙方为甲方提供的房地产经纪服务包括下列第＿＿＿＿＿＿＿＿项。

1. 提供与房产出售相关的法律法规、政策、市场行情咨询。

2. 发布房产出售的相关信息。

3. 介绍购房人并促成签订房产交易合同。

4. 指导甲方签订房产交易合同。

5. 代办产权过户手续。

6. ____。

第五条　委托期限与方式

（一）委托期限按照下列第______种方式确定（只可选一项）。

1. 自______年____月____日起，至______年____月____日止。除甲乙双方另有约定同意延期外，期限届满后本合同自行终止。

2. 自本合同签订之日起，至甲方与购房人签订房产交易合同之日止。

3. ____。

（二）甲方 □承诺/□不承诺 在委托期限内本合同约定的经纪服务事项为独家委托。

第六条　委托出售价格

甲方要求房产出售价格为人民币（大写）____________________元（小写________________元）左右。最终成交价格以甲方与购房人签订的房产交易合同为准。

第七条　经纪服务费支付

甲方应按下列第________项约定向乙方支付经纪服务费。

1. 按房产交易合同中房价款的百分之____（小写____%）支付，支付时间为房产交易合同签订之日起______日内。

2. 代办产权过户手续服务费（大写）__________元（小写______元），支付时间为产权过户手续完成之日起________日内。

3. ____。

第八条　甲方权利和义务

1. 甲方应如实告知乙方有关出售房产的真实情况，并保证提供的资料完整、真实、合法、有效。

2. 甲方应配合乙方完成经纪服务事项。

3. 甲方 □同意/□不同意 由第三方代替乙方或者乙方与第三方共同完成甲方委托的事项。

4. 甲方有权选择乙方为完成经纪服务事项对外发布的信息及其发布方式，双方在补充条款中约定。

5. ____。

第九条　乙方权利和义务

1. 乙方应当查看房产及有关证书、资料，并编制房产状况说明书。

2. 乙方对在提供经纪服务过程中知悉的甲方的商业秘密及个人隐私，负有保密义务。

3. 未经甲方书面同意，乙方不得对外发布房产出售的相关信息。

4. 乙方应积极、努力依法完成甲方委托事项，并如实向甲方说明办理情况。

5. 乙方收取费用后应开具合法规范的发票，不得收取除双方约定的经纪服务费之外的其他任何费用。

6. 未经甲方同意，乙方不得以任何理由扣押甲方的证书、资料原件。

7. 乙方不得隐瞒真实的房产交易信息，赚取房产交易差价。

8. ____。

第十条　甲方违约责任

1. 因甲方虚假委托或提供的有关证件和资料不实的，乙方有权单方解除本合同；给乙方造成损失的，甲方应依法承担赔偿责任。

2. 甲方在委托期限内及委托期届满之后____个月内，与乙方介绍过的客户成交的，应当支付约定的经纪服务费；但甲方能证明该项交易与乙方的服务没有直接因果关系的除外。

3. 甲方如未能按时将约定经纪服务费支付给乙方，每逾期一日向乙方支付违约金____元，直至经纪服务费支付完毕日止。

4. 甲方承诺为独家委托的，在独家委托期间，甲方与第三方就该房产签订房产交易合同的，应当向乙方支付违约金。

5. ____。

第十一条　乙方违约责任

1. 乙方有下列情况之一的，甲方有权不向乙方支付约定的经纪服务费；给甲方造成损失的，乙方应依法承担赔偿责任。

(1) 未完成甲方委托的经纪服务事项。

(2) 乙方服务未达到合同约定的标准，或未经甲方书面同意，擅自改变房地产经纪服务内容、要求和标准。

(3) 未经甲方同意，由第三方代替乙方或者乙方与第三方共同完成甲方委托的事项。

(4) 未经甲方书面同意，乙方擅自发布房产出售信息。

(5) 乙方违反国家有关法律、法规及本市相关法规，损害甲方利益。

2. 乙方泄露甲方的商业秘密及个人隐私的，依法承担责任。

3. ____
____。

第十二条　争议处理

本合同发生争议，甲乙双方应协商解决。协商不成的，按下列第__种方式解决。

1. 向__________仲裁委员会申请仲裁。

2. 向人民法院提起诉讼。

第十三条　合同附件

本合同未尽事宜，甲乙双方订立补充合同（附件二）。补充合同与本合同具有同等法律效力。

第十四条　合同份数

本合同连同附件共______页，一式____份，甲乙双方各执______份，具有同等法律效力。

第十五条　合同生效

本合同自甲乙双方签字或盖章之日起生效。当事人另有约定的，从其约定。

甲方：　　　　　　　　　　乙方：

执业经纪人员（签字）：

经纪人员注册号：

年　月　日　　　　　　　　年　月　日

附件一：

甲方委托出售房产基本情况

1. 房产坐落：__________区、县______________路、道、街______________。□建筑面积/□计租面积________平方米。户型：____室____厅____卫。朝向：______。所

在楼栋建筑总层数为：________层。

2. 房产使用性质：□住宅 □商业 □写字楼 □______________________。

建筑结构：□钢筋混凝土 □砖混 □______________________。

装修情况：□精装修 □普通装修 □毛坯房。

3. 产别：□私产 □公产 □企业产 □______________________。

房产权属证书为______________，号码______________________。

房产共有权证号为：__________，共有人________________同意出售房产并放弃优先购买权［其他：________________________］。

4. 房产所占土地性质：□国有划拨 □国有出让。

该房产土地使用年限到______年____月____日止。

5. 该房产建造年代：________年。

6. 该房产物业管理公司为______________________________，物业管理服务费为每月每平方米人民币：____佰____拾____元____角____分。

7. 是否抵押：□否 □是。

是否出租：□否 □是；租期______年____月____日至______年____月____日。

8. 可能影响本房产交易的其他事项：____。

附件二：

补充条款

____

____

____

三、房地产经纪服务合同签订的注意事项

房地产经纪人对客户的房源信息和客户信息进行审核后，根据房地产经纪机构门店的经营业务范围和业务开拓能力，确定是否承接委托业务。如果确定客户委托业务与房地产经纪机构业务实力和房地产经纪人员业务能力相匹配，那么就要与客户签订房地产经纪服务合同。目前，中国房地产估价师与房地产经纪人学会发布的房地产经纪服务合同示范文本有四种，即《房屋出售委托协议书》《房屋出租委托协议书》《房屋承购委托协议书》《房屋承租委托协议书》。在经纪服务合同中，委托人与房地产经纪机构对服务内容的质量和数量进行了明确约定，也要对佣金标准与客户协商一致。

不管是业主还是购房人，签署房地产经纪服务合同非常必要，其中房屋出售经纪业务服务合同、出租经纪业务服务合同非常重要。原因是上述两个合同中对房屋权属、房屋性质等信息进行了详细说明，而这些信息直接影响到交易周期及交易方式的选择。下面以签订房屋出售经纪业务合同为例，概括合同签订过程的注意事项。

（1）证件信息与合同信息一致。一方面，合同中双方当事人必须使用与其身份证（或营业执照）一致的姓名（名称）；合同中房屋所有权人、共有人、房屋坐落、面积的填写内容必须与产权证和土地使用证所载一致。其中要注意权属证共有状况，例如夫妻共有、房改房中的家庭共有。

（2）明确界定合同服务项目。委托合同一般有很多具体服务项目，例如介绍购房人并促

成签订交易合同、代收转交购房款、委托房地产经纪机构办理房屋转让后的转移登记手续等方面。委托事项是当事人到底选择什么类型的服务，需要在合同中给予明确界定，否则容易出现矛盾。

（3）明确界定合同有效期。合同当事人需约定期限届满的日期，以避免合同期外不必要的纠纷。

（4）注意合同的空白之处的处理。合同之中很多空白和留白的地方，合同签订之时，如无法填写，也需将对应空格划去。

（5）合同签署过程中原则上合同双方的权利与义务要对等，即赋予合同任何一方某项权利的同时，需要对其应尽的义务给予明确。

（6）合同双方任何资料、证件的交接均需要有签收程序。房地产经纪人为了完成委托人的代办事项，可能需要收取委托人的证件、文件和资料时，房地产经纪人应该开具规范的收件清单。委托人应该妥善保管。完成代办事项后，房地产经纪人应该及时将上述资料退还委托人。

第四节 房地产经纪合同纠纷的处理

房地产经纪合同纠纷是关于房地产经纪合同权利和义务的争执，主要是关于因房屋买卖合同无效、不能履行等情况产生的纠纷，或因意向金或定金的处理争议产生的纠纷，以及因中介服务费的支付和计算产生的纠纷等。

一、房地产经纪合同纠纷的类别

(一) 缔约过失造成的纠纷

缔约过失造成的纠纷主要是由于房地产经纪人员与委托人在签订合同前未进行最充分的协商，造成双方在并未对各项主要事项达到一致的情况下签订了合同。而且这种合同通常是不规范的，如合同中缺乏主要条款，事后通常出现合同无法协调双方对一些问题认识差异的情况，从而引发纠纷。这类纠纷的产生，有两方面的原因。

（1）房地产经纪人员的失信、失职。有些房地产经纪人员在承揽经纪业务的过程中，为了吸引客户承接业务，往往在缔约前未充分履行告知责任或不顾自己的实际能力和信用条件夸大承诺以获得委托人的信任。等到委托人认可并与其订立合同后，又故意对自身义务条款“缩水”。而实际上合同订立前的口头协商并承诺是签订合同前的缔约行为，有意规避是缔约过失行为，过失人仍需承担责任。因此，这类纠纷经常在一些素质差、急于获利的经纪企业中发生。

（2）经纪服务合同当事人的观念和法律意识不足。在我国，受长期计划经济的影响，许多消费者在市场意识淡薄，对政府依赖心理较重，忽视合同的规则。委托人与经纪人对订立的经纪服务合同事先未做明确的考虑，并未仔细审查合同约定的条款。事后在合同的履行过程中才发现遗漏应当明确的事项和要求，就希望改变或者撤销合同的约定，由此引发纠纷。在房地产经纪活动中，房地产经纪人员与委托人之间在订立合同时，协商合同的条款和委托事宜时很少约请律师参与，合同履行后才知道自己的要求并没有在合同中反映出来或才认识到合同签得很随意，为此找到政府部门进行投诉并寻求保护。

(二) 合同不规范造成的纠纷

1. 房地产交易行为与经纪行为混淆

房地产交易行为与房地产经纪行为相互混淆在一些地区和城市较为普遍，即使在一些比较发达、商业化和房地产市场化程度比较高的地区和城市也是如此，其具体表现如下。

（1）房地产经纪人员利用自己的职业便利将房地产买卖合同的内容与经纪合同的内容归纳在一个买卖合同或是概念含糊不清的交易合同内，直接将房地产买进或卖出，把向委托人提供的服务性劳务活动改变为房地产权利的直接处分活动。

（2）房地产经纪人员通过买断、收购，或者买卖双方不见面等方式隐匿买卖活动中的收益，获取差价和利润。有的甚至利用委托人的不知情，在获取差价的同时另行收取佣金。

房地产经纪人员将房地产买卖合同与经纪合同相混淆带来税费结算、发票开具，以及佣金收取、委托业务终止等方面的种种矛盾。一些房地产经纪人员为了掩盖这些矛盾而采取的不实相告和隐匿行为更引起委托人的不满，进而产生纠纷。这种纠纷主要集中在存量房买卖中，其主要原因是房地产经纪人员为了追求高额收益而故意违背合同法和房地产经纪职业道德。

2. 居间行为与代理行为混淆

在我国房地产市场，新建商品房的经纪活动主要采取代理方式。而在存量房买卖中，居间行为与代理行为相互混淆的现象比较普遍。其具体表现为：存量房买卖经纪普遍采用居间形式，房地产经纪人员承担买卖双方的委托。根据《合同法》，居间合同中，房地产经纪人员不得直接参与并决定委托人与第三人的合同关系。但在实际操作中，房地产经纪人员常常直接参与并决定委托人与第三人之间的合同关系，一些房地产经纪人员甚至直接包揽买卖双方的所有交易事务。如既为卖方代收房款，又为买方办理税费结算和产权过户等手续。产生这种混淆有时是由于房地产经纪人员自身不能充分了解代理与居间的区别，而有时则是由于房地产经纪人员职业道德丧失所致。而委托人往往也由于自身法律意识的淡薄和法律知识的欠缺，在与房地产经纪人员签订房地产经纪服务合同时未能明确区分居间合同与代理合同的区别，从而达成不规范的房地产经纪服务合同，为房地产经纪纠纷提供了温床。

3. 经纪服务合同的权利和义务不等

房地产经纪人员在与委托人约定订立合同时，利用委托人的不知情，订立有利于自己而不利于委托人的合同，合同内容中存在明显的权利和义务关系不对等，对委托人不利或对委托人造成损害，也在房地产经纪行业出现较多。具体表现为：①房地产经纪人员因自己的履约能力不够，利用委托人对交易过程和成交方式的不熟悉，故意减少自己的义务以逃避责任；②房地产经纪人员为了避免自己发生违约影响佣金的收取，有意加大委托人的义务，以减少自己的风险；③因委托人愿意支付的佣金数额不能满足自己的期望目标，订立合同时要求减少自己的义务。

这些纠纷的产生是源于房地产经纪人员的不良心态，是诚信缺失的表现。

4. 经纪服务合同的主要条款欠缺

长期以来，房地产经纪机构在经纪活动中与委托人订立的合同大多都是自拟的，属于企业格式合同文本。合同格式粗糙，内容简易，其中反映合同要件的主要条款欠缺，如服务条款、履行期限条款、违约条款、争议协商解决条款等，对于这些涉及双方权利和义务关系的主要条款的约定，常常用口头的方式表示，因为口头表示约定的随意性很大，经常因为时间和情况的变化造成不能履约，致使引起纠纷。其原因具体为：①合同格式和内容不是依照法律规定制定的，而是根据市场的交易习惯和自己的成交经验来制定的；②缺乏基本的常识，合同的内容不能保护委托人的利益，同样也不能保护自己的利益；③逃避责任，唯恐发生违约行为被人追究。

因合同条款的欠缺所引起的纠纷，是房地产经纪行业经常发生的纠纷，对经纪行业的信誉有很大的损害。

5. 服务标准与收取佣金标准存在差异

房地产经纪纠纷中经常发生的一类是房地产经纪机构与委托人对经纪机构所提供的服务内容和规格及其所对应的佣金有明显认识差异，因而发生冲突和纠纷。其具体原因为：由于目前有关管理部门对房地产经纪行业收费所制定的标准并无相对应的服务标准，服务标准和佣金标准没有相应对比与衡量的标准，造成有收费标准却没有服务标准的失衡现象。而房地产经纪机构在与委托人签订经纪服务合同时，因疏忽或故意省缺服务标准的条款，便造成经纪服务合同中没有明确约定的服务标准，这就很容易导致纠纷。但是庆幸的是，目前一些市场意识比较强、注重信誉的房地产经纪机构通过摸索建立了能够得到委托人认可的服务标准，所以这类机构经纪业务中的纠纷相对较少。

二、房地产经纪服务合同纠纷的防范

大量的房地产经纪纠纷不仅会降低社会的整体福利，还会影响房地产经纪行业自身的运行效率及发展前景。因此，有效地规避房地产经济纠纷是房地产经纪行业的重要内容。虽然，只有提高房地产经纪人员的职业道德，加强房地产经纪机构的自身管理才是预防房地产经纪纠纷的根本途径。通过行业管理部门的引导和监督来规避房地产经纪纠纷也是一种不容忽视的手段。目前，中国房地产经纪行业主管部门主要通过以下手段来规避房地产经纪纠纷。

(一) 制定示范合同文本

房地产经纪行业目前之所以存在以上种种纠纷，首先是由于房地产经纪人员和委托人缺乏必要的法律、法规意识；其次，一些房地产经纪人员和委托人未掌握订立和履行合同的规则也是一个重要的影响因素；再次，房地产经纪人员受商业环境和交易陋习影响，在职业活动中有意无意地不遵守合同规则，甚至不讲求信用，只谋求经济利益的不良经营作风是不容忽视的重要影响因素。为了维护合同当事人的合法权利，减少合同纠纷，除了督促房地产经纪人员在职业活动中加强自律和遵守合同规则外，政府或者行业组织应当制定符合合同规则的示范合同文本，加以推广。示范合同文本可以发挥多重作用：①既不干涉经纪活动的正常运行，又可以将合法的合同规则通过公开的途径进行示范，鼓励、督促合同当事人自觉把握自己的权利和义务关系；②示范合同文本的推广，有利于合同当事人通过比较，改变交易陋习和不自觉的违规、违法、违约行为；③示范合同文本的推广，可以保护社会的弱势群体，避免受到违反合同规则的恶意行为的损害；④示范合同文本也是政府管理机构与行业组织公开进行宣传，维护消费者利益、行业形象和政府的政策导向的有效手段。

(二) 制定服务标准，明确服务要求和内容

房地产经纪行业的服务标准是房地产经纪人员为委托人提供劳务服务的行为准则依据，也是房地产经纪人员表现诚实信用方式的依据，是房地产经纪人员应当履行的合同义务。

(三) 加强对房地产经纪服务合同的监督管理

目前在房地产经纪行业中使用自行制作的合同文本占有很大的比例。而且，为了方便重复使用，很多经纪机构将这种合同制作成固定格式的合同文本。一些地方政府的房地产行政主管部门要求房地产经纪机构将这种固定格式的经纪服务合同提交房地产行政管理部门审查，这就是一种对合同的监督管理。

(四) 及时处理和解决纠纷

对于已经出现的房地产经纪纠纷，房地产行政主管部门及其他相关部门还负有受理投

诉、调节处理的职责。为此，房地产行政主管部门通常会设置一些投诉通道，制定投诉受理程序，以便及时有效地引导当事人解决房地产经纪纠纷。

三、房地产经纪服务合同纠纷的处理

近年来随着我国房地产商品的供给量大增，房地产的买卖纠纷也逐渐增多，其中不少是因为房地产经纪机构的不适广告、房地产经纪人员的乱许诺、销售程序混乱、违规销售、房地产产品质量低下造成的。因此，房地产经纪机构应导入依法中介、强化经纪理念和操作机制，既能维护房地产经纪机构的信誉和消费者的利益，也使得房地产市场能够健康地发展。

房地产交易纠纷一般属于民事纠纷，协调这类纠纷的方法主要有调解、仲裁、诉讼等几种方式。

1. 调解

调解是指我国人民法院和人民调解委员会协调民事案件及轻微违法行为引起的纠纷的一种方法。调解必须根据法律和政策进行。人民法院的调解是审判机构对案件的调解，协调协议对双方当事人具有强制性。

2. 仲裁

仲裁是当事人之间的争议由仲裁机构公正判决。房地产仲裁要求房地产买卖双方在合同中必须有仲裁的意向，选定一个仲裁委员会，并指出具体仲裁范围，如关于房地产所有权、使用权、赠与、交换等具体事宜。仲裁一般“一裁定终局”。如果当事人不履行义务，可要求法院强制执行。

3. 诉讼

诉讼通常是指国家司法机关在当事人及其诉讼参与人参加下，按照一定的方式和程序，解决具体争议的活动。房地产交易纠纷的诉讼是通过法院的审判，解决房地产交易纠纷的一种形式，属于民事诉讼，由民事法庭受理。诉讼程序包括起诉、审判、执行。

对已出现的房地产经纪纠纷，应及时协商或通过法律途径解决，房地产行政主管部门及其他相关部门还负有受理投诉、调解处理的职责。为此，房地产行政主管部门通常设置一些投诉通道，制定投诉受理程序，以便及时有效地引导当事人解决房地产经纪纠纷。

第七章 07

客户接待、房屋实地查看与带看

客户接待是二手房销售过程中非常关键的环节，只有接待好客户，才有下一步的任务，才有成交的可能。房屋实地查看是了解房屋真实状况的最为重要的途径，在承接房地产经纪业务前和带领客户看房都需要实地查看房屋状况。本章主要介绍店面客户接待、实地查看房屋、编制房屋状况说明书以及带领客户实地看房的要领。

第一节　店面客户接待

店面客户接待是所有获取委托的渠道里成交率最高的，做好店面客户接待可以快速获取最准客户。店面客户接待提供了实战和随机应变的机会，可以有效提高应变能力，磨炼业务技巧。店面客户接待是印象营销，良好的接待可以拉近房地产经纪人员与客户/业主的关系，快速赢得认可。

一、店面客户接待的流程

客户来店之前，房地产经纪人员需要做哪些接待前准备来建立专业的销售形象，树立客户购买信心，留下完美的第一印象？店面客户接待的流程一般分为五步，如图 7-1 所示。

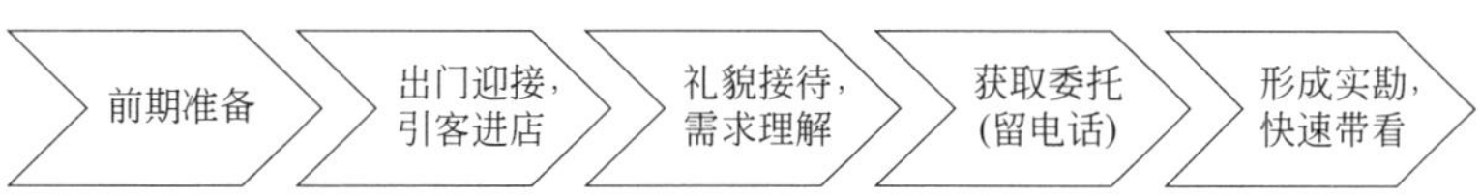

图 7-1　店面客户接待的流程

(一) 前期准备

1. 客户到店前资料准备

准备文件夹、海报、名片、房源本、笔、计算器、服务承诺书等。

2. 客户到店前环境准备

店内环境干净、整齐。提前收拾好洽谈区，看桌子是否干净整洁，有无杂乱物品，以及烟灰缸是否干净，把文件夹放在桌上。忌客户信息本胡乱放置在桌面，接待台面杂乱不堪。

3. 房源的准备

做到脑中有房源，熟记10套以上在售A类房源，一居、两居及三居以上，各记2～3套。客户有相应的需求，可以马上说出来。

4. 专业形象的准备

着装标准规范，举止优雅大方。美的仪表是美的心灵的体现，是对社会和他人的尊重。如果一个人的服饰不符合一定场合的要求，就会引起误会。接待者对自己的服饰、仪表要做恰当的准备，不可随便。工作时穿戴整洁，无异味，头发面容干净，女士可化淡妆。

5. 心态的准备

性格决定命运，气度决定格局，细节决定成败，态度决定一切，思路决定出路，高度决定深度，格局决定结局。思想决定一切，播种正面积极的思维，才会收获健康成功的人生；一种良好的心态，比一百种智慧强。好的心态是成功的一半。房地产经纪人员要随时关注是否有客户或业主在店面橱窗驻足，以饱满的心态准备接待。

(二)出门迎接，引客进店

1. 时间把控

客户在门店橱窗前驻足时，接待人员应在10秒内主动出店迎接。

2. 选择站位

应在客户左前侧半米处或右前侧半米处位置站立，不得站立在客户身后。选择迎着客户来的方向站位（拦着客户去的方向）。

3. 主动问好

应主动向客户打招呼，可说："先生/女士您好，请问有什么可以帮您的吗？"

4. 礼貌邀请

应左手背后，右手做手势邀请入店至接待区，态度和善，语言亲切、自然。

5. 引客用语

（1）巧用天气——"外面太热了，我们进店了解吧！"

（2）主荐优质房源——刚刚接到业主委托的房子，很多客户在看，不妨进店了解一下！"

（3）巧用成交数据——"最近成交了很多这个楼盘的房子，不妨进屋了解了解……"

（4）呈现房屋照片——"我们有很多在售房屋的照片，您不妨进店看看哪种可以满足您的需求？"

6. 客户拒绝进店的应对方法

如果客户拒绝进店，可以采用如下方法应对：

（1）询问需求，根据需求推荐房源；

（2）递交资料，给客户更多售/买房参考；

（3）递交名片，让客户有需要时联系你；

（4）留取电话，方便后续沟通。

(三)礼貌接待，需求理解

1. 礼貌接待"三必做"

（1）请客就座。客户就座后，接待人员方可入座。客户的座位尽可能面向安静的地方，避免面向门口或嘈杂的区域。

（2）倒水。接待经纪人或配合接待人员在 1 分钟内，为每位客户倒水。倒水时记得征询客户水温的要求。

（3）自报家门。谈话开始前，应先做自我介绍，同时递上名片客气地询问客户的称呼。例如："您好，很高兴为您服务，这是我的名片，您可以称呼我××。请问您怎么称呼？"

2. 需求理解

询问业主来店意向和了解需求的同时，认真将所获得的信息完整地记录在房源信息登记表（表 7-1）上，并对业主遗漏的信息项以聊天的方式适时加以提问。

询问客户来店意向和了解需求的同时，认真将所获得的信息完整地记录在客户信息登记表（表 7-2）上，并对客户遗漏的信息项以聊天的方式适时加以提问。

表 7-1 房源信息登记表

房源编号		收集渠道		跟踪人		登记日期	
姓名		联系电话			有效		
小区名称			户型	室厅卫阳台		装修标准	
地址							
面积	平方米			楼层			
租房	元/月			售房	万元	物业费	平方米
配套	□水□电□气□暖			房屋情况	房屋现状	□自住□出租□空置	
	□车位□车库□地下室				□抵押□贷款		
要求付款方式	□全款 □贷款				□有产权证□购房合同□二联单		
备注							

表 7-2 客户需求信息登记表

□求购□求租

姓名		性别		联系电话	
住址				看房时间	
咨询方式	□来店 □来电 □其他			确定购房时限	
需要房产状况	房屋类型	□普宅 □公寓 □别墅 □写字楼 □店面 □仓库 □其他：			
	户型要求	___室___厅___卫___阳台或___室___厅___卫___阳台			
	面积范围	______～______平方米		楼层要求	
	租/购价格	___～___元		其他要求	
	装修/设施				
客户基本情况	购房的原因	□搬迁 □工作 □工作调动 □投资 □其他			
	购房预算总支出	万元	付款方式	□一次性付款□按揭贷款 □公积金	

综合评述：

登记人： 登记日期： 年 月 日

（四）获取委托

成功获取委托的主要标志是留下客户或业主的联系方式，有效的联系方式包括手机号码、固定电话、邮箱、微信、QQ、传真等。获取委托要第一时间（1 小时内）录入企业网络系统。

如果客户拒绝留电话，可以这样应对：

（1）专人维护，承诺不过度骚扰；

（2）优质房源，方便及时告知；

（3）交换名片，互换联系方式；

(4) 询问顾虑，消除抗拒心理；

(5) 退求其次，留取其他有效联系方式。

(五)形成实勘，快速带看

房地产经纪人员成功获取委托后的工作对于业主和买家是不同的。对于业主来说，主要是形成实勘、收取钥匙；对于买家来说，主要是准确匹配、快速带看。

1. 如何说服业主同意实勘

(1) 实勘后可准确定价；

(2) 实勘后加速房屋信息传播；

(3) 实勘后可吸引更多客户，更快地形成带看；

(4) 向业主说明实勘后的具体服务流程。

2. 如何说服业主留下钥匙

(1) 避免总麻烦业主开门看房；

(2) 有钥匙房源会是经纪人优先推广的房源；

(3) 方便带客户看房，加速房源成交；

(4) 可采用智能钥匙管理，领用登记，全程跟踪钥匙轨迹；

(5) 签订正规托管协议，清点物品，物品丢失由本房地产经纪机构承担；

(6) 爱护房子，进房时经纪人和客户都会穿鞋套。

3. 如何快速形成带看

(1) 优先推荐符合客户需求的钥匙房；

(2) 尽量一次预约 2～3 套可看房源；

(3) 若无可看房源，可看同户型房；

(4) 若仍然无房可看，可呈现房源照片，约定准确看房时间。

二、店面接待注意事项

(1) 主动热情接待，不以貌取人，不挑户。

(2) 脑中有房源，对于客户的需求即时了解即时匹配，不要临时在系统中寻找。

(3) 自己无法解答的问题，一定要向店长、师傅或助理寻求帮助。

(4) 竭力争取留下客户、业主的电话或其他有效联系方式，电话最好当面拨打过去，确保准确无误。

(5) 介绍房源时，可以让客户看计算机中的图片、户型等信息，但不要看到业主信息。

(6) 店面接待后尽可能送客上车，远离其他房地产经纪机构的经纪人。

第二节 实地查看房屋

一、房屋实地查看的前期准备工作

(1) 通过网络等途径，对委托房屋的地理位置、交通情况、周边环境、商业配套、教育配套、医疗配套等进行初步了解，并做好记录。

(2) 房地产经纪人员应该提前和业主确定上门勘查的时间，最好提前一天与业主取得联系。

(3) 勘查前，做好现场勘查的资料和物品准备，检查是否带好了工牌、名片、《房屋现场勘查表》、测量工具、计算器、鞋套等必要的勘查工具及物品。

(4) 若一次要勘查多处物业，应根据物业所处地理位置、交通等具体情况，合理安排好勘查的先后次序，节省时间，提高效率。

二、房屋实地查看的内容

(一)实地查看的内容

房地产经纪人员在接受业主委托后，应在业主或其代理人的带领下，亲临现场，实地查看房屋状况，查看的内容包括房屋区位状况、房屋实物状况和物业服务状况等。

房屋区位状况包括位置、交通、周围环境和景观、外部配套设施等方面，特别是与重要场所（如市中心、汽车客运站、火车站、机场、码头、政府机关、工作地等）的距离，以及进出该房屋的方便程度，包括从别的地方到该房屋的可及性和从该房屋去别的地方的便捷性。衡量区位优劣的最常见、最简单的指标是距离。房屋具有不可移动性，其位置固定不变；因此房屋的价格与区位密切相关。两宗实物和权益状况相同的房屋，如果它们的位置、交通、周围环境和景观、外部配套设施等区位状况不同，价值会有所不同，甚至差异很大。

房屋实物状况是指房屋中看得见、摸得着的部分，包括房屋面积、户型、层高、房屋类型、设施设备、装饰装修、隔声、通风、采光、新旧程度等。

物业服务状况是指房屋所属的物业服务企业的物业服务收费、物业服务的口碑及物业服务在业主中的评价。

(二)化解房屋缺陷的建议

由于房屋本身的好坏是影响成交的重要因素，因此，房地产经纪人员应根据现场查看房屋后所了解的情况，向业主提出一些化解房屋缺陷的建议，以利于成交，如：

(1) 建议修复缺陷，如打扫、油漆、修补裂缝渗漏、电灯更新、暗处使用玻璃补光、歪斜处摆放饰品家具等；

(2) 留意通风采光，空屋应常开窗通风，避免客户看房时呼吸不适；

(3) 建议花费适当的成本加以修整，甚至装潢，提升房屋的格调；

(4) 清理家具，破败的杂物全部抛弃，体现家居的温馨和主人的精神；

(5) 预备赠送家具电器的清单，贵重家具如不想赠送，则宜提前搬出，免生异议；

(6) 通知业主准备好房产证、室内平面图、物业管理公约及其他文件。

(三)了解房屋产权及其相关情况

房屋实地查看过程中，顺便要了解房屋产权及其他相关情况，具体包括以下内容。

(1) 房屋手续是否齐全。房产证是证明房主对房屋享有所有权的唯一凭证，没有房产证的房屋交易时对买受人来说有得不到房屋的极大风险。房主可能有房产证而将其抵押或转卖，即使现在没有，将来办理取得后，房主还可以抵押和转卖。所以最好选择有房产证的房屋进行交易。

(2) 房屋产权是否明晰。有些房屋有很多个共有人，如有继承人共有的，有家庭共有的，还有夫妻共有的，对此买受人应当和全部共有人签订房屋买卖合同。如果只是部分共有人擅自处分共有财产，买受人与其签订的买卖合同未在其他共有人同意的情况下一般是无效的。

(3) 交易房屋是否在租。有些二手房在转让时，存在物上负担，即还被别人租赁。如果买受人只看房产证，只注重过户手续，而不注意是否存在租赁时，买受人极有可能得到一个不能及时入住的或使用的房产。因为我国包括大部分国家均认可“买卖不破租赁”，也就是说房屋买卖合同不能对抗先成立的租赁合同。这一点在实际中被很多买受人及中介公司忽视，也被许多出卖人利用从而引起较多纠纷。

(4) 土地情况是否清晰。二手房交易中买受人应注意土地的使用性质，看是划拨还是出让，划拨的土地一般是无偿使用的，政府可无偿收回，出让是房主已缴纳了土地出让金，买受人对房屋享有较完整的权利。还应注意土地的使用年限，如果一个房屋的土地使用权仅有40年，房主已使用10多年，对于买受人来说如果还按同地段土地使用权为70年的商品房的价格来衡量时，就有点不划算。

(5) 市政规划是否影响。有些房主出售二手房可能是已了解该房屋在5～10年要面临拆迁，或者房屋附近要建高层住宅，可能影响采光、价格等市政规划情况，才急于出售，作为买受人在购买时应全面了解详细情况。

(6) 福利房屋是否合法。房改房、安居工程、经济适用房本身是一种福利性质的政策性住房，在转让时有一定限制，而且这些房屋在土地性质、房屋所有权范围上有一定的国家规定，买受人购买时要避免买卖合同与国家法律冲突。

(7) 单位房屋是否侵权。单位房屋有成本价的职工住房，还有标准价的职工住房，两者土地性质均为划拨，转让时应缴纳土地使用费。再者，对于标准价的住房一般单位享有部分产权，职工在转让时，单位享有优先购买权。买受人如果没有注意这些可能会和房主一起侵犯单位的合法权益。

(8) 物管费用是否拖欠。有些房主在转让房屋时，其物业管理费、电费以及三气（天然气、暖气、煤气）费用长期拖欠，且已欠下数目不小的费用，买受人不知情购买了此房屋，所有费用买受人有可能要全部承担。

三、房屋实地查看记录

房地产经纪人员在实地查看房屋时，可携带指南针、皮尺等简单的测量工具，对房屋朝向、通道宽度等进行测量，并采用文字、数字记录、绘图、拍照等方式予以记录。房地产经纪人在房屋查看完毕后应当立即填写房屋现场查看表（表7-3），以及时、准确、全面地记录查看的情况。

表7-3 房屋现场查看表

业主姓名			物业名称		物业地址	
区域因素	地段等级	级	规划发展前景			
	基础设施	□管道煤气 □宽带网 □有线电视 □电话 □停车场 □电梯				
	商服设施	□银行 □学校 □邮局 □医院 □集市				
	交通条件	500米内公交车站点 □一条 □两条 □三条 □四条以上				
	文教环境	半径1000米内 □中学 □小学 □幼儿园 □医院 □书店				
	绿化环境	半径1000米内 □大型公园 □成片绿地 □大规模水面 □无				
实物因素	物业权属	□商品房 □统建房 □解困房 □集资房 □房改房 □私房				
	物业类型	□普宅 □公寓 □写字楼 □别墅 □商铺		楼层	第 层(共 层)层高 米	
	建筑结构	□砖木 □砖混 □钢混 □框架		建成年份	年	
	装修情况	□豪华 □高档 □一般 □毛坯		物业管理	□封闭式 □开放式	
	物业面积	建筑面积平方米	使用面积平方米		公摊面积平方米	
	户型	室 厅 卫 厨 阳台 □跃层 □错层 □错跃层				
	室内采光	□明亮 □一般 □暗 （备注）： 朝向：				
付款情况		□一次性付款 □分期付款 □按揭 贷款银行 成数 成，贷款年限： 年 月，月付金额 已付月数				
业主姓名			物业名称		物业地址	

续表

业主姓名		物业名称		物业地址	
其他开支	物业管理费　元/平方米，维修基金　元/平方米，其他费用　元/套				
物业勘查时点	年　月　日		使用情况		□空置　□自用　□在租
留下物品清单	电器：		家具：		
查看人姓名					

第三节　编制房屋状况说明书

一、编制房屋状况说明书的目的

在实地查看的基础上，房地产经纪人员还要根据委托人提供的证明、材料，查看房屋，并在委托人的协助下，进一步编制房屋状况说明书。由于房地产商品的特殊性及其权属内容的复杂性，编制房屋状况说明书最能显示房地产经纪工作的专业性。

房屋交易的实质是房屋产权交易，因此确认房屋产权的真实性以及是否存在瑕疵是首要问题。房屋是否即将拆迁、是否已经抵押或涉案被查封、产权共有人的意见等均将成为影响房屋能否上市的重要因素，而有的产权证明有可能已经发放多年，无法清晰显示产权现有的状态。一些特殊性质的房屋如集资房、合作建房、解困房等，法律法规对其上市交易有一系列的限制性规定，未达到相关条件就无法上市。因此，为了使交易顺利进行，房地产经纪人员在为委托人提供经纪服务前应当查看委托出售、出租的房屋及房屋权属证书，通过房地产产权登记部门核实该房屋的权属情况，包括该房屋是否设立抵押权、租赁权或有其他权利限制，是否存在共有人，产权单位对房屋出售是否有限制条件或房屋是否取得上市审批证明等，具体要注意以下几个重点问题：(1) 单位自建的房屋，农村宅基地上建造的房屋，社区或项目配套用房，未经规划或报建批准的房屋等，都有可能不是完全产权；(2) 因房产证遗失补办后发生过转让、房屋被查封甚至强制拍卖，原房产证没有产权；(3) 伪造的房产证没有产权；(4) 未登记的预售商品房、抵押商品房，仅凭购买合同或抵押合同不能完全界定产权状态；(5) 已抵押的房屋未解除抵押前，业主不得擅自处置；(6) 公房上市需要补交地价或其他款项，符合已购公有住房上市出售条件才能出售；(7) 拍卖市场竞得的房屋可能存在债务人逃避债务的情况；(8) 涉及婚姻或财产继承的房屋产权一般比较复杂；(9) 出租的房屋位于拆迁范围的，容易发生纠纷；(10) 法律禁止转让的房屋。

另外，房地产经纪人员还要尽可能全面地掌握房源的其他相关信息，如房屋的区位、配套设施设备、债权债务信息，附送的家具电器及其他用品，房屋的其他现况等内容，并在房屋状况说明书中予以记载。房屋状况说明书中还要附上相关证件材料的复印件和房屋外立面及各房间的照片。

编制房屋状况说明书的意义包括：(1) 描述房屋状况信息；(2) 披露瑕疵；(3) 利于房源信息的发布和推广；(4) 帮助当事人转移占有；(5) 维护当事人权益。

二、房屋状况说明书的要求

房屋状况说明书是根据《房地产经纪管理办法》制定的。房屋状况说明书，视为租赁或买卖交易合同的组成部分之一。本说明书应经房地产经纪人员与委托人签字盖章，开始产生效力。

房地产经纪人员在执行业务过程中，应以房屋状况说明书为依据向与委托人交易的相对人解说交易房地产的房屋状况。双方当事人签订租赁或买卖交易合同时，房地产经纪人员应将房屋状况说明书交付给委托人交易的相对人，并由相对人在房屋状况说明书上签字盖章。

房屋状况说明书仅供委托人与受托人签订房屋出售、出租经纪服务合同，以及委托人与交易的相对人签订租赁或买卖交易合同之用。

房屋状况说明书应当由注册房地产经纪人的制作。

房屋状况说明书内容是制作房地产登记簿内容、委托人提供的资料、实地调查、查验结果的综合记载，如有其他变更，应以实际变动后的资料为准。若房地产登记簿记载的内容有误，则房屋状况说明书制作人不负任何相关法律责任。

房屋状况说明书未经委托人、注册房地产经纪人及制作机构的同意，不得任意复印流传。

房屋状况说明书的有效期限与房地产经纪服务委托合同相同。

三、房屋状况说明书的主要内容

房屋状况说明书作为房地产经纪服务合同以及租赁或买卖交易合同的一部分，对于附件数据或文本资料，在买卖双方签约时，若有需要，再进行复印。房屋状况说明书包括的内容如下。

(1) 房地产经纪服务合同。

(2) 委托房屋可公开基本信息。

(3) 委托房屋的权益信息。

(4) 委托房屋的区位信息。

(5) 委托房屋的配套设施设备信息。

(6) 委托房屋的债权债务信息。

(7) 随房屋附送的家具、家用电器、用品清单。

(8) 委托房屋现况说明。

(9) 文件附件。

① 国有土地使用证复印件。

② 房屋所有权证复印件。

③ 身份证明复印件。

④ 小区平面图。

⑤ 户型平面图。

⑥ 商品房质量保证书。

⑦ 商品房使用说明书。

⑧ 他项权利证明复印件、他项权利人书面同意转让证明复印件。

⑨ 公房单位同意出售复印件。

第四节 带领客户实地看房

一、带领客户看房前先策划

(一)看策划，凸显主推房源

找出房源优劣势的两大方法如下。

（1）物理上的优势：离地铁口近，步行仅需几分钟；紧邻购物中心；房子在小区中间，安静；小区可 24 小时供应热水等。

（2）针对客户需求的优势（如对养老型客户而言小区绿化率高，附近又有公园），如图 7-2 所示。

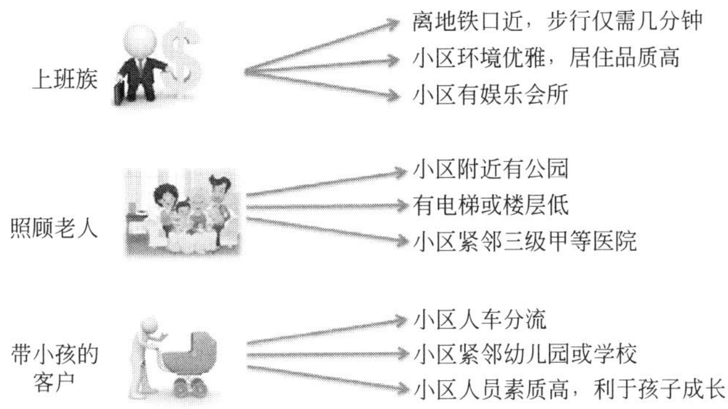

图 7-2　针对客户需求的优势

(二)策划带看顺序

1. 针对首看客户，把方便看的房子排在前面

在了解首看客户的基本需求的基础上，可以通过首次带看挖掘客户的隐含需求，方便为客户找到更合适的房子。例如：客户对房地产经纪人说想为老人买套房子，经纪人随即找到一套一层的房子，但客户看完房后说这套房子各方面都好，但是家里的老人行动不便，需要有坡道。这时候经纪人便了解了客户的隐含需求：房子最好是电梯房，小区内有坡道，轮椅可以通过，而且小区附近有医院。

2. 针对二看客户，采用"BAC 法则"

准备三套房源（A、B、C），避免只带客户看一套房而浪费客户时间。根据"BAC"顺序匹配带看，带看顺序如下。

B：一般房源，指房源与客户需求比较接近的。

A：优质房源，房源为完全符合客户需求的（客户一定能看好的）。

C：较差房源，房源为离客户需求较远并有明显差距的，形成鲜明对比。

这样客户都会认为所看的第二套房源即 A 是最适合自己购买的房子。

根据客户需求、房源性价比及市场变化等来确定房源"BAC"。

(三)策划带看衔接

（1）尽量把客户看房的时间安排紧凑，不要浪费客户时间。

（2）如果业主晚到，可以带着客户看一下其他的房子，例如钥匙房。

（3）带看时，应该选择两人配合带看，可以保证提前给客户开门。例如：在带看第一套房时，可安排另外一人打开第二套房门，等待客户。

(四)策划带看方式

1. 多人带看

（1）选择多人带看的情况

① 客户来的人比较多。

② 有"跳单"（跳单亦称为"跳中介"，是指买卖一方或双方为了规避或减少按照协议

约定履行向中介交付中介费的义务，跳过中介而私自签订买卖合同的行为，也或者是业主在购房过程中突然转换中介服务方的行为）意向的客户。

③ 不好把握的客户。

（2）多人带看的好处

① 客户来人比较多，一个经纪人无法很好地照顾每一个客户。

② 针对有“跳单”意向的客户，多人带看可以更好地把控双方，一方面把控业主，另一方面把控客户。

③ 对房子疑问较多的客户，可以选择请师傅或者店长帮忙，同时可以学习别人是怎样回答客户疑问的。

2. 集中带看

集中带看的目的是为了营造紧张的带看氛围，增加客户购房急迫度。适合集中带看的房屋是：（1）主推/聚焦房源；（2）限时房源；（3）独家房源；（4）看房不方便的（有租户、业主时间不方便或者难配合的）。

为了确保顺利带看，看房前与双方再确认看房时间，与业主确认报价，与客户确认碰面地点。

二、看房步骤

带客户实地看房的目的是让客户对房屋有切身感觉，让客户对房源进行了解，激发客户对房源的兴趣，促成交易。另外也是通过看房了解客户的真正需要，进行面对面地沟通与交流，为下次帮客户找到合适房源做好准备工作。

看房的步骤主要包括了解房屋、会面、介绍房屋、现场查看等，具体包括以下几点。

第一，出发前仔细阅读已经搜集到的房屋介绍资料，再次确认已准确掌握该房屋的各项信息。

第二，首次看房要提前半小时到达，先找到房屋的准确地点，了解房屋周边环境以及市政配套设施、学校及交通状况，并确定到达房屋的最佳路线。

第三，准时到达约定地点迎接客户，自我介绍并主动递名片。在检视房屋前，应向客户出示并解释委托协议书条款，并安排客户签订看房确认书。委托协议书应包含客户委托事项，如购房需求、资金预算等，并特别注明所推荐的房屋，同时请业主也在看房确认书上签字。

第四，向客户介绍周边环境以及市政配套设施、学校及交通状况。

第五，按选择好的路线带客户到达所看房屋。

第六，征得业主同意后进入房间，向业主自我介绍并主动递名片，向业主介绍客户。

第七，如果是第一次看房，进门后应迅速对房屋的重要要素进行判断，如照明、噪声、装修、格局，并根据这些判断引导客户逐一查看房屋的组成部分：客厅、卧室、厨房、卫生间、阳台，并对每一部分的面积有大概的估计。在这个过程中注意要引导客户的视线和思维。

第八，要替客户询问业主一些客户关心的问题，如房屋年代、结构、邻里关系、物业、供暖、停车、环境等。

第九，在可能及必要的情况下请业主出示房屋产权证明或房地产购买协议书，确认业主的身份并了解业主登记信息是否与产权证登记相符、产权单位对房屋出售是否有限制条件及该房上市审批情况。

第十，看完房后向业主致谢告辞。

第十一，请看房客户填写看房确认书（范本如下）。

看房确认书

（买方承租方客户适用）

准买家（准承租方）： 经纪方：
身份证/护照号码： 地 址：
地址：
电话： 电 话：
法定代表人： 置业顾问：
授权代表人： 电话： 工作证号：
如有不明白的任何字句，请要求置业顾问解释。

欲购（承租）楼盘的要求如下。
位 置：
户 型：
预期买价或租价：
楼 型 属 于：□高层 □小高层 □多层
用 途：□住宅 □商铺 □写字楼 □厂房 □仓库
其 他 要 求：

本看楼书一经准买家或准承租方和经纪方签署，即表明以下内容。

1. 经纪方尽力替准买家或准承租方物色楼盘，并安排实地视察及提供有关楼盘资料。与交易双方商议买卖或承租条件，并协助准买家或准承租方签署相关合同。

2. 在经纪方向准买家或准承租方介绍相关楼盘信息或陪同实地视察之日起六个月内，准买家或准承租方同意不直接或间接与所介绍楼盘的业主联系，同时承诺：

□如果准买家（或授权代理人）及其亲属购入下表所列的楼盘，须向经纪方支付相等于成交价的1.5%作为佣金，此佣金在签署《房屋转让合约》之日支付；

□如果准承租方（或授权代理人）及其亲属租入下表所列的楼盘，须向经纪方支付相等于起租月租金的50%作为佣金，此佣金在签署《房屋租赁合同》之日支付。

看房清单

序号	视察楼盘名称及房号	日期	需付佣金费率	看楼人确认	置业顾问确认
1					
2					
3					
4					
5					

准买家（准承租方）/授权代理人（盖章） 经纪方：
身份证号： 置业顾问：
联系电话： 签约日期：

业主客户确认书

（卖方客户或者出租方客户适用）

致：
由： 房地产经纪有限公司

通过我公司极力推荐，现有客户对您□贵公司□位于　　区　　　　　　　路　　的物业有意向，现将客户资料陈述如下，请您□贵公司□进行客户确认为感。

客户名称	
意向单位	
意向面积	平方米至　　　　平方米
意向方式	购买□　租赁□　其他：

若确认客户以公司、个人或直系亲属的名义与您□贵公司□成功交易，您□贵公司□同意向我公司支付购买成交价____%或租赁____个月租金佣金。

附其他约定：

您□贵公司□确认签名及盖章：

确认日期：　　年　　月　　日

三、带看操作要点

(一)看房应该注意的基本要点

看房时要掌握一些基本的要点，在使客户感到方便的同时，也体现出房地产经纪人员的专业素质。

第一，事先对房屋、交通、小区状况做细致的了解，积累房源优势信息。选择好看房的时机和路径。

第二，提前到达约定地点，不能让顾客等候。看房时要有礼貌，出入时要和业主打招呼，不要大声喧哗。

第三，主导看房过程，使双方顾客认可自己的专业水平。

第四，保持客观公正的立场。

第五，时时征求业主的同意。例如在进入房间或卧室时，要询问业主是否需要换鞋；在让客户看橱柜或衣柜前，要先问是否可以观看，尊重业主的隐私权。

第六，时时跟紧客户，不要让客户脱离自己的视线范围，不要让客户与业主有太过亲密的接触，但要注意有礼有节。

第七，为客户分析房屋的优缺点。每个缺点都要配以相应的建议，针对某些老户型固有的缺点，则需向其讲解年代较早的二手房多数存在这些问题的现实情况，引导客户正确认识该房屋。

第八，最好不要在房屋里谈价格，并且要事先和业主、客户沟通好。

第九，看房的时间不宜过长，一般控制在10～15分钟为宜。

第十，看房突发事件的处理。在看房时，常常会出现一些突发事件，房地产经纪人员应该沉着应对。一般有两种突发事件。第一种，业主/客户未按约定时间到或者失约。首先，及时向另一方解释；其次，找到合适的话题与先到的一方交谈；同时，如确定业主不能来，可以向客户推荐附近的房子，但条件要相近或更好；另外，切忌在一方面前发泄对另一方的不满。第二种，房屋实际情况与业主介绍的不符时。一方面，真诚道歉，征得客户的谅解；另一方面，婉转地让业主做出让步。

第十一，防止“跳单”。看房过程中，房地产经纪人要及时制止双方交换联系方式等行为；尽量避免双方单独在一起进行交谈；尽量避免客户使用业主的手机或房屋电话等；避免双方同时离开。

(二) 与业主配合完成看房

看房对购房或承租客户而言是一个十分重要的过程，特别在购买一处价格比较昂贵的住房时，购房者通常会十分小心地考察房屋的质量细节，比如厨房是否漏水，楼板是否隔声，窗户保密性是否良好，阳光是否充足等。对承租者而言这些同样重要。

如果是卖方独家代理人，为了顺利销售房产，房地产经纪人员应该与业主配合对房屋进行“包装”，提高看房效果。房地产经纪人员可以事先通知业主看房时间，并请其清洁房屋卫生，将物品摆放整齐，厨房和卫生间没有异味。如果是晚上看房，希望业主尽量将房屋灯光提高亮度，给看房者留下满意的印象。

购房者看房往往是带着挑剔的眼光，谨慎而小心地查验房屋。因此，房地产经纪人员应该提前提醒业主，在看房过程中尽量不要过多与购房者进行言语的交流，对购房者提出的对房屋质量的挑剔问题和价格问题，最好不要采取辩护的态度进行讨论，应由房地产经纪人员与购房者进行沟通和解释。在看房过程中，业主最好能安静地等在一旁，给购房者以充足的时间查验房产；如果是空房，业主则不必亲自陪同看房，由房地产经纪人员负责即可。业主应该充分相信和尊重房地产经纪人员的职业道德和业务水平，同时，房地产经纪人员也应该竭尽全力为业主提供最优质的服务。

(三) 与客户配合完成看房

房地产经纪人员与客户一同看房，应该做好充分的准备。首先，房地产经纪人员应该尽可能地了解客户的经济状况、个人兴趣、家庭情况，对社区管理和物业管理的态度；其次，房地产经纪人员应该掌握被挑选房屋所在地区的公共设施和商业设施情况，对值得向客户介绍的优点应该重点推荐，例如，优秀的小学、方便的购物场所、免费的开放公园、便捷的交通、安静的社区环境、和谐的邻里关系、新组建的志愿者组织等。通过向客户介绍房屋社区环境，可以增加客户对购买（承租）房屋的意愿。

作为买方独家代理人，房地产经纪人员一天与客户看房不应该超过 10 套，否则容易给客户带来“看花眼”的感觉，使客户不容易比较和挑选合适的房源。在看房顺序上，房地产经纪人员可以按照“较好-好-差”（BAC）的顺序安排。

在看房过程中，房地产经纪人员要注意引导客户到不同的居室，提醒客户可能轻视或遗忘的住房优点，同时也让客户关注房屋的缺点。如果客户十分满意看过的房产，有可能在看房过程中就决定了购买或承租房屋。因此，陪同客户（购房者或承租者）看房是一个十分重要的环节，关系到最终是否能完成交易。

四、带客户看房的技巧

当客户提出希望去看房时，房地产经纪人员应有步骤、有技巧地进行引导介绍，并对客户看房过程中的情形予以分析，了解其满意的和不满意的方面，从而做好其后的实质性谈判准备。

（1）提前做好充分的准备。看房应该做好的准备工作包括：①要对项目情况及各种细节一一掌握，避免出现一问三不知的尴尬；②设计看房路线，应先看缺点，再看优点；③要提前熟悉看房路线，避免带着客户走冤枉路；④带上必要的工具，每次看房前都应准备一个专业文件夹，避免携带私人手袋，给客户一个专业的形象。文件夹应常备多套空白看楼书、小型计算器、记事本、圆珠笔、指南针、地图、皮尺、名片等，而在夜间看房则应多准备一把小电筒，以防急用。同时要注意保持手机始终处于开机状态，并充足电源，或带备用电池。

（2）合理安排和掌握看房时间。与客户看房，除了要提前预约外，在安排看房时间方面，还要注意以下一些要点：①注意安排客户在某一较集中的时段看房，如周末时间比较宽裕，集中看房可以烘托购房气氛，加快成交速度及提高成交价；②确认客户能有多长时间看房，准备看房的顺序及合理时间，以做顺畅安排；③最好在约定的时间前半小时与客户再联系确认，并提前一点在见面地点等候。

（3）客观展示房屋优缺点。将所展示的房屋优缺点尽量列在表上，针对优点款款道来；而当客户提出缺点时，也能客观回答，分析利弊。

（4）根据客户的喜好和关注点适时调整看房顺序。

（5）看房过程中有意识地提起客户的背景话题，如从事职业、家庭人口、教育程度等，从而可以判断对方是否为本物业单位的目标客户。

（6）看房时必须双向沟通，言行要得体。适度渲染是技巧，但要找重要和关键的说，多站在客户的立场讲话，如“玄关可以摆设艺术花台”“转角可摆设简约雕塑”之类，让客户产生美好联想，并接受小的遗憾。

（7）看房后应在第一时间回馈业主，如有客户还价，则应与业主进行友好的商量沟通，在回馈过程中，与业主建立良好的关系。

第八章 08

房地产交易合同

协助委托人签订房地产交易合同是房地产经纪服务的最后一个环节，也是最为关键的环节。房地产交易常见的形式有买卖和租赁，买卖又包括一手房买卖（签订商品房销售合同）和二手房买卖（签订房屋买卖合同）。本章分别针对新建商品房买卖合同签订、存量房买卖合同签订和登记备案，以及房屋租赁合同的签订进行详细阐述。

第一节 房屋买卖合同的签订

在进行房屋买卖的时候，一般买卖双方都必须要按照约定签订一份房屋买卖合同。因为合同直接关系到房屋的归属问题，保护双方的合法权益，所以必须注意房屋买卖合同怎么写，怎么签订等问题。本节介绍房地产买卖合同的签订，包括新建商品房（一手房）和存量房（二手房）买卖合同的签订。

一、商品房买卖合同的签订

商品房买卖合同是指房地产开发企业将尚未建成或者已经竣工的房屋向社会销售，转移房屋所有权于买受人，买受人支付价款的合同，是买卖双方真实的表述，具有法律效力。这里的房屋特指商品房，而不包括农村自建住房、单位集资建房等。在签订商品房买卖合同前一般都会先签订房屋认购协议书。

(一) 签订房屋认购协议书

房屋认购协议书（亦称房屋认购意向书）是商品房买卖双方在签署预售合同或买卖合同前所签订的文书，是对双方交易房屋有关事宜的初步确认。简单来说，即是开发商承诺在一定期间内保证不将房屋卖给除认购人以外的第三人，认购人则保证将在此期间内遵循协议约定的条款与开发商就买房事项进行商谈。这种认购行为的主要特征是买卖双方约定为将来订立合同而谈判的义务，而并非最终达成签约。

房屋认购协议书中一般确认认购人打算购买的商品房的位置、朝向、楼层、房价及签订商品房买卖合同的时间。认购人在购房前作为签订商品房买卖合同的保证，向开发商支付一定数额的定金。

房屋认购协议书与商品房买卖合同不同。房屋认购协议书的性质属于意向书，一方不履行承担的是缔约过失责任，而承担缔约过失责任的方式是定金。

在签署房地产认购协议书时应向购房者提示以下内容：

（1）签订房地产认购协议书后是否可更名；

（2）签订房地产认购协议书后是否可换房；

（3）房地产认购协议书所指的单价是以套内面积还是建筑面积定价；

（4）应提示购房者认真阅读房地产认购协议书的所有内容；

（5）应提示购房者在确认购买前需了解的后续将要签署的相关文件及所展示的各项法律文书。

(二)签订商品房买卖合同

现在商品房买卖合同基本是网上签署的，一经签订具有不可变性。

在购房者签订商品房买卖合同时，房地产经纪人员需要充分了解合同内容，并提示购房者认真阅读。

商品房买卖合同中应当明确以下主要内容：

（1）买卖双方名称、联系方式、通信地址；

（2）商品房基本情况（例如楼层、面积、商品房产权有效年限等）；

（3）商品房的总价款、付款方式、付款时间；

（4）商品房的销售方式；

（6）办理产权登记相关事宜；

（7）解决争议的方法；

（8）各种附件，如商品房的测量图纸等；

（9）双方约定的其他事项。

(三)新建商品房认购流程和资料

1. 房屋认购协议书签约流程

①房地产开发企业与认购人就可预售（或现售）的房屋协商，拟订房屋认购协议书的相关条款；②经双方当事人确认后，通过管理系统在线填写《房屋认购协议书》的内容，网上提交；③房地产开发企业从网上打印房屋认购协议书，同时联机备案，管理系统及时标明该单元（套）商品房已预订。对于不具备网上签订条件的地区，则按照当地政府指定的版本与内容，由开发企业统一编号印刷制定。印刷通常要求一式三联，即客户联、开发企业联与代理中介联。

2. 认购人必须提供的资料

签订房屋认购协议书时认购人必须提供身份证原件（若外籍人士则需要护照原件）和认购定金。签订房屋认购协议书时应注意的事项如下。

① 网上或书面房屋认购协议书备案后，签订商品房买卖合同时的合同主体不得随意变更。签订合同的买受人变为认购人，在其同一户籍内的或是预订时已明确其他人员的不视为合同主体变更。

② 房屋认购协议书约定了房地产开发企业与认购人之间签订商品房预售合同的时间，通过管理系统办理商品房预售合同网上签约手续。超过房屋认购协议书约定时间未签订商品

房预售合同的，该套房屋的公示信息恢复显示该套（单元）商品房未预订且未预售。故销售人员在指引认购人签订房屋认购协议书时，有义务提醒认购人在房屋认购协议书约定的时间内办理商品房买卖合同的签署，以及按揭等购房相关手续。

(四)新建商品房网签流程和资料

1. 商品房网上或书面签约的要求

房地产开发企业应当参照国家或各地方建设（房地产）、工商管理部门制定的示范文本，与购房者签订商品房预售合同。房地产开发企业在制定商品房买卖合同格式条款时，不得免除自己责任、加重购房人责任，或排除购房人合法权利。商品房预售合同示范文本及格式条款应在订立合同前向购房人明示。房地产管理部门应严格执行预售同登记备案制度，落实购房“实名制”。对房地产销售过程中实施合同欺诈，利用虚假合同套取银行贷款、偷逃税款等违法违规行为，房地产管理部门可暂停办理其商品房网上签约、合同登记备案等房地产交易手续；工商行政管理部门要加大对合同违法和侵害消费者权益行为的查处力度；构成犯罪的，移送司法部门处理。

境外人士购房，所签的合同书要经过公证或认证。未满 18 周岁人士购房，需开具《监护公证》。房屋买卖合同可对照国家的法律法规文件进行细化，现有的法律文件包括《城市房地产管理法》《城市房地产开发管理条例》《城市商品房预售管理办法》《商品房销售管理办法》《合同法》，以及各省、市政府部门的相关规定。房地产经纪人员在买卖双方办理交易手续、正式签订商品房预售合同之前，必须将交易程序、合同条款、需要提交的资料、应纳税费用明细、按揭流程、房款支付方式及时间安排等一系列问题向买受人说明清楚。

2. 商品房买卖合同网上或书面签约程序

①房地产开发企业与买受人就可预售（或现售）的房屋协商拟订商品房买卖合同的相关条款；②经双方当事人确认后，买受人选取相应的付款方式，按照银行规定缴纳首期房款；③首期房款缴纳后，房地产开发企业销售人员通过管理系统在线填写商品房预售合同的内容，网上提交后，系统自动生成合同编号；④房地产开发企业销售人员从网上正式打印商品房买卖合同，同时在管理系统联机备案，并下载打印商品房买卖合同签约证明和销售登记申请书；⑤楼盘房号表标识公示，即商品房楼盘房号表内应及时标明该单元（套）商品房已销售。

对于不具备网上签订条件的地区，则按照当地政府指定的版本与内容，由开发企业统一印刷制定。除签订的合同来源不同外，其他事项与网上签订的要求相同。

3. 签署商品房买卖合同时需提供的证件

①有效身份证原件（外籍人士需提供护照原件）；②中国香港、澳门、台湾地区人士需提供回乡证、台胞证；③商品房预售协议书原件、定金收据原件；④总房款 0.3%的买卖合同公证费收据（仅限中国香港、澳门、台湾地区人士及境外人士，境内人士自主选择）；⑤按揭银行已盖章的《按揭确认单》原件。

4. 办理按揭手续时需提供的资料

①有效身份证原件（外籍人士需提供护照原件）；②中国香港、澳门、台湾地区人士需提供回乡证、台胞证；③认购书原件、定金收据原件；④加盖公司公章的收入证明一份（中国香港、澳门人士提供薪俸纳税证明）；⑤银行要求的其他资产证明，如定期存单、股票对账单、其他房地产证明等。

5. 房屋行政管理部门不予办理预售登记的情况

以下情况下商品房预售合同无效，房屋行政管理部门不予办理预售登记手续：①该商品房不在预售许可范围内；②该商品房已取得房地产权属证书或取得竣工备案表超过四个月；③该商品房已被其他买受人联机或纸面签约或已预售登记；④房地产开发企业名称与核准预售许可的预售人名称不一致；⑤该商品房被司法机关和行政机关依法裁定、决定查封或以其他方式限制房地产权利。

6. 合同解除

商品房预售合同签约后，同一购房主体退房或换房的，经双方当事人协商一致，先签订解除该商品房预售合同协议，通过管理系统填写并打印解除合同申请，并共同到房屋行政管理部门办理解除合同手续。同一购房主体退房的，该房屋在楼盘表内及时恢复可售标识；同一购房主体换房的，双方当事人按照规定重新办理网上或纸面合同签约手续。商品房预售合同其他条款变更的，双方当事人可签订补充协议，不再通过管理系统变更合同内容。

二、存量房买卖合同签订

(一)签约准备

存量房买卖合同的签订及各种款项的支付是房地产经纪人员销售工作初步完成的标志，也关系到房地产经纪人员代理业务能否获得最终的成功，因此是十分重要的环节。

房地产经纪人员在完成此环节工作时，一方面应注意避免双方私下交易；另一方面业主临时涨价或买方二度砍价时，房地产经纪人员需注意在谈判中掌握主动，控制谈判的节奏，保持客观冷静的态度，公正，不偏不倚，在出现僵局时要将买卖双方分开说服。

当房地产交易双方对售房和购房全部细节达成一致后，即可签署存量房买卖合同。在签署合同前，房地产经纪人员应做好以下准备。

第一，明确双方异议所在，争取事先沟通好，房地产经纪人员要积极帮助双方寻找解决办法。例如，如果购房方因为资金筹措困难，需要分期付款，而售房方因急需资金要求一次性付款。对于这种矛盾，房地产经纪人员应积极帮助购房方解决资金问题，如采取抵押贷款方式，使售房方获得现金，并告知购房方因为卖方急需用钱，因此房价很便宜，可以抵消部分办理抵押贷款而增加的利息负担。

第二，房地产经纪人员要设计谈判过程，把握谈判进度和强度，避免双方因重大分歧而发生严重的争执。当交易双方对最终交易价格进行谈判时，房地产经纪人员应该敏锐地观察双方的出价，努力折中协调，促成他们达成最终的价格。

第三，为交易双方准备好合同文本、收据和签字笔，并要求双方带齐各种证件。

(二)签约审核

房地产经纪人员需要认真审核签约当事人的证件，包括房屋产权证、购房发票、契税票、身份证、户口簿、结婚证等必要证件。审核时需要注意：

（1）如果不是本人签约，需要提供委托书，审核委托书是否为房屋所有权人、委托事项是否与此次交易相关、委托期限有多长，有无转委托权，做公证的时间；

（2）房屋是否为出卖人所有，是否存在共有权人，房屋性质是否为禁止交易的类型，房屋的权属是否有抵押、是否有出租；

（3）签约双方当事人身份证件是否为外地人、是否为外籍人士、是否为未成年人等。

(三)合同讲解

存量房买卖合同属于专业合同，一些合同条款需要由房地产经纪人员向双方进行必要的解释。房地产经纪人员要向买卖双方讲解签订合同的意义；简述买卖手续办理的整个流程及合同中与之相关的条款，并向买卖双方讲解重点条款。重点条款包括双方责任义务、违约条款、违约金、滞纳金、付款方式等。讲解后让双方再确认合同，若无异议，房地产经纪人员即可正式填写合同。

(四)合同签订注意事项

签订存量房买卖合同时，房地产经纪人员要提示合同当事人注意以下细节：

(1) 合同的填写应用钢笔或签字笔，涉及钱款金额的数字应注意大小写；

(2) 合同中关于房屋所在地、业主的姓名等有关物业基本内容的栏目必须和房屋产权证上注明的一致；

(3) 合同的签约人必须是合法的当事人，属于委托人代签性质的，必须出具相关的委托书；

(4) 合同的签约日期及生效日期一定要注明；

(5) 合同中的房屋总价款应明确包含房屋附属设施设备、装饰装修等的价格；

(6) 合同中买受人需贷款的，贷款类型、拟贷款金额以及未获贷款审批情形下的解决方式应明确约定，另外在补充协议中明确出卖人有配合办理贷款的义务，并约定不配合情形下的违约责任；

(7) 若房屋在出租，合同中应当有承租人放弃优先购买权的书面声明；房屋为共有的，共有权人应同时到场或者出具公证的授权委托书；

(8) 合同中房屋交付的时间或条件以及房屋交付的手续需明确，逾期交房、逾期付款的违约责任必须填写；

(9) 合同中办理权属转移登记产生的税费如何分担要明确，如新产生税费由哪一方缴纳应明确；

(10) 合同中户口的迁出问题需要明确迁出期限以及逾期不能迁出的违约责任；

(11) 合同附件中关于付款方式需约定买方的付款期限和方式，特别注意约定定金的数额。

(12) 在合同填写完毕后，买卖双方签字盖章；

(13) 实行网上签约的，应将合同内容录入网上交易系统。

第二节 房屋买卖合同的登记备案

无论是新建商品房销售还是存量商品房销售均需要在房地产管理部门进行登记备案。商品房买卖合同备案是指商品房买卖双方在签订商品房买卖合同后按照法律规定向房屋所在地房产交易管理部门办理备案登记。商品房买卖合同备案登记是商品房交易合法性和唯一性的保障，能有效地防止一房多卖的情况，合同备案登记后可以对抗善意第三人。对于预售合同的备案登记的期限我国有专门的规定。《城市商品房预售管理办法》第十条规定“商品房预售，开发企业应当与承购人签订商品房预售合同。开发企业应当自签约之日起 30 日内，向房地产管理部门和市、县人民政府土地管理部门办理商品房预售合同登记备案手续”。《城市房产开发经营管理条例》二十七条规定“房地产开发企业应当自商品房预售合同签订之日起 30 日内，到商品房所在地的县级以上人民政府房地产开发主管部门和负责土地管理工作的部门备案”。

一、合同登记备案的目的

(1) 签完商品房买卖合同后还必须到房管局备案。因为实行购房合同备案制度，可以对开发商进行有效制约。它不仅能促使开发商加快建房，按章办理产权证，也可使购房者更加放心，很好地规避了“一房二主”，为消费者消除诸多隐患。

（2）目前楼市销售的商品房多为期房，有的房子还没有破土动工，就已经开始内部预约销售。购房者虽然和开发商签订了商品房买卖合同，但是合同能否顺利执行很难保证。有的因为开发手续不全，不能及时办理产权证，有的则暗中被开发商二次抵押，“一房二主”，产权被别人分割等。

（3）房屋交易登记备案制度主要是为了通过对商品房预售合同的管理，对房地产开发商预售商品房的合法性进行审查，以保护购房者的合法权益，核心是为了防止预售期间“一房多卖”现象的发生。

二、合同备案的基本流程

房地产开发企业需要自联机签约之日起30日内，向市或者区、县房屋行政管理部门申请预售登记，并携带以下材料。

（1）在网上打印的商品房预售合同一式四份（而且双方当事人已签字或盖章）。

（2）网上打印的商品房预售合同签约证明和预售登记申请书。

（3）房地产开发企业的营业执照复印件、法定代表人（也可以是负责人）身份证明书复印件、授权委托书原件各一份。

（4）国有土地使用权证原件及复印件各一份。

（5）买受人身份证明复印件，包括：

① 买受人为自然人的，提交身份证件的复印件，买受人为外省市自然人的，还需提交暂住证或工作居住证的复印件；

② 买受人为法人或其他组织的，提交经年检的企业法人营业执照或事业单位法人证书，或批准该法人、其他组织成立的文件、法定代表人或负责人身份证明。

三、房产登记备案查询

（1）目前商品房合同备案查询网站全国不是统一的，还需在地方网站查询，比如你在浙江省温州市××，那么你需查询温州市房产管理局或者××房产管理局官方网站。

（2）在官方网站上一般有一部分很明显的位置是供查询备案号信息的，当然每个网站不一样，需要大家仔细查看。

（3）进入房屋合同备案号查询专网后找到查询按钮。

（4）进入查询登录界面，合同号就是签署的合同的号码，填写姓名、身份号，密码一般是身份证号的后6位，然后点击查询按钮，就能看到该房产的具体所属和具体合同信息了。

四、合同备案的撤销

商品房买卖合同备案后，原则上不予撤销，但购房人有下列情况之一，经双方协商一致达成解除合同协议的，可以申请撤销合同备案：

（1）购房人对所购房屋因质量或结构问题、规划或设计变更导致房屋现状发生变化，要求解除合同的；

（2）购房人因房屋建筑面积误差比绝对值超过3%，要求解除合同的，需要提交房产测绘中心确认的预测绘和实测绘报告；

（3）因售房单位的责任，超过约定期限1年内未办理登记，要求解除合同的，需提交退款凭证；

（4）购房人办理按揭贷款手续未获批准或批准后无力偿还不能继续履行合同的，需提交贷款机构出具的证明；

（5）售房单位工作人员失误，将购房人具体房屋信息录入错误，购房人在所购项目中换购房屋，要求更正合同信息的，需提交新签订并备案的合同。

第三节 房屋租赁合同

房屋租赁合同是指房屋出租人和承租人双方签订的关于转让出租房屋的占有权和使用权的协议。其内容是出租人将房屋交给承租人使用，承租人定期向出租人支付约定的租金，并于约定期限届满或终止租约时将房屋完好地归还给出租人。

一、房屋租赁合同主要内容

房屋租赁双方当事人应当依法订立租赁合同。房屋租赁合同的内容由当事人双方约定，一般应当包括以下内容：

（1）房屋租赁当事人的姓名（名称）和住所；

（2）房屋的坐落、面积、结构、附属设施，以及家具和家电等室内设施状况；

（3）租金和押金数额、支付方式；

（4）租赁用途和房屋使用要求；

（5）房屋和室内设施的安全性能；

（6）租赁期限；

（7）房屋维修责任；

（8）物业服务、水、电、燃气等相关费用的缴纳；

（9）争议解决办法和违约责任；

（10）其他约定。

房屋租赁当事人应当在房屋租赁合同中约定房屋被征收或者拆迁时的处理办法。

二、签订房屋租赁合同

当房屋租赁双方对房屋租赁事宜达成一致时，就可以签署房屋租赁合同。在租约签订过程中，房地产经纪人员应该做好以下工作。

第一，如果双方达成一致，房地产经纪人员核实租赁双方的身份及有关证件原件。承租方证件包括身份证、工作证、暂住证或公司担保书；出租方证件包括房屋产权证、身份证、结婚证；代理人证件包括身份证、委托人的授权委托书。

第二，合同应一式四份，房地产经纪机构存档一份，一份合同交政府部门登记备案。如果租赁双方丢失了合同，又发生了矛盾，可以依据经纪机构留存的合同协助双方解决问题。

第三，合同字迹清楚，尽量避免涂改。如有涂改，双方应该在涂改之处共同签字。

第四，双方阅读合同，房地产经纪人员对合同有关条款进行解释。主要包括：①房屋坐落地点应与房产证上记载的相同，填后与出租方确认，详细记录所出租屋内的家具、家电设施设备情况、租赁期限、双方身份证号、联系方式、双方所需的售后服务等内容；②用途条款明确；③数字要大写；④应详细填写租金支付时间、押金情况等；⑤在租赁期内水、电、暖、天然气、电话、网络及其他相关费用的缴付方式。出租方交付出租房屋时，可向承租方收取1～3个月不等租金数额的押金。违约时作为一种担保，合同期满后出租方无息退还。

第五，经纪公司收取佣金、开发票。

以下为房屋租赁合同范本，仅供参考。

房屋租赁合同

甲方（出租方）：________身份证号：______________

乙方（承租方）：________身份证号：______________

根据《中华人民共和国经济合同法》及相关规定，甲、乙双方在平等、自愿和协商一致的基础上，明确甲、乙双方的权利和义务关系，特订立本合同，供双方在合同中共同遵守。

第一条 租赁标地及设施

房屋坐落于：______________________________。建筑面积：________________。

甲方提供设施清单及规定使用状况见合同附件。

第二条 租赁期限

1. 租赁期限共______个月，甲方从______年____月____日起将出租房屋交付给乙方使用至_年_月_日止。

2. 租赁期满，甲方应先考虑与乙方续租。如乙方要求续租，需在本合同期满提前一个月向甲方提出申请，双方另议续租事定。

第三条 租金及支付方式

1. 甲、乙双方议定每月租金为人民币__________元整，大写__________________元整。

2. 租金支付方式为先付后用。此后，在每期付款期满前 10 天内支付下一期租金。

3. 合同有效期内，租金不再调整。

第四条 其他费用

租赁期内所产生的物业管理费、卫生费、煤气费、水电费、电话费均由乙方缴付。乙方向甲方支付作为押金，租期满后，乙方结清此费用，房屋内物品完整无损，则押金如数退还承租方。

第五条 出租方责任及义务

1. 租赁期内不得无故收回房屋，如甲方中途将房屋收回，甲方应退还剩余房款，需另外补偿因搬迁给乙方造成的费用损失并交纳一个月租金作为向乙方的补偿金。

2. 租赁房屋内各项设施（详见附件）如损坏，甲方有义务与相关维修部门联系，进行及时处理。

第六条 承租方责任及义务

1. 乙方应按照本合同规定的日期和金额交纳租金，逾期未交纳租金，按照所欠租金的 0.5%计算滞纳金。超过 15 日未付清，视为提前终止合同，甲方有权收回房屋。乙方在租赁期内不得无故退租，如乙方中途退租，乙方应补偿给甲方一个月的租金作为补偿。

2. 乙方不得利用此房屋进行非法活动，储藏违法物品或危险物品。

3. 租赁期内未经甲方同意，不得擅自将房屋转租、分租、转让、转借、联营、入股或与他人调剂交换。

4. 乙方应爱护房屋及其设施（详见附件），室内一切设施属人为损坏，乙方应负责赔偿，属自然损坏，乙方不予赔偿。

第七条 违约责任

1. 甲方向乙方收取约定合同外的费用，乙方有权拒付。

2. 乙方向甲方提出合同约定外的补偿，甲方有权拒付。

第八条 租赁期间房屋的维修

乙方因使用需要，在不影响房屋结构的前提下，可对承租房进行维修，但应事先得到甲方和物业管理公司的同意后方可施工，租赁期满后乙方不得拆除已装修部分，不得向甲方索取装修费用。

第九条 乙方有下列情况之一的，甲方可终止合同，收回房屋。

1. 乙方超过合同规定日期不缴纳租金并押金不足以抵扣租金、滞纳金，且与乙方无法取得联系时，甲方有权请公证处公正，撬开房门，室内一切物品由甲方代为保管三个月，若三个月内仍无法与乙方取得联系，甲方有权对保管物品进行处理。

2. 乙方使用此房屋进行违法行为。

3. 未经甲方同意擅自改变房屋结构。

第十条 免责条件

1. 房屋因不可抗力的因素，导致甲、乙双方受损，甲、乙双方互不承担责任，甲方应退还乙方剩余租金。

2. 因市政建设需要拆迁或改造已租赁房屋，甲、乙双方互不承担责任，但甲方应退还乙方剩余租金。

第十一条 本合同双方均严格执行，在履行中如有争议，双方协商解决，协商不成的，任何乙方均可向有权管辖的人民法院提起民事诉讼。

第十二条 其他

1. 本合同如有未尽事宜，由甲、乙双方另行商定补充，补充条款均作为本合同组成部分，具有同等法律效力。

2. 本合同壹式肆份，甲、乙双方各执壹份，中介方一份，登记备案一份，经甲、乙双方签字盖章之日起生效。

出租方签字（盖章）：__________ 承租方签字（盖章）：__________

联系电话：__________ 联系电话：__________

签订日期：__________ 签订日期：__________

附件

租赁房屋内各项设施、物品登记表

设施、物品名称	规格	数量	状态	备注

三、租赁合同签订的注意事项

(一) 承租方需注意的事项

（1）查看出租人的房产证明和有效身份证明。

（2）审核出租人的《房屋租赁证》。

（3）签订租房合同时，应写明房租包含的内容，水、电、暖、煤气（天然气）和物业管理等费用由谁承担。

（4）要求出租人在房屋出租前结清水、电、暖、煤气（天然气）和其他费用。

（5）付款方式。

(二)出租方需注意的事项

（1）查看身份证明，外省市人员在本地居住是否有合法居住证明。

（2）承租人租房用途，并在合同中约定不得有违法行为。

有下列情形之一的房屋不得出租：

（1）没有房屋所有权合法凭证；

（2）司法机关和行政机关依法裁定，决定查封或者其他形式限制房地产权利的；

（3）共有房屋未取得共有人意见的；

（4）权属有争议的房屋；

（5）属于违法的建筑。

第九章 09

房地产贷款

房地产买卖离不开房地产贷款，房地产经纪人员只有掌握房地产贷款相关知识，才能更好满足房地产经纪服务的需求。本章主要介绍房地产贷款的种类及相关规定、房地产贷款相关计算、房地产抵押以及房地产贷款代办等内容。

第一节 房地产贷款的种类及相关规定

一、房地产贷款的种类

关于房地产贷款的概念，可以从两个角度来表述：一是指贷款的用途，如将贷款用于房地产开发或房屋改造、修缮，用于购买或租用房地产；二是指房地产抵押贷款，即以房地产为担保发放的贷款，该贷款可能用于房地产，也可能用于其他方面，例如某公司以房地产作抵押向银行申请贷款，用于公司经营。

按照贷款用途，房地产抵押贷款一般涉及两类：房地产开发贷款和个人住房贷款。按照贷款性质，个人住房贷款主要有住房公积金贷款和住房商业贷款两种基本形式，以及由此两种派生出来的个人住房组合贷款，即住房公积金贷款与住房商业贷款的组合，共计三种形式。

二、住房商业贷款

住房商业贷款是银行用其信贷资金所发放的自营性贷款。具体指具有完全民事行为能力的自然人，购买本市城镇自住住房时，以其所购买的产权住房（或银行认可的其他担保方式）为抵押，作为偿还贷款的保证而向银行申请的住房商业性贷款（抵押贷款是商业性贷款中的一种贷款方式）。

住房商业贷款是我国公民因购买商品房而向银行申请的一种贷款，有关银行规定，凡符合下列两种情况之一的，即可申请该贷款品种：一是参加住房储蓄的居民；二是住房出售商和贷款银行有约定，由房地产担保企业为居民购房贷款向银行提供担保。

(一)贷款分类

1. 按期限划分

分为短期贷款、中期贷款、长期贷款。

(1) 短期贷款，系指贷款期限在1年以内（含1年）的贷款。

(2) 中期贷款，系指贷款期限在1年以上至5年以下（含5年）的贷款。

(3) 长期贷款，系指贷款期限5年（不含5年）以上的贷款。

2. 按贷款方式划分

分为信用贷款、担保贷款（保证贷款、抵押贷款、质押贷款）、票据贴现三种。

(1) 信用贷款，系指以借款人的信誉作保证而发放的贷款。

(2) 担保贷款，系指按《中华人民共和国担保法》（以下简称《担保法》）而发放的保证贷款、抵押贷款和质押贷款。

① 保证贷款，系指由借款人提供经本公司认可的保证人，按《担保法》规定的保证方式，由保证人承诺在借款人不能偿还贷款本息时，按借款合同约定承担一般保证责任或者连带责任而发放的贷款。

② 抵押贷款，系指按《担保法》规定的抵押方式，以借款人或第三人的财产作为抵押物并经本公司认可而发放的贷款。

③ 质押贷款，系指按《担保法》规定的质押方式，以借款人或第三人的动产或权利作为质押物并经本公司认可而发放的贷款。

(3) 票据贴现，系指本公司以购买借款人未到期的银行承兑汇票的方式而发放的贷款。

贷款期限：财务公司的贷款期限一般不超过5年；贴现期限最长不超过6个月，贴现期限从贴现之日起到单据到期之日止。

(二)贷款条件

1. 申请个人住房贷款的条件

(1) 具有城镇常住户口或有效居留身份。

(2) 有稳定的职业和收入，信用良好，有偿还贷款本息的能力。

(3) 具有购买住房的合同或协议。

(4) 无住房补贴的以不低于所购住房全部价款的30%作为购房的首期付款；有住房补贴的以个人承担部分的30%作为购房的首期付款。

(5) 有贷款人认可的资产作为抵押或质押，或有足够代偿能力的单位或个人作为保证人。

(6) 贷款人规定的其他条件。

2. 企业开发贷款的条件

(1) 申请贷款的企业，实行独立核算、自负盈亏。同时具备以下条件：

① 必须取得工商行政管理部门颁发并经过年检手续的企业法人营业执照，实行独立核算、自负盈亏，取得税务机关颁发的税务登记证；

② 国家技术监督局颁发的法人代码证书；

③ 中国人民银行颁发的贷款卡；

④ 已在本公司开立存款账户。

(2) 遵守国家政策法令，恪守信用；企业的资产负债率符合本公司的有关规定；企业产品有市场，生产经营有效益，有按期还本付息的能力。

（3）上级单位同意企业向本公司申请贷款的批准文件。

（4）补充条件：

① 具有有权机关批准的完备手续；

② 项目经济效益好，有还贷能力；

③ 本年度项目投资计划已经批准下达；

④ 项目的建设和投产后的生产条件已安排落实；

⑤ 项目投资计划中自筹资金和其他资金来源已经落实。

(三) 贷款所需提交的材料

（1）贷款申请人、配偶、共同借款人、产权共有人的身份证（暂住证、护照、未成年人出生证或独生子女证）复印件。

（2）贷款申请人、配偶、共同借款人、产权共有人的私章。

（3）贷款申请人、配偶、共同借款人、产权共有人的户口簿复印件。

（4）贷款人婚姻情况证明（已婚提供结婚证、未婚提供单身证明、离婚提供离婚证）。

（5）贷款人收入证明。

（6）房屋买卖合同原件一本。

（7）买卖合同中所述的出售方签字的首付款收据。

（8）所购买房屋的产权证复印件。

(四) 贷款程序

贷款程序如图 9-1 所示。

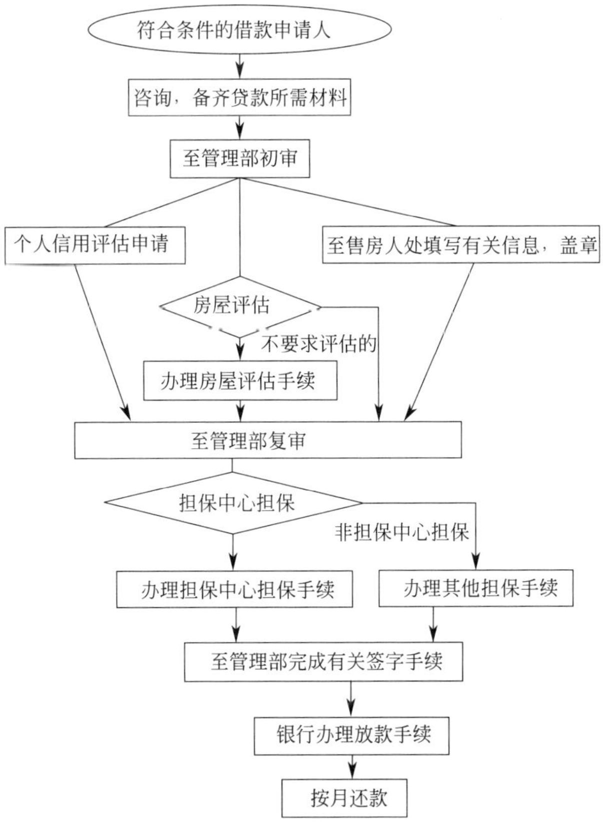

图 9-1　贷款程序

（1）买卖双方签订二手房买卖合同。

（2）贷款人向银行提交有关贷款资料和办理贷款手续。

（3）到银行指定的房屋评价机构办理房屋评估。

（4）银行审批贷款，同意后发贷款承诺书（准贷函）。注：银行不同，名称不一样。

（5）借款人和银行签订二手房抵押借款合同，建立专用账户。

（6）办理房屋过户及抵押登记。

（7）银行往专用账户中发放借款。

（8）借款人还清借款后，注销抵押登记，合同终止。

(五)个人住房贷款的还款方式

1. 等额本息还款法

即借款人每月以相等的金额偿还贷款本息，又称为等额法。其特点是每月还款的本息和一样，容易做出预算，初期还款压力减小，但还款初期利息占每月还款的大部分，还款中本金比重逐步增加，利息比重逐步减少，从而达到相对平衡。此种还款方式所还的利息高，但前期还款压力不大。

2. 等额本金还款法

即借款人每月等额偿还本金，贷款利息随本金逐月递减，还款额也逐月递减，因此又称递减法。其特点是每月归还本金一样，利息则按贷款本金金额逐日计算，前期偿还款项较大，每月还款额逐渐减少。此种还款方式所还的利息低，但前期还款压力大，适合目前流动资金比较充足的人。

三、住房公积金贷款与提取

住房公积金贷款是指由各地住房公积金管理中心运用职工及其所在单位所缴纳的住房公积金，委托商业银行向缴存住房公积金的在职职工和在职期间缴存住房公积金的离退休职工发放的房屋抵押贷款。住房公积金是指国家机关、国有企业、城镇集体企业、外商投资企业、城镇私营企业及其他城镇企业、事业单位及其在职职工缴存的长期住房储金。职工缴存的住房公积金和职工所在单位为职工缴存的住房公积金，是职工按照规定储存起来的专项用于住房消费支出的个人储金，属于职工个人所有。职工离退休时本息余额一次付偿，退还给职工本人。

住房公积金贷款的类别有：新房贷款、二手房贷款、自建住房贷款、住房装修贷款、住房商业贷款转公积金贷款等。

相对于住房商业贷款，住房公积金贷款具有利率较低（2019 年 8 月的贷款利率为五年以下 3.5%，五年以上 4.05%）、还款方式灵活、首付比例低的优点，缺点是手续烦琐，审批时间较长。

(一)申请住房公积金购房贷款基本条件

（1）参加住房公积金制度的职工才有资格申请住房公积金贷款，没有参加住房公积金制度的职工则不能申请住房公积金贷款。

（2）参加住房公积金制度者要申请住房公积金贷款还必须符合以下条件：即申请贷款前连续缴存住房公积金的时间不少于六个月。因为如果职工缴存住房公积金的行为不正常，时断时续，说明其收入不稳定，发放贷款后容易产生风险。

（3）配偶一方申请了住房公积金贷款，在其未还清贷款本息之前，配偶双方均不能再获得住房公积金贷款。因为，住房公积金贷款是满足职工家庭住房基本需求时提供的金融支持，是一种“住房保障型”的金融支持。

(4) 贷款申请人在提出住房公积金贷款申请时，除必须具有较稳定的经济收入和偿还贷款的能力外，没有尚未还清的数额较大、可能影响住房公积金贷款偿还能力的其他债务。因为当职工有其他债务缠身时，再给予其住房公积金贷款，风险就很大，违背了住房公积金安全运作的原则。

(5) 住房公积金贷款期限最长不超过 30 年。办理组合贷款的，公积金贷款和住房商业贷款的贷款期限必须一致。

(二) 借款申请人资格审核

在按照规定调查借款申请人家庭住房登记记录和个人住房贷款记录的基础上，进一步审核借款申请人的住房公积金购房提取情况。比如温州市，通过温州市住房和城乡建设委员会房屋交易权属信息查询系统、中国人民银行征信系统和温州住房公积金管理系统及其他尽责调查，查询借款申请人住房记录、个人住房贷款记录、住房公积金购房提取记录。

(三) 住房公积金贷款所需提交的材料

(1) 申请人及配偶住房公积金缴存证明。

(2) 申请人及配偶身份证明（指居民身份证、常住户口簿和其他有效居留证件），婚姻状况证明文件。

(3) 家庭稳定经济收入证明及其他对还款能力有影响的债权债务证明。

(4) 购买住房的合同、协议等有效证明文件。

(5) 用于担保的抵押物、质物清单、权属证明以及有处置权人同意抵押、质押的证明，有关部门出具的抵押物估价证明。

(四) 申请人的贷款额度

目前我国大部分城市都规定了单笔住房公积金贷款的最高额度，比如成都市个人单笔住房公积金贷款最高额度为 40 万元；广州市个人单笔住房公积金贷款最高额度为 50 万元；北京市个人单笔住房公积金贷款最高额度是 80 万，如果评级评到 3A 级别，最高可以到 80 万元×(1+30%)=104 万元，2A 评级可以贷款 92 万；温州市个人单笔住房公积金贷款最高额度为 80 万元。

(1) 温州市自 2015 年 4 月 1 日起，以申请时的缴存余额计算贷款额度不再含已提取金额。计算后低于温州市住房公积金管理委员会确定的各行政区域的个人住房公积金贷款最低额度的，按温州市住房公积金管理委员会确定的各行政区域的个人住房公积金贷款最低额度确定本项贷款额度。

(2) 购买家庭首套自住住房建筑面积在 90 平方米（含）以下的，住房公积金贷款最高比例不得超过所购房屋总价的 80%，建筑面积在 90 平方米以上的，贷款最高比例不得超过所购房屋总价的 70%；建造、翻建、大修家庭首套自住住房的，住房公积金贷款最高比例不得超过建造、翻建、大修自住住房的建筑工程结算费用总额的 70%；房龄 30 年（不含 30 年）以上或房屋结构为木结构或砖木结构的，贷款最高比例不得超过所购房屋总价的 50%。

(3) 购买或建造、翻建、大修自住住房属第二套住房，且职工家庭现有住房人均建筑面积低于全市或当地（县、市）上年平均水平的，贷款最高比例不得超过房屋总价的 40%。

(4) 以借款人以及配偶缴存住房公积金的月工资收入的 55%的还贷比例并按等额本息还款方式计算月还款额，从而计算贷款额度。计算后低于温州市住房公积金管理委员会确定的各行政区域的个人住房公积金贷款最低额度的，按温州市住房公积金管理委员会确定的各行政区域的个人住房公积金贷款最低额度确定本项贷款额度。如按温州市住房公积金管理委员会确定的贷款最低额度申请贷款以及使用贷款附加额政策的不受月工资收入最高还款比例的限制。

(五)住房公积金的提取

1. 住房公积金的提取条件

住房公积金的提取必须符合一定的条件，符合以下情形之一的可以提取职工住房公积金账户内的存储余额：

(1) 购买、建造、翻建、大修具有所有权的自住住房的；

(2) 离休、退休的；

(3) 完全丧失劳动能力并且与所在单位终止劳动关系的；

(4) 出境定居的；

(5) 偿还购房贷款本息的；

(6) 房租超出家庭工资收入的规定比例的。

2. 住房公积金提取所需的材料

职工提取住房公积金，需携带以下资料到管理机构办理住房公积金提取：

(1)《××市住房公积金提取申请表》；

(2) 职工本人身份证。

除上述材料外，按不同提取情形，还需分别提供以下相关资料。

(1) 购买、建造、翻建、大修自住住房的提取

① 购买商品住房的，提供商品房买卖合同（需先经备案登记）和各期购房款的收款收据。如已开具正式发票的，提供销售不动产专用发票（如专用发票原件已被产权登记发证部门收取的，可提供专用发票复印件和契税证原件）。

② 购买二手住房的，提供房屋买卖合同及税务部门开具的销售不动产专用发票或契税证。

③ 购买公有住房的，提供公有住房买卖合同和公有住房出售收入专用票据，以及公有旧公房出售分户审批表的复印件。

④ 购买经济适用住房的，提供经济适用住房销售合同和各期购房款的收款收据。如已开具正式发票的，提供销售不动产专用发票（如专用发票原件已被产权登记发证部门收取的，可提供专用发票复印件和契税证原件）。

⑤ 购买拆迁安置住房的，提供房屋拆迁协议书和各期购房款的收款收据。如已开具正式发票的，提供销售不动产专用发票（如专用发票原件已被产权登记发证部门收取的，可提供专用发票复印件和契税证原件）。

⑥ 建造自住住房的，提供乡镇或城镇用地许可证、建设工程规划许可证、建筑工程施工许可证以及建房所需费用的预算或报告。

⑦ 翻建自住住房的，提供房屋所有权证、土地使用权证、建设工程规划许可证、建筑工程施工许可证以及翻建房屋所需费用的预算或报告。

⑧ 大修自住住房的，提供房屋所有权证和房屋安全鉴定主管部门关于应该大修的鉴定报告书，以及大修房屋所需费用的预算或报告。

(2) 偿还因购买、建造、翻建、大修自住普通住房而引起住房消费贷款的提取。

① 提前偿还部分或全部住房消费贷款的提取。提前偿还个人住房公积金贷款的，提供提前还款单或提前还款证明书。

提前偿还商业银行的住房消费贷款的，提供住房消费借款合同和提前还贷结清凭证，以及按前述规定的购买、建造、翻建、大修自住普通住房的相关证明资料。

② 按期偿还住房消费贷款的提取。偿还个人住房公积金贷款的，提供贷款本息偿还证明。

偿还商业银行的住房商业贷款的，提供住房消费借款合同和贷款本息偿还凭证，以及按前述规定的购买、建造、翻建、大修自住普通住房的相关证明资料。

(3) 无房而租赁住房，自住支付房租的，提供经房屋租赁备案登记后的房屋租赁合同和租金收款收据，并提供户口簿、结婚证和家庭成员身份证。未婚的，还需提供未婚证明。

(4) 离休、退休的，提供离休、退休批准文件，或提供离休、退休证。

(5) 完全丧失劳动能力与所在单位终止劳动关系的，提供劳动能力鉴定主管部门出具的丧失劳动能力鉴定证明文件和与所在单位解除、终止劳动合同证明书。

(6) 基本丧失劳动能力且与所在单位终止劳动关系未再就业的，提供劳动能力鉴定主管部门出具的大部分或部分丧失劳动能力鉴定证明文件和与单位解除、终止劳动合同证明以及失业证。

(7) 与所在单位终止劳动关系后未重新就业满五年的，提供与单位解除、终止劳动合同证明书以及失业证。

(8) 与所在单位终止劳动关系后连续失业两年以上且家庭生活严重困难的，提供与所在单位解除、终止劳动合同证明、失业证以及经职工所在居委会和街道办事处审核后的家庭生活严重困难的报告。

(9) 出国、出境定居的，提供出国、出境定居的出境卡或签有定居内容的护照，以及经公安部门认可的翻译机构翻译的中文翻译件。

(10) 非本市、县城镇常住户口的进城务工人员与所在单位终止劳动关系，不再在本市、县重新就业的，提供非本市、县城镇常住户口证明和与所在单位解除、终止劳动合同证明。

(11) 户口迁出本市、县，迁入地未建立住房公积金制度的，提供公安部门户口准迁证明或已注明迁出户口的户口簿。

(12) 职工死亡或者被宣告死亡的，提供职工死亡或被宣告死亡的证明和证明提取人是死亡职工的法定继承人或受遗赠人的证明。

(13) 享受城镇居民最低生活保障或特困职工待遇的，提供城镇居民最低生活保障证或特困职工证。

四、商业贷款转公积金贷款

申请商业贷款转公积金贷款的，借款人应同时具备下列 7 个条件：

(1) 符合所在城市住房公积金贷款申请条件；

(2) 借款人必须是原住房贷款的借款人或配偶（需为买受人）；

(3) 原住房商业贷款未结清且银行同意借款人提前结清贷款；

(4) 原住房商业贷款还款一年（含）以上、信用记录良好且无逾期贷款余额；

(5) 所购房产已取得当地房地产登记部门出具的房屋所有权证；

(6) 所购房产可以设定抵押权的住房商业贷款可以转公积金贷款；

(7) 未申请过住房公积金贷款的。

第二节 房地产贷款相关计算

一、房地产贷款计算的相关概念

(1) 首付款。首付款也称头款，是指购买住房时的首次付款金额。

（2）首付款比例。首付款比例是指首付款占所购住房总价的比例（%）。一般有最低首付款比例的规定。如果最低首付款比例为20%，则一套总价为25万元的住房，购房人的首付款最少应为5万元。

（3）贷款金额。贷款金额简称贷款额，是指借款人向贷款人借款的数额。在个人住房贷款中，需要借款的数额一般为所购住房总价减去首付款后的余额。

（4）贷款价值比。也称贷款与价值比率，是指房地产抵押贷款中贷款金额占抵押房地产价值的比率。

当抵押房地产为再次抵押的，贷款比例应为贷款金额占该房地产的价值扣除其已担保债权后的余额的比率。一般有最高贷款价值比的规定。如贷款金额最高不得超过抵押房地产价值的70%。

（5）贷款期限。贷款期限是指借款人应还清全部贷款本息的期限。贷款期限由贷款人和借款人根据实际情况商定，但一般有最长贷款期限的规定，如个人住房贷款期限最长为30年。在个人住房贷款中，贷款人可能根据住房的使用年限（寿命）、借款人的年龄等，对贷款期限做出限制。例如，住房的寿命越短，贷款期限会越短；借款人的年龄越大，贷款期限会越短。

（6）贷款利率。贷款利率是指借款合同中所规定的贷款利率，包括固定利率和浮动利率。

（7）贷款额度。贷款额度称贷款限额。贷款人一般会用不同的指标，对借款人的贷款金额做出限制性规定，例如：①贷款金额不得超过某一最高金额；②贷款金额不得超过按照最高贷款比例计算出的金额；③贷款金额不得超过按照最高偿还比例计算出的金额。当借款人的申请金额不超过以上所有限额时，以申请金额作为贷款金额；当申请金额超过以上任一限额时，以其中的最低限额作为贷款金额。

二、贷款计算

1. 等额本息还款方式及计算

这种还款方式适合于预期收入在未来整个贷款期间比较稳定的借款人，具体又有贷款利率不变的等额本息还款方式和贷款利率变动的等额本息还款方式。

（1）贷款利率不变的等额本息还款方式的还款额计算。这种还款方式是在整个贷款期限内以固定月利率和固定月还款额按月偿还贷款本息。月还款额等于以贷款金额为现值计算的年金，计算公式为：

$$A=P\frac{i(1+i)^n}{(1+i)^n-1}$$

式中，A 为月还款额；P 为贷款金额；i 为贷款月利率；n 为按月计算的贷款期限。

【例1】某人商业性贷款30万元，贷款期为20年，则每月等额还本付息额为多少？（年利率为5.508%）

$$月利率=5.508\%\div12=4.59‰$$

$$还款期数=20\times12=240(月)$$

代入公式得：

$$月还款额=300000\times\frac{0.459\%\times(1+0.459\%)^{240}}{(1+0.459\%)^{240}-1}=2064.9(元)$$

即借款人每月向银行还款2064.9元，20年后，30万元的借款本息全部还清。

（2）贷款利率变动的等额本息还款方式的还款额计算。现实中的利率并不是一成不变的。如果利率发生了变化，贷款人和借款人都会在不同的情况下要求调整贷款利率。贷款利率变动的等额本息还款方式的基本计算程序是：①按照借款合同约定的初始利率和贷款期限，用贷款利率不变的等额本息还款公式计算月还款额；②到第一个利率调整周期，根据约定的利率指标确定新的贷款利率、贷款余额、剩余贷款期限，再用贷款利率不变的等额本息还款公式计算新的月还款额；③以后各个利率调整周期均按上述方法计算月还款额。

2. 等额本金还款方式及计算

这种还款方式的每期还款额是递减的，适合于预期收入可能逐渐减少的借款人。具体如按月偿还，其每月应归还的本金等于贷款金额（本金）除以按月计算的贷款期限，而月还款额为：

$$A_t=\frac{P}{n}+\left[P-\frac{P}{n}(t-1)\right]i$$

式中，A_t 为第 t 月的还款额；P 为贷款金额；n 为按月计算的贷款期限；i 为月利率。

等额本金还款方式下的贷款余额为：

$$P_m=P(n-m)$$

式中，P_m 为贷款余额；m 为按月计算的已偿还期。

等额本金还款方式下的月还款额累加为：

$$A=P\left(1+i\ \frac{n+1}{2}\right)$$

等额本金还款方式下的利息总额为：

$$I=Pi\ \frac{n+1}{2}$$

式中，I 为利息总额。

【例 2】商业性贷款 30 万元，贷款期 20 年，采用等额本金偿还法，则月还款额为多少？($i=5.508\%$)

月利率＝5.508％÷12＝4.59‰

还款期数＝20×12＝240（月）

每月偿还本金＝300000÷20÷12＝1250（元）

第 1 个月应偿还利息＝300000×4.59‰＝1377（元）

第 2 个月应偿还利息＝（300000－1250）×4.59‰＝1371.2625（元）

第 3 个月应偿还利息＝（300000－1250×2）×4.59‰＝1265.525（元）

……

第 240 个月应偿还利息＝（300000－1250×239）×4.59‰＝5.7375（元）

第 1 个月偿还本息＝1250＋1377＝2627（元）

第 2 个月偿还本息＝1250＋1371.2625＝2621.2625（元）

第 3 个月偿还本息＝1250＋1265.525＝2515.525（元）

……

第 240 个月偿还本息＝1250＋5.7375＝1255.7375（元）

等额本金还款法随着本金不断归还，后期未归还本金的利息越来越少，每期的还款额逐渐减少。

第三节　房地产抵押

房地产抵押权设立登记是指根据抵押当事人申请，登记机构依法将抵押权设立的事项在登记簿上予以记载的行为。我国《物权法》第一百八十七条规定："以本法第一百八十条第一款第一项至第三项规定的财产或者第五项规定的正在建造的建筑物抵押的，应当办理抵押登记。抵押权自登记时设立。"因此，登记是抵押权设立的前提，未经登记，抵押权不成立，抵押权登记后，债务人到期不履行债务，债权人可依法行使抵押权。

动产交付与不动产登记是我国物权公示的主要方法，由于房屋抵押权具有不转移房屋占有的特征，抵押人可以就抵押财产行使占有、收益和处分的权利，这样虽然充分发挥了物的效用，同时也增大了交易风险。因此，登记作为房地产抵押权成立的公示方法具有十分重要的意义，通过登记，将抵押权的设立、转移、变更和消灭的情况向社会公开，让公众知晓房地产抵押权状况，从而起到保护交易安全，维护正常的市场秩序和金融秩序的作用。

大陆法系国家对抵押权基本采用登记作为公示方法，但登记的效力主要存在两种不同的立法体例。以法国、日本为代表的国家采用登记对抗方式，即抵押权是因当事人合意而生效，登记并非是抵押权成立或生效的要件，登记使抵押权产生对抗效力，其意义在于对同一标的物上的抵押权优先受偿顺序，登记无公信力。以德国、瑞士和我国台湾地区为代表的国家和地区采用登记生效方式，即除了抵押当事人双方合意外，抵押权必须办理登记，不经登记，不发生法律效力，登记具有公信力。

我国《物权法》规定："不动产物权设立、变更、转让和消灭，经依法登记发生效力。"很显然，我国对不动产物权采用的是登记生效方式。同时，《物权法》第二十四条规定："船舶、航空器和机动车等物权的设立、变更、转让和消灭，未经登记，不得对抗善意第三人。"第一百八十八条规定："以本法第一百八十条第一款第四、第六项规定的财产或者第五项规定的正在建造的船舶、航空器抵押的，抵押权自合同设立时生效，未经登记，不得对抗善意第三人。"很显然，对上述动产财产采用的是登记对抗的方式。因此，我国对抵押权公示效力采用的是登记生效和登记对抗相结合的方式，对不动产采用登记生效方式，对动产和其他财产采用登记对抗方式。

办理抵押权登记，使抵押权人获得对抵押物的追及效力，能使抵押权人的权利得到最大限度的保障，相应的抵押人的权利会受到极大的限制，对此，法律也做出了相应的规定，《物权法》第一百九十条规定："订立抵押合同前抵押财产已出租的，原租赁关系不受该抵押权的影响。抵押权设立后抵押财产出租的，该租赁关系不得对抗已登记的抵押权。"也就是说，对出租在前的抵押财产，应遵循"不破租赁"的规则，租赁受保护，如果将已办理了抵押登记财产出租，该租赁关系不得对抗已登记的抵押权，也不得妨碍抵押权的实现，不适用"不破租赁"规则。

《物权法》第一百九十一条规定："抵押期间，抵押人经抵押权人同意转让抵押财产的，应当将转让所得的价款向抵押权人提前清偿债务或者提存。转让的价款超过债权数额的部分归抵押人所有，不足部分由债务人清偿。抵押期间，抵押人未经抵押权人同意，不得转让抵押财产，但受让人代为清偿债务消灭抵押权除外。"

《物权法》第一百九十三条还规定："抵押人的行为足以使抵押财产价值减少的，抵押权人有权要求抵押人停止其行为。抵押财产价值减少的，抵押权人有权要求恢复抵押财产的价值，或者提供与减少的价值相应的担保。抵押人不恢复抵押财产的价值也不提供担保的，抵押权人有权要求债务人提前清偿债务。"

一、房地产抵押权设立

《抵押管理办法》第三十条规定："房地产抵押合同订立之日起 30 日内，抵押当事人应当到房地产所在地的房地产管理部门办理房地产抵押登记。"《权属登记管理办法》第十九条规定："设立房屋抵押权、典权等他项权利的，权利人应当自事实发生之日起 30 日内申请他项权利登记。"这两条规定基本一致，即要求当事人有事实发生应申请登记，而且还限定 30 日内办理登记。如果 30 日内不申请登记，这两个办法都无相应的规定，有的城市规定了罚款，也有的城市规定了加收逾期登记费（应属处罚性质）。因此，上述规定都带有一定的行政管理色彩，有违当事人自愿原则。从世界各国登记制度的规定看，多数国家都采用当事人自愿申请登记原则，不强制要求当事人必须办理登记，法律规定不登记则不发生物权效力或对抗效力，只有我国台湾地区的土地法规定了总登记和变更登记逾期罚款登记费的规定。本条规定按照《物权法》的相关原则，充分尊重当事人意愿，是否申请登记是当事人的权利，登记机构也不干涉，不申请登记，不能取得抵押权，不产生物权效力，也是因当事人自愿，与登记机构无关。客观来说，不强制要求登记，但几乎所有的当事人都会采取申请登记来保障自己的权利。

《城市房地产抵押管理办法》规定，下列房地产不得设定抵押：

（1）权属有争议的房地产；

（2）用于教育、医疗、市政等公共福利事业的房地产；

（3）列入文物保护的建筑物和有重要纪念意义的其他建筑物；

（4）已依法公告列入拆迁范围的房地产；

（5）被依法查封、扣押、监管或者以其他形式限制的房地产；

（6）依法不得抵押的其他房地产。

二、房地产抵押程序和申请材料

房地产抵押合同自签订之日起 30 日内，抵押当事人应当到房地产所在地的房地产管理部门办理房地产抵押登记。房地产抵押合同自抵押登记之日起生效。登记机构办理抵押登记的流程如下。

1. 申请

申请是当事人提出办理抵押登记的意思表示。申请必须采用书面的形式，申请书可以由本人制作，也可以使用登记机构制作的统一申请书，申请人应在申请书上注明申请事项并签字确认。全国大多数城市的登记机构都制作了统一的申请书，申请人只需选择内容填入申请书并签字即可。

办理房地产抵押登记，应当向登记机关交验以下文件：

（1）抵押当事人的身份证明或法人资格证明材料；

（2）抵押登记申请书；

（3）抵押合同；

（4）《国有土地使用证》《房屋所有权证》或《房地产权证》，共有的房屋还必须提交《房屋共有权证》和其他共有人同意抵押的证明；

（5）可以证明抵押人有权设定抵押权的文件和证明材料；

（6）可以证明抵押房地产价值的资料；

（7）登记机关认为必要的其他文件。

2. 受理

登记机构主要审查以下事项。

（1）核实房屋所有权信息，包括房屋所有权证记载信息是否与登记簿记载信息一致等，房屋所有权证的真伪等。

（2）查验资料是否齐全，要件是否齐备。应对提交要件进行查验，包括是否符合法定形式、是否齐全，要件与要件之间、要件证明事项与申请登记事项之间逻辑关系是否一致等。

(3) 核对当事人身份状况。登记机构应对当事人身份状况与登记簿记载的所有权人信息是否一致进行查验，核对申请人身份证明是否与本人一致，如为委托需提供相应的委托证明，法人需提供法人授权委托书。

(4) 询问当事人并制作询问笔录。登记机构可根据不同的申请事项制作不同的询问笔录，可以在申请书中罗列询问内容，也可以单独制作独立的询问笔录，询问笔录最后应由申请人签字确认，并归档保存。

(5) 对符合登记条件的予以受理。有条件的登记机构可以将相关信息通过拍照、扫描、录入等方式存档，无条件的登记机构则将相关书面的原始记录存档。

3. 审核

再次对房屋所有权状况、证书的真伪、证书记载事项是否与登记簿记载一致以及权属是否清楚、材料是否齐全等进行审核，即申请人与依法提交的材料记载的主体是否一致，申请登记的房屋与房屋登记簿记载是否一致，申请登记的内容是否与有关材料证明的事实一致，申请登记的事项是否与登记簿记载的房屋权利不冲突等。

登记机关应当对申请人的申请进行审核。凡权属清楚、证明材料齐全的，应当在受理之日起 15 日内做出是否准予登记的书面答复。

4. 载入登记簿

登记人员对拟登记事项确认无误以后，应将房屋抵押权登记事项准确、完整地载入登记簿。

5. 发证

按照登记簿记载事项缮写房屋他项权证书或证明。证书记载事项应与登记簿记载一致。以依法取得的房屋所有权证书的房地产抵押的，登记机关应当在原《房屋所有权证》上作他项权利的记载后，由抵押人收执，并向抵押权人颁发《房屋他项权证》。

以预售商品房或者在建工程抵押的，登记机关应当在抵押合同上做记载。抵押的房地产在抵押期间竣工的，当事人应当在抵押人领取房地产权属证书后，重新办理房地产抵押登记。

6. 登记的变更与注销

抵押合同发生变更或者抵押关系终止时，抵押当事人应当在变更或者终止之日起 15 日内，到原登记机关办理变更或者注销抵押登记。

因依法处分抵押房地产而取得土地使用权和土地建筑物、其他附着物所有权的，抵押当事人应当自处分行为生效之日起 30 日内，到县级以上地方人民政府房地产管理部门申请房产变更登记，并凭变更后的房屋所有权证书向同级人民政府土地管理部门申请土地使用权变更登记。

第四节 房地产贷款代办

一、制定合理的贷款方案

以房地产抵押作为取得金融机构贷款的担保，是房地产交易活动中通行的做法。贷款的办理属于买卖合同签订以后买方的义务，但由于许多客户不了解办理贷款的流程或不愿花费精力亲自办理，宁愿委托房地产经纪机构代为办理，房地产经纪机构也可因提供此类服务而收取一定的费用。但是必须注意，贷款能否成功经过银行批准主要取决于客户的资信，房地产经纪机构不对贷款申请的结果承担担保责任。同时，房地产经纪机构为客户办理抵押贷款手续所提供的服务应根据经纪方式的不同而有所区别。在采用居间方式的经纪业务中，房地产经纪机构仅为客户在申办贷款过程中提供咨询、协助准备资料、代为递交资料等服务，在采用代理方式的经纪业务中，经纪机构可代办这一环节中的大部分事务。

房地产经纪人员在为购房者进行个人住房贷款代办服务时，一般需要协助购房者制定合理的贷款方案，贷款方案主要由以下要素组成：①贷款类型（商业性贷款、住房公积金贷款，组合贷款）；②贷款比例（贷款金额占房地产价值的比率）；③贷款金额；④贷款期限；⑤偿还比例（又称收入还贷比，指借款人分期偿还额占其同期收入的比率）；⑥贷款偿还方式（等额本息还款法或等额本金还款法）。

房地产经纪人员在帮助客户制定贷款方案时，应充分考虑客户的储蓄、收入水平、家庭开支以及家庭理财状况，进行综合考虑。如不同的还款方式，对借款人借款后的现金流要求是不同的。采用等额本息还款法时，各期还款压力是一样的；采用等额本金还款法时，借款初期的还款压力较大，以后依次递减。如对于年轻的借款人而言，往往购房时支出项目较多，而未来的收入则通常会随着年龄的增大和职位的提升而逐渐增加，因此选用等额本息还款法可减轻当前的压力，将来一旦收入增长较多，还可提前还款以减少利息支付。但对于临近退休年龄的借款人而言，购房时的收入水平可能已是一生收入水平的高峰阶段，今后会趋向减少，对他们而言，等额本金还款法更为适宜。事实上，由于买房实质是一项重大的家庭投资活动，房地产经纪人员如能从家庭理财的角度给予客户合理的建议，会大大提高房地产经纪服务的附加值。

贷款方案制定后，房地产经纪人员应协助客户向相关银行提出贷款申请，得到银行批准后，协助客户与银行签订贷款合同，然后协助或代理客户到标的房地产所在区的房地产登记机构办理产权转移登记和抵押登记。

二、个人住房贷款手续代办和收费

根据中国人民银行规定：购房人以房地产作抵押的，抵押人和抵押权人应当签订书面抵押合同，并于放款前向县级以上地方人民政府规定的部门办理抵押登记手续。

抵押合同生效后，借款人应直接向贷款人提出借款申请，并提供以下资料：

（1）身份证件（指居民身份证、户口本和其他有效居留证件）；

（2）有关借款人家庭稳定的经济收入的证明；

（3）符合规定的购买住房合同意向书、协议或其他批准文件；

（4）抵押物权属证明以及有处分权人同意抵押或质押的证明；

（5）抵押物价值证明（如估价报告）；

（6）保证人同意提供担保的书面文件和保证人资信证明；

（7）申请住房公积金贷款的，需持有住房公积金管理部门出具的证明；

（8）贷款人要求提供的其他文件或资料。

贷款人自收到借款申请及符合要求的资料之日起，审核后在三周内向借款人正式答复。

第十章 10

房地产登记与产权过户

房地产登记是维护房地产交易安全、保护权利人合法权益的重要制度，是国家为健全法制，加强城镇房地产管理，依法确认房地产产权的法律手续。城市房地产权属都必须向房地产所在地的房地产管理机关申请登记。产权登记是房地产管理的行政手段，只有通过产权登记，才能对各类房地产权属实施有效的管理。房地产经纪人应当了解房地产登记知识。本章主要介绍房地产登记相关规定、房地产登记查询以及房地产产权过户等内容。

第一节 房地产登记相关规定

房地产登记时要对权利人、权利性质、权属来源、取得时间、产权变化情况和房地产面积、结构、用途、价值、等级、坐落、坐标、形状等进行记载。房地产登记可以起到明确房地产边界、面积，明确房地产权利人，明确房地产产权状况三方面的作用。

在我国现行的登记体制下，房地产登记包括工地登记和房屋登记。其中房屋登记的概念，可以从行为主体、行为内容、行为对象、行为结果四方面来认识。

首先，房屋登记是房屋登记机构依法进行的行为，即房屋登记的行为主体是房屋登记机构。根据《房屋登记办法》第四条的规定，房屋登记机构是指直辖市、市、县人民政府建设（房地产）主管部门或者其设置的负责房屋登记工作的机构。

其次，房屋登记是一种记载行为，即行为内容是记载行为。对于房屋登记的行为内容存在不少争议，笔者认为，登记的本质就是将应当登记的物权设立、转移、变更和消灭等变动情况和其他事项登录、记载于房屋登记簿上，以备公众查阅的行为，因此房屋登记的行为内容就是将行为对象予以记载。

再次，房屋登记的对象是房屋权利和其他应当记载的事项。这里所称房屋与《城市房地产管理法》第五条规定的“房屋”范围一致，指土地上的房屋等建筑物及构筑物，即广义的房屋概念。房屋权利比较好理解，根据《物权法》的规定，在房屋物权设立、变更、转让和消灭的情形，所登记的房屋物权包括房屋的所有权、担保物权和用益物权。担保物权在这里即是指房屋抵押权，而用益物权则是指地役权。对于其他应当记载的事项是否是房屋登记行为的对象，在立法过程中存在争议。笔者认为，虽然《物权法》规定了房屋物权的设立、变更、转让和消灭经依法登记发生效力，但是并没有规定房屋登记仅能就上述事项进行记载。比如《物权法》规定的预告登记、异议登记等登记类型，这些登记类型不是物权变动的状况，预告登记是为了保障将来实现物权，而异议登记的内容则是对登记簿记载事项的异议。因此，房屋登记记载的对象不能仅限于房屋权利，也应该包括其他应当记载的事项。

最后，房屋登记是在房屋登记簿上予以记载的行为，即登记行为的结果是将登记内容记载于房屋登记簿。房屋登记以登记机构将有关登记事项记载于房屋登记簿作为登记完成的标志。房屋登记簿是法律规定的证明物权状况的重要根据，在将登记事项记载于登记簿以后，登记机构应当向登记申请人发放权属证书或者登记证明。但是，根据《权属登记管理办法》的规定，即使申请人未领取权属证书或者登记证明，并不影响房屋登记行为的完成。

房屋登记机构将房屋权利状况和应当记载的其他事项记载于登记簿的房屋登记行为，是一种物权公示方法。房屋登记的目的在于将房屋权利状况对外公开，保证房屋交易的安全和便捷。房屋登记由申请人提出申请来启动，通过登记簿将物权现状、变动等情况向社会公开，不是用行政权力对物权的实际状况进行确权。

《城市房地产管理法》第五十九条规定："国家实行土地使用权和房屋所有权登记发证制度。"从此可以看出，我国的房地产权属登记包括两种类型，即土地使用权登记和房屋所有权登记。也就是说，一宗房地产要办理两个产权证书：一个是国有土地使用权证书；另一个是房屋所有权证书。这是与我国现阶段土地和房屋分开管理的行政管理体制相适应的。但基于房屋和土地的不可分割性，我国的大部分城市已开始实行"两证合一"的制度，即不动产权属登记，以简化手续，节约交易和公示成本。

一、房地产登记的种类

房地产登记包括土地登记和房屋登记。土地登记包括土地总登记、土地初始登记、土地变更登记、土地注销登记、土地其他登记。房屋登记包括房屋所有权登记、房屋抵押权登记、地役权登记、房屋预告登记、房屋其他登记。

1. 土地登记的种类

根据国土资源部颁布的《土地登记办法》，土地登记分为以下几类。

（1）土地总登记。土地总登记是指在一定时间内对辖区内全部土地或者特定区域内土地进行的全面登记。土地总登记应当发布通告。对符合总登记要求的宗地，由国土资源行政主管部门予以公告。公告期满，当事人对土地总登记审核结果无异议或者异议不成立的，由国土资源行政主管部门报经人民政府批准后办理登记。

（2）土地初始登记。土地初始登记是指土地总登记之外对设立的土地权利进行的登记。

依法以划拨方式取得国有建设用地使用权的，当事人应当持县级以上人民政府的批准用地文件和国有土地划拨决定书等相关证明材料，申请划拨国有建设用地使用权初始登记。新开工的大中型建设项目使用划拨国有土地的，还应当提供建设项目竣工验收报告。依法以出让方式取得国有建设用地使用权的，当事人应当在付清全部国有土地出让价款后，持国有建设用地使用权出让合同和土地出让价款缴纳凭证等相关证明材料，申请出让国有建设用地使用权初始登记。划拨国有建设用地使用权已依法转为出让国有建设用地使用权的，当事人应当持原国有土地使用证、出让合同及土地出让价款缴纳凭证等相关证明材料，申请出让国有建设用地使用权初始登记。

依法以国有土地租赁方式取得国有建设用地使用权的，当事人应当持租赁合同和土地租金缴纳凭证等相关证明材料，申请租赁国有建设用地使用权初始登记。依法以国有土地使用权作价出资或者入股方式取得国有建设用地使用权的，当事人应当持原国有土地使用证、土地使用权出资或者入股批准文件和其他相关证明材料，申请作价出资或者入股国有建设用地使用权初始登记。以国家授权经营方式取得国有建设用地使用权的，当事人应当持原国有土地使用证、土地资产处置批准文件和其他相关证明材料，申请授权经营国有建设用地使用权初始登记。

农民集体土地所有权人应当持集体土地所有权证明材料，申请集体土地所有权初始登记。依法使用本集体土地进行建设的，当事人应当持有批准权的人民政府的批准用地文件，申请集体建设用地使用权初始登记。集体土地所有权人依法以集体建设用地使用权入股、联营等形式兴办企业的，当事人应当持有批准权的人民政府的批准文件和相关合同，申请集体建设用地使用权初始登记。依法使用本集体土地进行农业生产的，当事人应当持农用地使用合同，申请集体农用地使用权初始登记。

依法抵押土地使用权的，抵押权人和抵押人应当持土地权利证书、主债权债务合同、抵押合同以及相关证明材料，申请土地使用权抵押登记。同一宗地多次抵押的，以抵押登记申请先后为序办理抵押登记。符合抵押登记条件的，国土资源行政主管部门应当将抵押合同约定的有关事项在土地登记簿和土地权利证书上加以记载，并向抵押权人颁发土地他项权利证明。申请登记的抵押为最高额抵押的，应当记载所担保的最高债权额、最高额抵押的期间等内容。

在土地上设定地役权后，当事人申请地役权登记的，供役地权利人和需役地权利人应当向国土资源行政主管部门提交土地权利证明和地役权合同等相关证明材料。符合地役权登记条件的，国土资源行政主管部门应当将地役权合同约定的有关事项分别记载于供役地和需役地的土地登记簿及土地权利证明，并将地役权合同保存于供役地和需役地的宗地档案中。供役地、需役地分属不同国土资源行政主管部门管辖的，当事人可以向负责供役地登记的国土资源行政主管部门申请地役权登记。负责供役地登记的国土资源行政主管部门完成登记后，应当通知负责需役地登记的国土资源行政主管部门，由其记载于需役地的土地登记簿。

（3）土地变更登记。土地变更登记是指因土地权利人发生改变，或者因土地权利人姓名或者名称、地址和土地用途等内容发生变更而进行的登记。申请土地变更登记的情形有：国有建设用地使用权转让；因处分抵押财产而取得土地使用权；因人民法院、仲裁机构生效的法律文书或者因继承、受遗赠取得土地使用权，土地权利人姓名或名称、地址发生变化；土地的用途发生变更。

（4）土地注销登记。土地注销登记是指因土地权利的消灭等而进行的登记。申请土地注销登记的情形有：依法收回国有土地的；依法征收农民集体土地的；因人民法院、仲裁机构的生效法律文书致使原土地权利消灭的；当事人未办理注销登记的；因自然灾害等原因造成土地权利消灭的；非住宅国有建设用地使用权期限届满，国有建设用地使用权人未申请续期或者申请续期未获批准的。已经登记的土地抵押权、地役权终止。当事人未按国土资源部《土地登记办法》的规定申请注销登记的，国土资源行政主管部门应当责令当事人限期办理；逾期不办理的，进行注销公告，公告期满后可直接办理注销登记。土地抵押期限届满，当事人未申请土地使用权抵押注销登记的，除设定抵押权的土地使用权期限届满外，国土资源行政主管部门不得直接注销土地使用权抵押登记。

土地登记注销后，土地权利证明应当收回；确实无法收回的，应当在土地登记簿上注明，并经公告后废止。

（5）土地其他登记。土地其他登记是指除上述土地登记类型以外的，更正登记、异议登记、预告登记和查封登记等土地登记。

2. 房屋登记的种类

房屋总登记是一种针对所有房屋产权的普遍性登记，在登记时，无论房屋状况、权属状况有无变化，房屋产权人均有义务依法向登记机关申请登记。

房屋初始登记是指新建房屋者向登记机关申请房屋所有权的登记。在房屋竣工以后90日内，由开发商向登记机关申报，经过房屋土地管理部门的审核，确认某一房地产的所有权、使用权的隶属关系和他项权利。通过确权以后，开发商取得《房屋所有权证》（大产权证）。这个过程只能由开发商来办，开发商不进行初始登记，应该承担违约责任。

房屋设立登记是原权利人设立的结果，所以他物权登记，称为设立登记。

房屋转移登记是指在总登记后，房屋所有权因买卖、赠与、交换、转让等法律行为而变更时进行的登记。

房屋变更登记是指房屋在进行总登记以后，发生了翻建、扩建、拆除等变化而进行的登记。

房屋注销登记是指房产权利因抛弃、灭失、土地使用年限届满、他项权利终止等，权利人申请房产登记机关作出原登记权利不复存在的登记。

需要注意的是，城市房屋买卖过程中，一定要充分注意，占有房屋不代表取得了房屋所有权，还需要办理房屋产权登记。

二、房屋登记机构及其职责

1. 房屋登记机构

《城市房地产管理法》规定："由县级以上人民政府房产管理部门核实并颁发房屋所有权证书"。国务院1994年《关于深化城镇住房制度改革的决定》中规定："职工购买住房，要到房产管理部门办理住房过户和产权转移登记手续，同时要办理相应的土地使用权变更登记手续，并领取统一制定的产权证书"。2000年，国务院法制办对原建设部《关于请求解释〈城市房地产管理法〉中房产管理部门的函》的复函中明确了核发房屋所有权证书的部门，是指县级以上地方人民政府行使房产行政管理职能的部门。《房屋登记办法》规定，房屋登记机构是指直辖市、市、县人民政府建设（房地产）主管部门或者其设置的负责房屋登记工作的机构。依据上述法律、法规的规定，直辖市、市、县人民政府建设（房地产）主管部门或者其设置的负责房屋登记工作的机构是法定的房屋登记和发证机关，其他部门登记和发放的房屋所有权证书，不具有法律效力，不受国家法律的保护。

2. 房屋登记机构的职责

《物权法》中规定房屋登记机构应当履行下列职责：

（1）查验申请人提供的权属证明和其他必要材料；

（2）就有关登记事项询问申请人；

（3）如实、及时登记有关事项；

（4）法律、行政法规规定的其他职责。

申请登记的不动产的有关情况需要进一步证明的，房屋登记机构可以要求申请人补充材料，必要时可以实地查看。

房屋登记机构不得有下列行为：①要求对不动产进行评估；②以年检等名义进行重复登记；③超出登记职责范围的其他行为。

根据《房屋登记办法》，房屋登记机构有以下职责。

（1）房屋登记机构应当建立本行政区域内统一的房屋登记簿，并管理房屋登记簿。

（2）房屋登记机构应当确定申请房屋登记需要提交的材料，并将申请登记材料目录公示。

（3）房屋登记机构应当查验申请登记材料，并根据不同登记申请就申请登记事项是否是申请人的真实意思表示、申请登记房屋是否为共有房屋、房屋登记簿记载的权利人是否同意更正，以及申请登记材料中需进一步明确的其他有关事项询问申请人。询问结果应当经申请人签字确认，并归档保留。房屋登记机构认为申请登记房屋的有关情况需要进一步证明的，可以要求申请人补充材料。

（4）房屋登记机构应当根据房屋登记簿的记载，缮写并向权利人发放房屋权属证书。

（5）房屋登记机构应当将房屋登记资料及时归档并妥善管理。申请查询、复制房屋登记资料的，应当按照规定的权限和程序办理。

（6）房屋登记机构按照申请人的申请，办理房屋所有权登记、地役权登记、预告登记和其他登记。

三、房屋登记范围

《物权法》和《城市房地产管理法》，特别是《城乡规划法》的颁布实施，对完善和建立城乡统筹管理体制，实行城乡一体化的房屋登记创造了积极的条件。依据《物权法》《城市房地产管理法》及《村庄和集镇规划建设管理条例》等法律、行政法规制定的《房屋登记办法》的适用范围，既包括国有土地上的房屋，也包括集体土地上的房屋。同时，《房屋登记办法》还规定，具有独立利用价值的特定空间以及码头、油库等其他建筑物、构筑物，也可以参照房屋登记的规定和程序，由房屋登记机构依法登记。

四、房屋登记申请主体、程序和时限

1. 房屋登记申请主体

房屋登记原则上由有关当事人双方共同申请，但在特殊情形下，也可以单方申请。《房屋登记办法》规定，可以由当事人单方申请的情形有：因合法建造房屋取得房屋权利；因人民法院、仲裁委员会的生效法律文书取得房屋权利；因继承、受遗赠取得房屋权利；有《房屋登记办法》所列变更登记情形之一；房屋灭失；权利人放弃房屋权利；法律、法规规定的其他情形。

对建筑区划内依法属于全体业主共有的公共场所、公用设施和物业服务用房等房屋，由房地产开发企业申请房屋所有权初始登记时，一并申请登记，由房屋登记机构在房屋登记簿上予以记载，所有权人记载为全体业主，但不颁发房屋权属证书。

2. 房屋登记程序

办理房屋登记，要经过申请、受理、审核、记载于登记簿和发证等程序。房屋登记机构认为必要时，可以就登记事项进行公告。

（1）申请。房屋登记是依当事人的申请而进行的。申请人可以是自然人，也可以是法人或其他组织。申请人为自然人的，应具备完全民事行为能力，即一般为年满 18 周岁、智力正常的成年人。未成年人和其他限制行为能力人（如精神病人）由其监护人代为申请。监护人代为申请时，还应当提交证明其监护身份的证明材料。监护人处分未成年人的房屋时，还应当提供处分是为了未成年人利益的书面保证。申请人为自然人的，其申请登记使用的姓名，应当与其身份证件上的姓名一致。申请人为法人或其他组织的，应当使用其法定名称，由其法定代表人申请登记。申请人也可以委托代理人申请房屋登记。委托代理的，代理人应当提交委托书和证明其委托身份的证明。境外申请人委托代理人申请房屋登记的，其授权委托书应当按照国家有关规定办理公证或者认证。对共有房屋，由共有人共同申请登记。但共有房屋所有权变更登记，可以由相关的共有人申请。

申请房屋登记时，申请人应当按照《房屋登记办法》的要求，向房屋登记机构提交申请材料。申请材料应当提供原件，不能提供原件的，应当提交经有关机关确认与原件一致的复印件。申请人应当对提交的申请材料的真实性、有效性和合法性承担责任。

(2) 受理。受理是房屋登记机构查验申请人提交的有关证件，如其手续完备，则房屋登记机构接受申请人申请的行为。受理时，房屋登记机构工作人员应当根据法律、法规以及有关政策规定，查阅申请人提交的证明文件，并就与登记有关的事项询问申请人，对询问结果应进行记录并要求申请人签字确认。对提交登记文件齐备、来源清楚的，房屋登记机构应当受理登记申请，并出具书面凭证。对手续不全或权属来源尚不能表述清楚的，房屋登记机构不受理登记申请，并应告知申请人不予受理的原因以及一次性书面告知申请人需要补齐的文件。

(3) 审核。审核是房屋登记机构对受理的申请登记事项进行审查核实，做出准予登记或者不予登记决定的行为。主要是审核查阅登记簿、申请人提交的各种证件，核实房屋现状、权属来源等。权属审核一般要经过初审、复审和审批。初审是对申请人提交的证件、证明以及墙界情况、房屋状况等进行核实。复审要依据初审中已确定的事实，按照法律法规及有关政策规定，并充分利用房屋登记机构现存的各项资料及测绘图件，反复核对，以确保权属审核的准确性。终审是最后的审查。经终审批准后，该项登记审核工作成立。房屋登记机构将申请登记事项记载于房屋登记簿之前，申请人可以撤回登记申请。

(4) 记载于登记簿。经审核后，登记申请符合下列条件的，房屋登记机构应当予以登记，将申请登记事项记载于房屋登记簿：①申请人与依法提交的材料记载的主体一致；②申请初始登记的房屋与申请人提交的规划证明材料记载一致，申请其他登记的房屋与房屋登记簿记载一致；③申请登记的内容与有关材料证明事实一致；④申请登记的事项与房屋登记簿记载的房屋权利不冲突；⑤不存在《房屋登记办法》规定的不予登记的情形。

不予登记的情形包括：①违法建筑申请登记的；②申请人不能提供合法、有效的权利来源证明文件或者申请登记的房屋权利与权利来源证明文件不一致的；③申请登记事项与房屋登记簿记载冲突的；④申请登记房屋不能特定或者不具有独立利用价值的；⑤房屋已被依法征收、没收，原权利人申请登记的；⑥房屋被依法查封期间，权利人申请登记的；⑦法律、法规规定的其他不予登记的情形。对不予登记，房屋登记机构应当书面告知申请人不予登记的原因。

依照法律规定，从房屋登记机构将申请登记的事项记载于不动产登记簿起，所登记事项发生效力。

房屋登记机构将申请登记事项记载于房屋登记簿之前，申请人可以撤回登记申请。

(5) 发证。向权利人发放权属证书是登记程序的最后一项，是房屋登记机构在做出准予登记的决定后，向申请人发放房屋权属证书（含登记证明）的行为。房屋权属证书包括房屋所有权证书、房屋他项权利证书。房屋权属证书由国务院建设主管部门统一制定式样、统一监制、统一编号规则。

房屋登记机构应当根据房屋登记簿的记载，缮写并向权利人发放房屋权属证书。房屋权属证书发放，一般采取在房屋登记机构受理登记后，填发领证通知单或寄发统一领证通知书的办法，告知申请人在规定时间携带收件收据、身份证件以及应缴纳的各项费用到指定地点领取。发证时，应当请申请人检查一下证书上所载明的各登记事项是否准确。发证完毕后，将收回的收件收据及全部登记文件及时整理，装入资料袋，及时办理移交手续，交由产籍部门管理。

房屋登记机构认为必要时，可以就登记事项进行公告。公告是对可能存在异议的申请，采用布告、报纸等形式公开征询异议，以便确认产权的行为。如初始登记中一些原始依据不充分的、一些年代久远的房屋申请转移登记的，通过公告征询异议有利于房屋登记机构及时发现问题。公告并不是房屋登记的必经程序，是否有必要公告，由房屋登记机构根据情况确定。

3. 房屋登记时限

《房屋登记办法》规定，自受理登记申请之日起，房屋登记机构应当于下列时限内，将申请登记事项记载于房屋登记簿或者做出不予登记的决定：国有土地范围内房屋所有权登记，30 个工作日；集体土地范围内房屋所有权登记，60 个工作日；抵押权、地役权登记，10 个工作日；预告登记、更正登记，10 个工作日；异议登记，1 个工作日。

公告时间不计入上述规定时限。因特殊原因需要延长登记时限的，经房屋登记机构负责人批准可以延长，但最长不得超过原时限的一倍。法律、法规对登记时限另有规定的，从其规定。

五、房屋登记收费标准

为规范房屋登记收费行为，依据《物权法》等相关规定，2008 年 4 月 15 日，国家发展和改革委员会和财政部印发了《国家发展和改革委、财政部关于规范房屋登记费计费方式和收费标准等有关问题的通知》（发改价格［2008］924 号）。该通知就房屋登记收费的性质、计费方式和标准做出具体规定。

县级以上房地产主管部门收取的房屋登记费属于行政事业型收费，应全额上缴地方国库，纳入地方财政预算管理，具体缴库办法按照同级财政部门的规定执行，支出由同级财政部门按照其履行职能的需要核定。

房屋登记费向申请人收取。按规定需由当事人双方共同申请的，只能向登记为房屋权利人的一方收取。住房登记一套住房为一件，收费标准为每件 80 元；农民利用宅基地建设的住房登记，不收取住房登记费，只收取房屋权属证书工本费 10 元；非住房登记的房屋权利人按规定申请并完成一次登记的为一件，收费标准为每件 550 元。

经济适用住房登记，以及因房屋坐落的街道或门牌号码变更、权利人名称变更而申请的房屋变更登记，按对应性质房屋登记收费标准的一半收取；房屋查封登记、注销登记和因登记机关错误造成的更正登记，不收取房屋登记费。

房屋登记收费标准中包含房屋权属证书费。房地产主管部门按规定核发一本房屋权属证书免收证书费。向一个以上房屋权利人核发房屋权属证书时，每增加一本证书加收证书工本费 10 元。房屋权利人因丢失、损坏等原因申请补领证书，只收取房屋权属证书费。上述规定自 2008 年 5 月 1 日起执行。

房屋权利人在办理房屋登记时，委托有关专业技术单位进行房产测绘缴纳的费用属于经营性服务收费，收费标准由省级价格主管部门等有关部门制定。

第二节 房地产登记查询

一、房地产登记信息查询范围

房屋权属登记信息是指房屋权属登记机关在登记过程中形成的与房屋权利直接相关的信息，包括原始登记凭证以及对房屋权利的记载信息。具体而言，原始登记凭证包括房屋权利申请表，房屋权利设立、变更、转移、消灭或限制的具体依据，以及房屋权属登记申请人提交的其他资料。对房屋权利的记载信息，包括房屋自然状况（坐落、面积、用途等）、房屋权利状况（所有权情况、他项权情况和房屋权利的其他限制等）以及登记机关记载的其他必要信息。

我国《物权法》第十八条规定："权利人、利害关系人可以申请查询、复制登记资料。"对登记资料查询、复制的主体做出明确的限制。遵循《物权法》的基本精神，除权利人、利害关系人外，其他人不得对登记资料查询和复制。这里的权利人包括所有权人、他项权人以及预告登记的权利人；利害关系人一般包括房屋交易的当事人或潜在的交易当事人。《登记簿试行办法》第十四条规定："个人和单位提供身份证明材料，可以查询登记簿中房屋的基本状况及查封、抵押等权利限制状况；权利人、利害关系人提供身份证明等材料，可以查询、复制该房屋登记簿上的相关信息。"当然，法律法规规定可以查询、复制登记资料的查询人不在此限，例如《土地登记资料公开查询办法》和《房屋权属登记信息查询暂行办法》都明确规定有关代理机构、国家机关、公安机关、检察机关、审判机关和纪检检察部门可按规定程序就相关资料进行查询。

房屋权属登记信息查询采取"分层次查询"的原则，区分不同的人群，对不同的登记信息规定了不同的查询范围。

1. 可以公开查询的信息

房屋权属登记机关对房屋权利的记载信息，单位和个人可以公开查询，这类信息向社会公开。主要是房屋登记簿中记载的房屋基本状况以及查封抵押等权利限制状况。具体包括：一是房屋自然状况，比如房屋坐落、面积、用途等；二是房屋权利状况，比如他项权利的设定时间、类别、期限、司法查封情况以及登记机关对权利的其他记载。

2. 限制查询的信息

房屋原始登记凭证只在限定的范围内进行查询，不向社会公开。

（1）房屋权利人或者其委托人可以查询与该房屋权利有关的原始登记凭证。

（2）房屋继承人、受赠人和受遗赠人可以查询与该房屋有关的原始登记凭证。

（3）国家安全机关、公安机关、检察机关、审判机关、纪检监察部门和证券监管部门可以查询与调查、处理的案件直接相关的原始登记凭证。

（4）公证机构、仲裁机构可以查询与公证事项、仲裁事项直接相关的原始登记凭证。

（5）仲裁事项、诉讼案件的当事人可以查询与仲裁事项、诉讼案件直接相关的原始登记凭证。

（6）涉及国家安全、军事等需要保密的房屋权属登记信息，可以在国家安全、军事等机关同意查询范围内查询有关原始登记凭证。

二、房地产登记信息查询的程序

1. 查询人提出查询申请

查询人本人查询房屋权属登记信息的，应向房屋所在地的权属登记机关或者房屋档案管理机构提出查询申请，并填写《房屋权属登记信息查询申请表》，明确房屋坐落（室号、部位）或权属证书编号，以及需要查询的事项，出具查询人的身份证明或单位法人资格证明。查询人要求查询限制查询的信息时，除了提交上述材料外，还应当分别按照下列规定提交有关证明文件：

（1）房屋权利人应提交其权利凭证；

（2）继承人、受赠人和受遗赠人应当提交发生继承、赠与和受遗赠事实的证明材料；

（3）国家安全机关、公安机关、检察机关、审判机关、纪检监察部门、证券监管部门应当提交本单位出具的查询证明以及执行查询任务的工作人员的工作证件；

（4）公证机构、仲裁机构应当提交本单位出具的查询证明、当事人申请公证或仲裁机构的证明，以及执行查询任务的工作人员的工作证件；

（5）仲裁、诉讼案件的当事人应当提交仲裁机构或者审判机关受理案件的证明，受理的案件需与当事人所申请查询的事项直接相关；

（6）涉及国家安全、军事等需要保密的信息，应当提交国家安全、军事等机关同意查询的证明。

根据《房屋权属登记信息查询暂行办法》的规定，房屋权属登记信息既可以由单位和个人自己查询，也可以委托他人查询。委托他人查询的，受托人除了提交本人查询所需要的资料外，还应当提交载明查询事项的授权委托书和受托人身份证明。

2. 查询机构提供查询

符合条件的查询申请，查询机构应及时受理查询人的查询要求，并按照查询人提出的查询事项提供查询服务。如果因特殊原因无法提供查询的或不能及时提供查询的，查询机构应向查询人说明理由。

3. 查询结果证明的出具

查询人要求出具查询结果证明的，查询机构经审核后，可以出具查询结果证明。查询结果证明应注明查询日期及房屋权属信息利用用途。有下列不能查询情形的，查询机构可以出具无查询结果的书面证明：

（1）按查询人提供的房屋坐落或权属证书编号无法查询的；

（2）要求查询的房屋尚未进行权属登记的；

（3）要求查询的事项、资料不存在的；

（4）对查询当事人的其他要求。

三、查询要求

1. 对查询机构的要求

（1）建立房屋权属登记信息查询制度。查询机构应建立房屋权属登记信息查询制度，方便当事人查询有关信息。

（2）更新查询信息。查询机构应妥善保管房屋权属登记资料，及时更新对房屋权利记载的有关信息，保证信息的完整性、准确性和安全性。

（3）及时提供查询。符合条件的查询申请，查询机构应及时提供查询服务。不能及时提供查询服务或无法提供查询的，应向查询人说明理由。

（4）指定专人负责查询工作。查询原始登记凭证，应由查询机构指定专人负责查询，查询人本人不能直接接触原始登记凭证。

（5）不得擅自扩大查询范围。查询机构及其工作人员应当对房屋权属登记信息的内容保密，不得擅自扩大登记信息的查询范围。

2. 对查询人的要求

（1）按规定提交查询资料。查询人查询房屋权属登记信息的，应按照《房屋权属登记信息查询暂行办法》提交相应的资料。不提交资料的或提交资料不齐全的，查询机构可以拒绝提交查询服务。

（2）在指定场所查询。查询人查询房屋权属登记信息的，应当在查询机构指定的或者设定的场所内进行。

（3）不得毁坏查询设备。查询人查询时不得损坏房屋权属登记信息的载体，不得损坏查询设备。

（4）保守国家机密、个人隐私和商业秘密。查询人对查询中涉及的国家机密、个人隐私和商业秘密负有保密义务，不得泄露给他人，也不得不正当使用。

（5）按规定缴纳查询费用。查询人查询房屋权属登记信息的应按照国家有关规定收取相关费用。查询按次或按件收取相关的查询费。

第三节 二手房产权过户

二手房产权过户交易是整个二手房交易环节中最为重要的一环，只有过完户，房屋才算真正地属于买家。那么二手房过户交易的具体流程是什么？如何进行二手房过户交易呢？

一、二手房过户提交的材料

（1）买方需要携带身份证、户口本。若买方已婚，需要携带夫妻双方的身份证、结婚证（若购房者是外地人，需要根据当地规定，出具本地暂住证或其他证件）、家庭户口本（户口本是外地的需要提供暂住证）。

（2）卖方持有效身份证件及房屋所有权证到场办理。如果该房产为夫妻共有房产时，则夫妻双方都应该到场，并且需要提供有效身份证件、房屋共有权证及结婚证等其他证件。

（3）如果该房产处于出租状态，卖方除了要提供上述证件外，还需提供承租人放弃优先购买该房产的书面材料。

（4）买方本人或卖方如果因特殊情况不能亲自到场办理过户手续时，可以委托他人办理。受托的人必须带上公证委托书、本人有效身份证件、委托人身份证复印件（加盖公证处“该复印件与原件相符”的印章）、房屋所有权证等手续前去办理。

二、二手房过户流程

1. 对交易房屋产权进行调查

购房者需要对房屋产权完整性、真实性、可靠性审核，在过户之前看好房屋产权证上的业主姓名与售房者是否相符，是否有抵押或共有人等。

2. 买卖双方签订二手房买卖合同

无论是房产赠与还是买卖，都需要进行房产转移，转移双方当事人都必须签订书面转让合同，也就是二手房买卖合同。二手房买卖合同之中，必须包括双方当事人的姓名和住所、房地产权属证书名称和编号、房地产坐落位置、面积和界限、土地宗地号、土地使用权取得的方式及年限、房地产的用途或使用性质、成交的价格及支付方式、房地产交付使用的时间、违约责任、双方约定的其他事项等。

3. 评估房产

正常情况下，房产评估需要找评估公司，此过程要 5～7 个工作日。

4. 办理贷款

若购房者办理公积金贷款和商业贷款组合，需要同时向公积金管理中心和银行进行贷款申请；若只申请公积金贷款，需向公积金管理中心申请，再通过银行贷款；若只申请商业贷款（按揭贷款），只需要向银行进行贷款申请即可。此过程是二手房交易中耗时最长的阶段。贷款办理下来后，要注意注销该物业的他项权证。

5. 向房地产管理部门提出过户申请

二手房买卖双方持房地产权属证书、当事人的合法证明、转让合同等有关文件向房地产管理部门提出申请，并申报成交价格，拿受理单。

6. 房地产管理部门核查

房地产管理部门对提供的有关文件进行审查，在 15 日内做出是否受理申请的书面答复。受理的核实申报的成交价格，需要根据对转让的房屋进行现场勘查和评估。

7. 缴纳契税等二手房交易税费

国土部门出税单，买卖方（或经纪方代）缴过户税费。

8. 房地产管理部门核发新的房屋产权证

双方当事人应凭过户手续，到房产管理部门（产权交易中心办证窗口）领取房地产权证书或不动产权属证书。

三、二手房过户的注意事项

1. 核实产权是否清晰

卖方必须是房屋的所有人，通过查验产权证和产权人身份证核实，确认无误即可。只有做到这一点，才能防止无效买卖合同的出现或者合同诈骗案情况的发生。否则，纠纷在所难免。

2. 注意房款交付时间

尽量将房款的给付放在产权过户之后再进行，或可以用提存的方式办理房款的给付，以尽量降低风险。

买卖双方一定要到政府指定的房地产交易场所办理产权转让手续，按国家规定交纳各种交易费用，领取政府颁发的产权证，买卖双方能一手交钱一手交房（指产权证）。

3. 了解房产相关费用的缴纳情况

务必了解核实其他诸如公共维修基金、物业费等费用的缴纳和结清情况，以及落实过户等相关手续，以确定是否对以后生活起居带来影响。

4. 算清过户需交的费用并明确买方的人数

买方应确定过户后产权证上登记的权属人，避免签约后家庭成员变化再考虑变更或增减房屋权属人的情形出现。

第十一章

房屋查验与交接

二手房交易环节的交接比新建商品房简单得多，其目的是顺利完成房地产交易，而不是想方设法地发现房屋的毛病或者问题，当然二手房交接也应当以维护委托人的合法权益问题基础。二手房查验和交接一般都包括在房地产经纪服务流程中，很难作为一个单独的业务。

第一节 房屋的查验

一、房屋查验目的

房屋查验的日的有：核实信息；披露瑕疵；发现和解决问题；帮助当事人转移占有；维护当事人权益。

二、不动产查验内容

（1）查看有关资料：房屋状况说明书、房地产交易合同、房屋使用说明书、房屋质量表等。

（2）环境查看，类似于房屋实地查看的外部环境调查。

（3）结构查验，同新建商品房查验，但查验程度的要求较低。

（4）装修查验，同新建商品房查验，但查验程度的要求较低。

（5）设备查验，同新建商品房查验，但查验程度的要求较低。

三、动产的查验内容

查验房屋家具、用品、电器等动产，可填写表 11-1 和表 11-2。

表 11-1 房屋家具、用品清点核对清单

名称	数量	成新率	名称	数量	成新率
双人床			写字台		
单人床			沙发		
床头柜			茶几		
梳妆台			椅子		
衣柜			餐桌		
书柜			电视柜		
鞋柜			其他		

表 11-2 电器设备清点核对清单

名称	名牌	规格	型号	数量	成新率
电视机					
冰箱					
洗衣机					
热水器					
空调					
燃气灶					
排油烟机					
饮水机					
电话机					
吸尘器					

四、查验流程

查验的流程是：明确查验事项；准备工作；实地查验；撰写查验报告或记录查验结果；成果交付。

在查验待交接的二手房时，要填写二手房验收单（详见表 11-3，仅供参考），把验收的各项都记录下来。

表 11-3 二手房验收单

地址：＿＿＿＿＿＿＿＿ 验收时间＿＿年＿＿月＿＿日＿＿

内容	验收项目		验收结果
	事项	检查内容	
内部结构及装修、隐藏结构	内部结构	图纸/承重墙/管线走向	
	钥匙、门卡	房门/单元门/电梯/信箱	
	管线走线(电线、网线、宽带等)	是否老化/脱皮/断裂	
	插座	具体位置/接地情况/电笔测试	
	配电箱	具体位置/是否正常使用	
	水、气阀门	具体位置/是否正常使用	
	卫生间	马桶抽排水/洗面台裂痕/水龙头排水/地漏排水(积水)/浴霸(暖气)	
	厨房	洗菜池排水/油烟机抽排/燃具/地漏排水(积水)	
	天花板	是否渗水/爆裂/脱皮	
	墙壁	是否渗水/爆裂/脱皮	
	地板(床底、家具底)	是否翘起/破裂/平整/缝隙	
	门窗	灵活性/密闭情况/磕碰/油漆	
	座椅	数量/是否正常使用	
	灯具	数量/质保书/是否正常使用	
	热水器	发票、保修卡及说明书/是否正常使用	
	空调	发票、保修卡及说明书/是否正常使用/布局/遥控器	
	冰箱	发票、保修卡及说明书/是否正常使用	
	电视机	发票、保修卡及说明书/是否正常使用/遥控器	
	阳台	是否渗漏/晒衣架	
	物业维修记录	是否有维修记录	

续表

内容	验收项目		验收结果
	事项	检查内容	
市政配套	供水	水压/水质	
	供电	最大负荷/稳定性	
	煤气、天然气	接通情况/漏气	
	宽带	费用/过户/结算凭证	
	有线数字电视	费用/过户/结算凭证	
	车库	提供商/使用方法	
物业情况	收楼证明	证件(《住宅质量保证书》《住宅使用说明书》《质量认定书》《竣工验收备案表》)/收楼费用(维修基金等)	
	水煤电	价格/缴费/结算凭证	
	物业费	价格/缴费/结算凭证	
	电梯运行	顺畅度/停电情况	
	停车或室外充电	价格/地点/欠费情况	
备注			

(买方) 业主签名：＿＿＿＿＿＿　　日期：＿＿年＿＿＿月＿＿＿日

(卖方) 原业主签名：＿＿＿＿＿　　日期：＿＿年＿＿＿月＿＿＿日

中介签名：＿＿＿＿＿＿　　日期：＿＿年＿＿＿月＿＿＿日

第二节　房屋的交接

一、房屋交接主要内容

房屋交接的主要内容有：房屋和房屋状况说明书；业主规约；各种凭证交接；其他相关资料交接。

二、房屋交接有关凭证更名或过户手续

协助办理水、电、燃气、供暖、电话、有线电视、网络、公共维修基金等过户或更名手续，包括房地产权属证书、用电证（购电卡）、购水证、居民供热合同、有线电视使用证、燃气使用证、户口转移、专项维修基金。

三、房屋交接时注意事项

(1) 原业主是否欠费。一定要根据各种计量表或者收费通知单据实结算水费、电费、燃气费、供暖费、电话费、有线电视费、网络费、物业服务费、车位费等。

(2) 原业主户口是否迁出。

(3) 房屋是否设定他项权利。

(4) 原业主与邻里或物业管理公司是否有纠纷。

(5) 签认交接书。

下面是房屋交接书范本，仅供参考。

房屋交接书

甲方（出售方）：＿＿＿＿＿＿　　身份证号：＿＿＿＿＿＿＿＿＿＿＿＿＿＿＿

乙方（买受方）：＿＿＿＿＿＿　　身份证号：＿＿＿＿＿＿＿＿＿＿＿＿＿＿＿

甲乙双方就______市______区______街道__________小区（地址为：____________________________________）____号楼____单元______室房屋进行交接，具体如下。

一、房屋附属设施设备情况

1. 供水【自来水】：________________________

2. 供电【220V】：________________________

3. 燃气【煤气】：____

4. 空调【自装挂机__台】：__________________

5. 电视馈线【有线】：__________________________

6. 其他【　　】：____

二、房屋家具电器用品情况

1. 空调【品牌______】【型号______________】【数量______台】：____________

2. 淋浴热水器【品牌______】【型号______】【数量______台】：______________

3. 其他【　　】：____

三、房屋配套物品

1. 钥匙【房屋】【单元门】【信箱】【水门】【电门】【暖门】【燃气门】：________

2. 凭证：【有线电视交费】【水费】【电费】【燃气费】【物业管理费】【公共维修基金发票或收据】：____________________________

3. 其他：__________________________________

四、房屋管理手续过户情况

1. 燃气过户：双方于____年__月__日完成了手续，________________________。

2. 有线电视过户：双方于____年__月__日完成了手续，______________________。

3. 水表过户：双方于____年__月__日完成了手续，________________________。

4. 电表过户：双方于____年__月__日完成了手续，________________________。

五、水、电、燃气交接情况

1. 水：表号__________，表数__________，结算情况为________________。

2. 电：表号__________，表数__________，结算情况为________________。

3. 燃气：表号__________，表数__________，结算情况为______________。

六、其他需补充事宜

____

____

____

此交接书一式两份，自双方签字之日起生效，居间方对交接情况进行见证。

甲方签字：______________	乙方签字：______________
甲方电话：______________	乙方电话：______________
时间：__________________	时间：__________________

四、房屋交接服务

按照房地产经纪基本服务于房地产经纪延伸服务的划分，房屋查验和交接应当属于房地产经纪延伸服务，在《房地产经纪管理办法》里也被称为其他服务，房地产经纪其他服务应当单独签订服务合同，并可以单独收费。当然，作为以服务为本的理念，在实际操作过程中，一般这项服务都不再另外收费。

第三节　业务记录与经纪档案管理

一、做好业务记录

业务记录是对房地产经纪服务活动的记载，最能反映房地产经纪服务活动的全貌。对房地产经纪机构和房地产经纪人员来说，准确纪录业务过程，一是有助于拟订工作计划；二是能帮助房地产经纪机构塑造更专业的形象，获得更多的业务委托；三是有助于检查工作存在的问题；四是出现纠纷时，借助业务记录可以有效维护自身的合法权益；五是主管部门检查时，能够提供必要的业务记录，配合检查。全程记录的方式包括笔记、照片、录音、录像等。

业务记录和档案管理是房地产经纪机构内部管理的一部分，是提高房地产经纪机构工作质量和工作效率的必要条件，是维护业务历史真实面貌的一项重要工作。很多中小型房地产经纪机构的管理层对业务记录和档案管理工作的重要性缺乏足够的认识，认为业务记录和档案管理工作可有可无，工作中存在失位现象。科学规范的业务记录和档案管理，是衡量一个机构业绩与管理水平的重要尺度，对于希望发展的机构尤为重要。业务记录资料都是在一些基本业务记录的基础上产出的，能够记载本机构发展中的优秀成果，为研究本机构的经营业绩和科学发展提供第一手资料，是进行科学分析、扬长避短、制定发展方向的好教材。

对房地产经纪机构管理者而言，健全、完整的业务记录一方面可以为机构高层管理人员及时了解机构整体经营状况，适时调整经营策略提供准确依据，避免因单纯靠直觉或猜测来做出决定。在房源和客户信息管理中，对房源信息、客户信息进行记录、分类整理，并开发房源管理软件、建立计算机客户信息数据库，这些都为房地产经纪机构管理房源和查询、使用、分析提供重要的保证。在财务管理中，制作完整准确的财务报表不仅是纳税者应承担的责任，也为分析过去资金利用情况和对未来的预测、向贷款机构申请贷款等起到重要作用。另一方面，也有利于社会各方准确认定机构经营成果，为机构与各有关方面进行有益合作奠定坚实的基础。商业账簿是反映房地产经纪机构经营和财产状况的簿册，它是向委托人和第三人表明其资信状况的依据，是向委托人收取相关费用的有效凭证，也是主管机关审核其居间条件和资格的必备要件。

要做好业务记录和档案管理工作就必须实现业务记录及档案管理制度化，建设（房地产）主管部门要督促和指导房地产经纪机构建立健全业务记录和档案管理制度。执行业务的房地产经纪人员应当如实全程记录业务执行情况及发生的费用。房地产经纪机构应当妥善保管委托人提供的资料、委托协议、买卖合同或租赁合同、业务记录、业务交接单据、原始凭证等与经纪业务有关的资料、文件和物品，严禁伪造、涂改交易文件和凭证。机构内部要选派服务意识强、掌握现代化管理技能的工作人员专门负责业务记录和档案管理工作，在收集、整理、鉴定、保管的同时，能够做到及时、系统、完整地提供、满足记录信息利用工作的需要。重要、珍贵的信息资料要备有微缩或复制件，以代替原件提供利用，同时加强业务记录和档案存放管理，减少外界条件对其造成的损害。

随着计算机网络技术的进一步发展，业务记录和档案管理应当与现代技术有机结合。房地产经纪机构在日常业务记录和档案管理工作中，利用计算机等现代化手段收集、记录、整理房地产经纪业务信息和文件资料，既降低了人为因素在工作中的影响，又发挥计算机的管理优势，减少了手工操作，提高了工作效率。然而，现代科技的一大弊端是计算机网络系统的安全系数会随着时间的推移而降低。为了保证安全，就必须制定严密的电子文件安全管理制度，完善电子文件流转跟踪登录管理。

在电子文件管理系统中建立有效的操作权限管理体系，按照信息安全、人员职责、设备管理等因素，对电子文件管理系统的操作权限进行合理划分，在工作模式和软件功能上周密设计。

二、经纪档案管理

(一)经纪档案的内容

经纪档案指房地产经纪机构和房地产经纪人员在经纪活动中获得和形成的具有保存价值的各种文字、图表、影像等形式的资料。主要包括：

（1）房地产经纪服务合同；

（2）房地产交易合同（买卖、租赁、抵押等合同）；

（3）委托人及交易相对人提供的资料；

（4）实地看房记录、房屋状况说明书、房屋查验报告；

（5）房地产经纪服务必要事项告知确认书；

（6）收据、收条及各种票据等原始凭证；

（7）其他有关资料。

(二)经纪档案的管理要求

（1）统一管理。房地产经纪分支机构的档案由房地产经纪机构统一管理。

（2）专人管理。设置专职管理人员管理经纪档案。

（3）科学管理。经纪资料应当按照“一笔交易一档”或者“一宗业务一档”的原则建档。按照资料的重要程度整理立卷，并编制卷内目录、案卷编号，填写备考表、案卷封面和案卷脊背。

（4）按规定时限保存。房地产经纪服务合同、房地产交易合同、房屋状况说明书、房地产经纪业务记录、业务交接单据、原始凭证等统一保存在房地产经纪机构，保存期限不得少于5年。

纸质、电子文件都要按照要求保存。房地产经纪档案的查阅和利用要符合相关规定，对经纪档案中涉及的国家秘密、商业秘密、技术秘密和个人隐私应当予以保密。

第三篇

温州市房地产经纪人诚信体系和水平评价体系建设

第十二章 12 温州市房地产经纪人诚信体系建设

第一节 房地产经纪行业创建诚信体系方案

一、概述

为了规范房地产市场行为，杜绝恶性竞争，强化行业自律、弘扬行业道德，确保交易质量，维护行业声誉，促进房地产市场健康有序的发展。根据国家主管部门意见以及其他有关法律法规的规定，结合温州的实际情况，制定房地产经纪服务诚信体系。企业是市场经济的主体，企业的经营行为直接关系到市场秩序的好坏，关系到行业的发展前途，企业法人对企业的市场行为负有法律责任。凡本会会员从事房地产经纪服务活动的必须遵守。

信用十年、建设十年，从传统信用到现代信用的转变，从“质量立市、品牌兴业”到“信用温州”战略的执行，这片热土用真心、坚韧所实现的诚信重建、升华，让我们看到了温州上下在转型发展中从对物质富裕追求到走向精神富有的嬗变！温州经验告诉我们：市场经济的信用建设必须借助政府的力量，充分发挥政府的动员、组织、指导和监督的作用，信用不仅是政府的责任，而且是社会组织共同维护的秩序底线。

让我们房地产人积极行动起来，从我做起，从现在做起，严格自律，创新管理，诚信经营。十年磨一剑。十年的信用建设，初步形成温州房产的品质不断提升，声誉鹊起，重塑和提振温州房地产经纪从业人员形象。

创建诚信，提升素质，增强实力，把房地产经纪事业做大做强做优，为振兴温州房地产行业做出我们应尽的贡献！

二、诚信体系的组成

房地产经纪服务诚信体系，可由信用制度、信用管理、信用信息、信用环境、信用教育五个方面构成。

1. 信用制度：完善的、符合房地产经纪服务发展需要的相关法律、法规和制度

现代诚信原则的本质特征是它具有的制度基础。如果仅仅把诚信看作是一种纯粹的道德原则，单纯靠舆论、良心来约束，现代诚信原则就会流于形式，失去了它的本质内涵。从发达国家的经验来看，信用立法工作是一个长期的过程，我国的信用立法工作也需要一个逐步建立健全的过程。从我国的法律现状来看，尚缺乏一个专门的为保障诚信原则得以贯彻的立法。诚信原则只是散见于一些大的法律中，如《民法》《保密法》《合同法》《商业银行法》等。对于房地产经纪服务行业，目前仅有《中华人民共和国城市房地产管理法》《经纪人管理办法》《关于房地产经纪服务收费的通知（1995）971 号》《城市房地产经纪服务管理规定》等法规。在此基础上各地的工商、房管等部门也出台了一些“通知”“办法”之类的规定。这些法规的广度、深度以及对违规行为的震慑力度尚不能满足经纪市场发展的需要和诚信原则的有效贯彻，不能有效地规范市场行为，还需要进一步加以完善。具体地说，关于房地产经纪服务诚信制度的法律应对经纪服务业主体的资质和诚信状况公示、服务过程的程序、服务的收费标准、服务交易契约的签订做详细的规定；同时还要对执法部门的选定、权限、处罚力度做详细的规定。只有这样，才能为诚信体系提供一个坚实的制度基础。

2. 信用管理：监督诸法律、制度实施，确保诚信原则得以贯彻

首先，确立房地产经纪服务的诚信管理机构是诚信管理的关键。因为法律、制度要靠人来执行，信用技术也要靠人来运用。从广义上讲，房地产经纪服务诚信管理不仅仅是房地产经纪服务领域的问题，还包括中央政府、各级地方政府、各级建设主管部门和土地主管部门、各级主管房地产的其他各部门以及工商管理、税务、财政、银行、司法等部门。所以房地产经纪服务的诚信管理，实际上就是把各种与信用相关的社会力量有机结合起来，科学地设置管理体系，制约和惩罚行为，促进信用的完善和发展。政府以及管理房地产的有关行政部门应依据各项法律、制度，对房地产经纪服务行业的各种行为进行相应的管理和监督。在这当中，有两点特别重要。一是确立对房地产经纪服务行业的真正的监管主体。明确行业内出现的各种失信现象究竟由谁来管，每个部门究竟应该来管哪一项，力避多头管理、职能交叉。二是对监管部门的再监管。监管部门作为市场操作的监管人具有相当大的权力，倘若监管部门出现监管不当或滥用权力，导致腐败等各种现象出现，对市场的正常运行会有更坏的影响。所以监管本应受到制约。这种再监管可分为监管部门的相互制衡和采取必要的再监管措施。尽管再监管也会出现问题，但出问题的概率要比仅有一级监管小得多。

其次，培育房地产经纪行业协会，发挥它的重要作用。因为它是宏观管理和微观主体联系的一个桥梁。它既有助于政府更好地了解行业的信用状况，又有助于增强房地产经纪服务体系的自律性，为房地产经纪服务行业树立公正、良好的社会形象奠定基础。

再次，加强房地产经纪商自身的信用管理。房地产经纪商是受诚信原则规范的对象，但不能由此将之理解为一个纯粹受动对象。相反，它也是信用管理中的重要因素，因为一切制度管理最终都落实到房地产经纪服务的机构和个人身上，都要通过它们的行为才能实现。所以房地产经纪商自身也要参与到诚信体系的建设中来。房地产经纪商自身的信用管理，一是要增强信用风险的防范能力，对企业的经营交易过程全程信用管理，通过建立客户资信管理制度、内部授信制度和交易佣金、预付款等资金管理制度，提升企业的信用管理水平；二是逐步提升企业经营方式，朝更有利于建立信用原则的方向发展。如实现经纪企业的规模化、品牌化，引进先进的管理和经营方式。

3. 信用信息：汇集市场主体诚信状况的各种信息而形成的数据库

经纪服务领域信息的严重不对称是造成诸多失信现象的重要原因。因此有必要增加信息的公开度，尽力削除信息的不对称。因为具体交易中的信息披露是很难控制的，因此公开市场主体在以往交易中的诚信记录，建立关于市场主体诚信状况的数据库，是很有效的解决措施。信用信息是以信用档案和资信评估为主要内容的，最终形成一个市场主体的诚信数据库和公示系统，从而使企业和个人的诚信状况真正成为其参与社会经济活动的重要依据。

4. 信用环境：一个各种市场信息公开、广泛采用现代信息技术的环境

所谓信用环境，是指使诚信原则得以贯彻的一些基础性的条件。它包括软件和硬件。软件是指各种市场信息的公开化；硬件是指要广泛采用现代信息技术。

房地产交易牵扯到很多信息。比如，关于参与交易的双方是否符合交易主体必须具备的条件，交易对象的产权、质量、经纪机构的资质，经纪人的执业资格和其他相关的从业条件，与交易相关的各项法律、法规，交易合同和经纪合同的要求等。这些信息被交易主体和经纪人的知晓度，对于能否实现诚信交易至关重要，许多欺诈、行骗就是利用交易信息的不透明而进行的。信息的公开化是诚信体系得以建立的一个主要条件。所以要建立各种制度，通过各种手段来保证这些信息的公开化。比如，要求经纪机构在营业场所必须出具本机构的营业执照、营业范围说明书等。

此外，完善信用环境还需要利用电子化、互联网等现代科技手段。房地产诚信体系之所以还要现代科技作支撑，一方面是因为其与交易的透明化，包括上述各种与交易相关的信息的公开、交易主体的诚信状况的公开（是诚信原则在房地产经纪服务行业得以贯彻的必要条件，而交易的透明化是只有凭借现代的技术手段才能达到）；另一方面是因为房地产经纪机构的许多失信行为都是由于该机构所拥有的市场信息量不完整、渠道不畅、经营手段落后、方法陈旧、经营方式粗放所导致的；而这一切又在相当程度上是因为房地产经纪服务相关信息网络系统很不健全、服务技术没有跟上时代信息技术的发展。具体地说，市场信息采集、整理和发布的及时准确是经纪服务业成功的关键因素。无论是经纪、评估、咨询，都要依靠及时准确的信息。但这些信息仅靠人工市场调研是不够的，必须大力推广计算机应用，建立房地产信息网络系统，组建最具权威的房地产信息收集、加工和传送服务机构，以保证房地产经纪服务有一个坚实的信息基础。

利用电脑、网络可以收集、征集交易的各种信息，并对之进行有效的汇总、整理，并在互联网上建立一个完备的、庞大的信息库，当事人进行交易时可以进行查阅，这样便提高了交易的透明度。同时，先进的现代技术还是许多具体的信用管理工作必须凭借的手段。比如，如果不利用互联网，房地产经纪服务个人和企业征信记录体系就很难建立；没有先进的统计和计算软件，许多复杂的房地产估价项目就没法进行或很难得到精确的结果，许多项目的可行性论证、成本预算、风险估算就无法进行。所以，现代信息技术的运用对于房地产经纪服务诚信体系的建立是必不可少的。

5. 信用教育：将制度规定提升为道德自律

诚信原则要有制度基础，这是现代诚信原则的本质内涵。但这并不是说诚信就失去了它同时还作为一个道德原则的内涵。因为任何法律、制度要想真正发挥它的作用，都需要使人们对之产生价值上的认同，也就是说，使人们认为这些法律、制度并不是外在于自身的、纯粹限制自己自由的东西，而是符合自己长远利益和共同体的整体利益的东西。要达到这一点，主要的方法就是道德教育。要动用各方面的力量，如政府、家族、学校、社会团体；利用各种渠道，如大众媒体、文学作品，培育“诚信至上”的全民意识和社会道德。只有这样，才能有效地建立和完善温州房地产经纪服务诚信体系。

第二节　温州市房地产经纪行业诚信公示平台说明

为加强我市房地产经纪行业信用体系建设，规范房地产经纪机构（下称“经纪机构”）和房地产经纪人员（下称“经纪人员”）的从业行为，促进房地产经纪行业持续健康发展，温州市房地产估价师与经纪人协会根据《温州市人民政府关于进一步深化社会信用体系建设的意见》《2015 年温州市社会信用体系建设工作要点》的规定，结合本行业实际建立本平台，供业内外查询和监督。

本平台公示内容为经纪机构和经纪人员近 3 年的诚信信息，具体包括经纪机构及经纪人员的基本信息、良好行为、不良行为、诚信级别等。其中，当年诚信信息实行滚动计分和动态更新，往年诚信信息为该年度最终诚信评价结果。

本平台仅公示房地产经纪机构和经纪人员的诚信级别，具体诚信得分不予公布。诚信级别分为诚信、预警、失信三类。其中，诚信是指在一个评价时段内，诚信分为 0 分及以上的；预警是指在一个评价时段内，诚信分为－1 至－19 分的；失信是指在一个评价时段内，诚信分为－20 分以下的。

本平台所公示的星级，是温州市房地产估价师与经纪人协会根据星级评定办法执行，具体包括 1 至 5 星级房地产经纪门店、1 至 5 星级房地产经纪人员。机构门店、经纪人员的星级，是其诚信状况及相关情况的具体体现。

本平台相关解释权归温州市房地产估价师与经纪人协会所有。

温州市房地产估价师与经纪人协会
2016 年 06 月 06 日

第三节　温州市房地产经纪行业自律公约

第一章　总　　则

第一条　为自觉维护我市房地产中介行业市场秩序，建立行业自律机制，规范行业从业者行为，促进行业持续健康发展，结合我市房地产中介行业现状，制定本公约。

第二条　本公约所指房地产中介行业是指凡是从事房地产一手代理、二手居间和代理，以及服务活动的行业的总称。

第三条　房地产中介行业自律的基本原则是遵纪守法、诚实守信和公平公正。

第四条　温州市房地产估价师与经纪人协会负责本公约的组织实施。

第二章　自律条款

第五条　自觉遵守国家有关法律、法规和政策，自觉履行行业规范和本公约条款。

第六条　自觉维护行业利益与形象，共同抵制有损行业形象的不良行为，相互尊重，同业互助，不采用非正当手段进行行业内竞争。

第七条　善尽代理和居间义务，遵循诚实守信的原则，为客户提供专业、优质的服务，不做虚假承诺及有违职业操守和道德的行为。

第八条 自觉维护客户合法权益，保守客户信息秘密，不利用客户信息从事任何与向客户作出承诺无关的活动。

第九条 尊重客户，不对客户构成电话、短信或其他行为的骚扰。

第十条 严格规范交易资金管理，不挪用、不占用客户交易资金。

第十一条 严格执行中介服务机构备案及年检制度，严格规范执行从业人员持证上岗制度，依法规范执业。

第十二条 重视企业内部规范管理，加强企业内部培训，提高从业人员业务素养，不聘用被行政主管部门及行业协会处罚禁业的违规人员从事中介服务业务。

第十三条 积极承担社会责任，牢固树立诚实守信的服务意识。

第三章 公约的执行

第十四条 温州市房地产估价师与经纪人协会是本公约的组织实施机构，负责向公约成员传递行业管理的法律、法规政策及行业自律信息；及时向政府主管部门反映成员的意愿和要求，维护成员的合理正当权益，组织实施我市房地产中介行业自律，并对成员遵守本公约的情况进行监督。

第十五条 倡议广大中介服务机构及持证经纪人积极签署并实施本公约，公约组织实施机构应负责定期公布签约成员名单

第十六条 公约成员应当规范履行本公约的各项内容，违反本公约并造成不良影响的，由公约组织实施机构视情况严重程度，给予警示或向社会公示。

第十七条 公约成员应当自觉接受有关政府部门的业务指导，自觉接受社会公众的监督，增强自律意识，促进行业持续健康发展。

第十八条 公约成员均有权对公约组织实施机构执行本公约的合法性、公正性进行监督，有权向组织实施机构的主管部门检举组织实施机构或其工作人员违反本公约的行为。

第十九条 公约组织实施机构及公约成员在实施和履行本公约过程中必须遵守国家有关法律、法规。

第四章 附 则

第二十条 本公约由温州市房地产估价师与经纪人协会负责解释。

第二十一条 本公约自发布之日起施行。

温州市房地产估价师与经纪人协会

2016 年 06 月 06 日

第四节 房地产经纪行业自律公约违约惩戒实施办法

对违反本行业自律公约行为的单位，根据其情节轻重给予以下处罚：

一般违规违约问题，在协会官网、微站上予以公布，以示警告；

严重违法违规问题，作为市场不良行为记录并公示，责令其认真整改，取消其年度评先评优资格和星级企业评选资格；

特别严重违法违规问题，除名其会员单位，取消其评选资格，并建议建设行政主管部门给予有关信用等级的处罚。

本行业自律公约由各会员单位相互监督执行，共同遵守。

违约投诉可通过来信、来访、来电等方式，投诉时效以违约事实发生三个月之内为准；提倡投诉人以真实姓名、工作单位、联系方式投诉，投诉问题力求实事求是，客观公正。

协会秘书处负责受理投诉和核查工作，并对投诉人和投诉问题保密。

温州市房地产估价师与经纪人协会

2016年06月06日

第五节　温州市房地产经纪行业“严重失信经纪人名单”管理办法

第一条　为认真贯彻落实行政主管部门关于加强行业自律管理工作的部署，促进树立守法诚信、优质服务的执业、经营理念，自觉遵守公平竞争规则，根据《房地产经纪管理办法》《温州市房地产中介服务管理条例》等法律法规规章规定，结合我市实际，特制定本办法。

第二条　本办法适用于我市行政区域内（包括鹿城区、龙湾区、瓯海区、洞头区、乐清市、永嘉县、平阳县、苍南县、泰顺县、文成县）的房地产中介服务人员。

第三条　行业“严重失信经纪人名单”管理是温州市房地产中介协会行业自律管理委员会实施自律管理的重要手段之一，根据服务人员不良行为记录的轻重，将其列入严重失信经纪人名单，通过协会网站“曝光台”方式在行业内及社会予以公布。

第四条　《“严重失信经纪人名单”管理办法》遵循客观公正、及时准确的原则。

第五条　“曝光台”栏目向所有房地产中介服务机构开放使用权限，提供查询功能。

各机构线下填写提交“失信人员名单”信息后，由协会在10个工作日内审查公司提交证据材料充分性，如证据材料不充分公司应自收到通知之日起7个工作日内补齐相关材料。

公司必须承诺对所填信息负责，如发生任何争议，需主动解决并承担有关责任，“失信人员名单”信息为可生效。发生如下情况的服务人员将列入“失信人员名单”：

（一）违反公司内部关于规范在提供中介服务时的执业操守有关管理规定的服务人员。

（二）其他情况。

第六条　“严重失信经纪人名单”栏目向行业及社会公示，所有注册登录协会网站的用户都可以查询相关信息。“严重失信经纪人名单”信息由行政主管部门对服务人员的行政处罚情况及诚信积分情况等内容构成。发生如下情况的服务人员，列入严重失信经纪人名单：

（一）严重违反行政主管部门的有关法律法规规章规定的，行政处罚通知书内明确列入“严重失信经纪人名单”的服务人员。

（二）经行业自律管理委员会成员一致投票决议通过列入“严重失信经纪人名单”的服务人员。

（三）诚信积分为“严重失信”（低于−55分）的服务人员。

（四）其他情况。

第七条　各房地产中介服务机构有义务和责任配合开展好“严重失信经纪人名单”工作，秉着公平、公正的态度上报“失信人员名单”信息，拒绝聘用“严重失信经纪人名单”中的服务人员。凡聘用“严重失信经纪人名单”中的服务人员的中介机构，一经发现，将予以书面警告、诚信积分扣分的处罚。

第八条 鼓励任何组织或者个人监督“严重失信经纪人名单”办法的执行，发现有违反“严重失信经纪人名单”办法规定的情况，有权向行政主管部门及协会举报。

第九条 本办法由温州市房地产估价师与经纪人协会负责解释。

第十条 本办法自通知发布之日起执行。

温州市房地产估价师与经纪人协会

2016 年 06 月 06 日

第十三章 房地产经纪行业水平评价体系

第一节 温州市房地产经纪行业执业规范

总　　则

第一条【目的】

为规范温州市房地产中介行业主体行为，维护房地产市场秩序，保障房地产交易当事人的合法权益，完善房地产中介行业自律机制，依据《房地产经纪管理办法》《温州市房地产中介服务管理条例》等相关法规及《温州市房地产估价师与经纪人协会章程》的有关规定，制定本规范。

第二条【效力】

本规范是指导房地产中介行业主体行为的自律准则，是评判房地产中介行业主体行为是否符合房地产中介职业要求的行业标准，是行业组织对违规房地产中介服务机构、中介服务人员进行自律管理和惩戒的依据之一。

第三条【适用范围】

本规范适用于在温州市依法设立，从事房地产中介活动的房地产中介服务机构及从事房地产中介业务的中介服务人员。

第四条【释义】

本规范所称房地产中介服务机构，是指依法设立并向温州市房地产行政主管部门备案，从事房地产中介活动的公司、合伙企业、个人独资企业等经济组织。

本规范所称房地产中介服务人员，是指持有《温州市房地产经纪人执业资格证书》并经依法注册执业的人员。

第五条【基本执业要求】

（一）遵守法律、法规、公约以及行业规范；

（二）遵守协会章程，履行会员义务；

（三）诚实守信，合法专业，勤勉尽责；

（四）合法、公平、有序竞争，维护行业利益和行业形象，相互尊重，同业互助，不得采用非正当手段进行恶性竞争；

（五）自觉接受社会各界对房地产中介行业的监督和批评。

房地产中介服务机构执业规则

第六条【机构资质备案】

房地产中介服务机构及其分支机构应当自领取营业执照之日起30日内主动向市房地产行政主管部门或其授权部门申请备案。

房地产中介服务机构从事房地产中介业务应当具备有效的《温州市房地产中介服务机构资质证书》并在营业场所明示。

第七条【业务承接】

房地产中介业务应当由房地产中介服务机构统一承接，服务报酬由房地产中介服务机构统一收取。分支机构应当以设立该分支机构的房地产中介服务机构的名义承揽业务。

第八条【信息公示】

房地产中介服务机构及其分支机构应当在其经营场所醒目位置公示下列内容：

（一）营业执照和备案证明文件；

（二）服务项目、内容、标准；

（三）业务流程；

（四）收费项目、依据、标准；

（五）交易资金监管方式；

（六）信用档案查询方式、投诉电话及12358价格举报电话；

（七）政府主管部门或者行业组织制定的房地产中介服务合同、房屋买卖合同、房屋租赁合同示范文本；

（八）法律、法规、规章要求公示的其他事项。

分支机构还应当公示设立该分支机构的房地产中介服务机构的经营地址及联系方式。房地产中介服务机构代理销售商品房项目的，还应当在销售现场明显位置明示商品房销售委托书和批准销售商品房的有关证明文件。

第九条【信息告知】

房地产中介服务机构签订房地产中介服务合同前，应当向委托人说明房地产中介服务合同和房屋买卖合同或者房屋租赁合同的相关内容，并有义务告知下列事项：

（一）应当由委托人协助的事宜、提供的资料；

（二）委托房屋的市场参考价格；

（三）房屋交易的一般程序；

（四）房屋交易涉及的税费；

（五）经纪服务的内容及完成标准；

（六）中介服务收费标准和支付时间；

（七）交易标的房地产的产权资料；

（八）告知房屋租赁当事人办理房屋租赁登记备案手续，并按要求将通过本机构中介服务签订房屋租赁合同的双方当事人姓名、房屋所在地的具体情况告知市房地产租赁管理所；

（九）其他需要告知的事项。

房地产中介服务机构根据交易当事人的需要提供房地产中介服务以外的其他服务的，应当事先经当事人书面同意并告知服务内容及收费标准，且书面告知材料应当经委托人签名（盖章）确认。

第十条【内部管理】

（一）房地产中介服务机构应当建立健全各项内部管理制度，加强内部监管和对中介服务人员的管理，规范机构执业行为，依法对房地产中介服务人员的业务行为承担责任。

（二）房地产中介服务机构无正当理由不得扣押房地产中介服务人员资格证书和执业证书。

（三）房地产中介服务机构开展业务应当设立业务台账，做好业务记录。业务台账和业务记录应当载明业务活动中的收入、支出，以及法律、法规要求载明的其他内容，并每年向房地产行政主管部门报送业务统计报表。

第十一条【员工培训】

房地产中介服务机构应当加强员工的职业道德教育和业务培训，鼓励和支持员工参加行业组织举办的执业培训和督促其按时完成继续教育课程，促使其不断提升专业知识，提高专业能力，维护良好的专业形象。

第十二条【劳保责任】

房地产中介服务机构应当遵守国家劳动社会保障的相关规定，保障和维护员工的合法权益。房地产中介服务机构和分支机构与其招用的房地产中介服务人员，应当按照《中华人民共和国劳动合同法》的规定签订劳动合同，或者通过劳动服务公司与招用人员建立劳动服务关系。

第十三条【保密责任】

房地产中介服务机构应当自觉维护客户的合法权益，妥善保管委托人提供的资料，保守委托人的商业秘密和隐私。

第十四条【信息利用】

共同营造相互尊重，公平竞争的市场环境。尊重和保护房地产中介服务机构合法所有的房地产信息资源，提倡通过合同约定等方式，建立优势互补、信息资源共享的和谐共生关系。

第十五条【风险提示】

房地产中介服务机构与客户签订服务合同前，应当诚实、客观地将房屋的真实情况告知买方，不得隐瞒。

第十六条【核对责任】

房地产中介服务机构在从事房地产中介业务时，应当核对委托人或委托代理人身份证明，物业权属证明，以及该物业抵押情况，不得隐瞒真实情况，并与委托人签订经纪合同或代理合同。

第十七条【信息发布】

温州市行政区域内已经取得房地产权证的存量房交易应当通过存量房网上交易系统办理信息发布、订立合同等网上交易手续。

房地产中介服务机构发布房源信息的，应通过存量房网上交易系统与委托人签订书面委托合同，并获取房源信息编码。房地产中介服务机构应保证所发布房源信息的真实有效，不得进行虚假广告宣传。

第十八条【合同签订】

房地产中介服务机构承接中介业务时，遵守法律法规，遵守《温州市存量房网上交易规则》，在达成委托意向后，应及时通过存量房网上交易系统签订委托合同，生成房源信息。

中介服务机构必须监督中介服务人员发布房源信息编码。

房地产中介服务机构及其中介服务人员应当认真查看存量房产权人或者其委托代理人提供的房屋资料，通过网上交易系统签订《房地产中介服务合同》，如实准确地填写房屋权属情况、存量房产权人或者委托代理人提出的条件等。

在撮合买卖双方达成交易意向后，应及时通过存量房网上交易系统签订《存量房买卖合同》(2010 年版) 及《房地产中介服务合同》(2010 年版)，供买卖双方进行产权转移登记。《房地产中介服务合同》应当有执行该项业务的中介服务人员签名及执业证号，同时加盖机构公章。

第十九条【中介收费】

从事房地产中介服务机构应严格依据法规、政策规定和合同约定，收取佣金及其他相关费用。

房地产中介服务机构收取相关费用后，应当依据有关规定向支付人开具发票，履行纳税义务。

房地产中介服务机构收取佣金不得违反国家法律、法规及行业规范的规定，不得赚取差价及谋取合同约定以外的收益，不得利用虚假信息骗取中介费、服务费、看房费等费用。

房地产中介服务机构未促成交易的，不应当收取佣金，但可以依合同约定要求委托人支付从事房地产中介活动支出的必要费用。

第二十条【交易资金监管】

房地产中介服务机构应当严格遵守房地产交易资金监管规定，保障房地产交易资金安全，不得挪用、占用或者拖延支付客户的房地产交易资金。

为保证存量房交易和资金安全，房地产中介服务机构在与买卖当事人签订网上买卖合同前应当如实告知交易资金托管的相关事宜，并协助当事人办理交易资金托管手续。

第二十一条【资料存档】

房地产中介服务机构应当妥善保管委托人提供的资料、委托协议、买卖合同或租赁合同、业务纪录、业务交接单据、原始凭证等与中介业务有关的资料、文件和物品，严禁伪造、涂改交易文件和凭证。

第二十二条【同业竞争】

任何机构和个人均不得捏造、散布虚假事实，损害竞争对手的商业信誉，或以短信或者其他方式宣传“高额提成”等有悖行业公平竞争的广告，共同抵制恶意买卖盘源的行为。

第二十三条【同业合作】

经委托人书面同意，房地产中介服务机构之间可以合作完成一项房地产中介业务。合作机构之间应当合理分工、明确职责、密切协作，意见不一致时应当及时通报委托人协商决定。房地产中介服务机构对合同完成的中介业务共同承担责任，不得以转让业务为名规避对委托人应承担的责任。合作完成的中介业务根据合作协议分配佣金。

第二十四条【禁止行为】

房地产中介服务人员不得违反国家法律法规及政府规章制度，不得从事《房地产经纪管理办法》《温州市房地产中介服务管理条例》以及《温州市房地产中介信用评价指标》所列明的各项不规范行为。

房地产中介服务人员执业规则

第二十五条【回避制度】

为保持中介活动的公正性，在房地产中介活动中，房地产中介服务人员与房地产交易一方当事人存在利害关系的，房地产中介服务人员应当回避，但征得另一方当事人书面同意的除外。

第二十六条【职业立场】

房地产中介服务人员在执行代理业务时，在合法、诚信的前提下，应当维护委托人的最大权益；在执行居间业务时，应当公平正直，不偏袒任何一方。

第二十七条【继续教育】

房地产中介服务人员应具有房地产行业的相关知识和技能，自觉参加行政主管部门及行业组织规定的房地产中介服务人员继续教育培训，不断提高知识水平和业务技能。

第二十八条【业务承接】

房地产中介服务人员不得同时在两个或者两个以上房地产中介服务机构从业；不得以个人名义接受委托，收取费用；应当拒绝接受违法违规或者违背社会公德、损害社会公共利益的房地产中介业务。

第二十九条【信息公示】

房地产中介服务人员在从事房地产中介业务时，应当向当事人出示自己的《温州市房地产中介服务人员执业证书》，并向服务对象明示，在名片上注明执业证号。房地产中介服务人员不得将注册证书借给他人使用或者允许他人以自己的名义执业。

第三十条【合同签名制度】

房地产中介服务机构统一承接房地产中介业务时，应指派或者由委托人选定执业在本机构的房地产中介服务人员为中介业务的承办人，并在委托协议中载明。在房地产中介服务合同中应当有执行该项中介业务的房地产中介服务人员的签名及注册号。

第三十一条【核对责任】

房地产中介服务人员在从事房地产中介业务时，应当核对委托人和委托代理人的身份证明及物业权属证明，以及该物业抵押、质押、出租、产权纠纷等真实情况。

第三十二条【业务办理】

房地产中介服务人员应当及时、如实地向委托人报告业务进行过程中的订约机会、市场行情变化及其他有关情况，不得对委托人隐瞒与交易有关的重要事项；应当及时向房地产中介服务机构报告业务进展情况，不得在脱离、隐瞒、欺骗房地产中介服务机构的情况下开展中介业务。

第三十二条【告知义务】

房地产中介服务人员应当凭借自己的专业知识和经验，向承购人（承租人）提供经过调查、核实的标的房屋信息，如实地向其告知标的房屋的有关情况，协助其对标的房屋进行查验。

第三十四条【交易资金监管】

房地产中介服务人员应当严格遵守房地产交易资金监管规定，保障房地产交易资金安全，不得挪用、占用或者拖延支付客户的房地产交易资金。

第三十五条【关联业务】

房地产中介服务人员推荐委托人使用与本机构有直接利益关系的担保、估价、保险、金融等机构的，应当告知委托人本机构与推荐机构之间是否存在利益关系，同时告知委托人有权选择推荐机构以外的其他机构。

第三十六条【风险提示】

房地产中介服务人员与客户签订服务合同时，不得隐瞒房屋的真实情况，应当诚实、客观地事先告知买方（承租人）。

第三十七条【保密责任】

房地产中介服务人员应当妥善保管委托人提供的资料，保守委托人的商业秘密和隐私，不得擅自将委托人提供的资料公开或者泄露给他人。

第三十八条【同业竞争】

房地产中介服务人员不得采取引诱、欺诈、胁迫、贿赂、恶意串通、恶意降低佣金标准或者诋毁其他房地产中介服务机构、房地产中介服务人员等不正当手段承揽房地产中介业务。

第三十九条【禁止行为】

房地产中介服务人员不得违反国家法律法规及政府规章制度，不得从事《房地产经纪管理办法》《温州市房地产中介服务管理条例》以及《温州市房地产中介信用评价指标》所列明的各项不规范行为。

执业行为管理与惩戒

第四十条【管理机构】

温州市房地产中介协会行业自律管理委员会是监督、管理房地产中介服务机构及服务人员执行本规范的自律管理机构。行业自律管理委员会授权秘书处负责具体执行委员会做出的处罚决定。

第四十一条【自律惩戒】

对房地产中介服务机构及服务人员的惩戒的方式分为规范执业建议、自律惩戒和行政处罚建议三种。房地产中介服务机构或服务人员被惩戒的，需记入信用档案，扣诚信分，并在房地产中介协会网站中公示。

第四十二条【复议申请】

行业自律管理委员会在对违规房地产中介机构实施惩戒前，由秘书处发出《自律惩戒通知书》，并告知其具有申请复议的权利。

附　　则

第四十三条【通过与修正】

本规范经本协会理事会通过后施行。

本规范的修订由行业自律管理委员会三名以上委员或秘书处提出书面建议，提请理事会表决通过进行修订。

第四十四条【解释权】

本规范由温州市房地产中介协会负责解释。

第四十五条【施行时间】

本规范自通知发布之日起实行。

温州市房地产估价师与经纪人协会

2016 年 06 月 06 日

第二节　温州市房地产经纪行业诚信评价指标

一、政策依据

为加强本市房地产经纪行业信用体系建设，规范房地产经纪机构和房地产经纪人员行为，促进房地产经纪行业持续健康发展，根据《社会信用体系建设规划纲要（2014—2020

年）》《温州市人民政府关于进一步深化社会信用体系建设的意见》《2015年温州市社会信用体系建设工作要点》，结合本行业实际，制定本指标。

二、适用范围

（一）机构诚信评价：包括在温州市从事房地产经纪业务的房地产经纪机构。

（二）个人诚信评价：包括在温州市从事房地产经纪业务的房地产经纪人员。

三、评价原则

诚信评价坚持客观、公平、公正、及时的原则。

四、评价指标分类及计分额度

（一）分类

根据良好行为的有益程度和不良行为的危害程度，良好行为和不良行为均分为A、B、C、D四个等级，其中良好行为的有益程度从A至D依次递减，不良行为的危害程度从A至D依次递增。

（二）计分额度

机构及个人良好行为加分额度为：

A，9分；

B，7分；

C，5分；

D，3分。

不良行为减分额度为：

A，3分；

B，6分；

C，9分；

D，20分。

五、计分时段及计分方法

（一）计分时段

诚信计分时段为1月1日至12月31日。

（二）计分方法

机构和个人每年年初的诚信分均为0，在一年内据其发生的良好行为和不良行为进行加减分，实行滚动计分、动态更新。机构和个人每年的诚信得分独立计算，不进行累加。

六、诚信级别划分

经纪机构和个人的诚信级别按其诚信得分划分为“诚信”“预警”“失信”三个级别。

（一）诚信：诚信分0分及以上为诚信。

（二）预警：诚信分－1分至－19分为预警。

（三）失信：诚信分－20分以下为失信，房地产经纪机构及房地产经纪人员符合不良行为D类中任何一条的，直接列入失信，而不参考其良好行为得分。

七、诚信信息公示内容

由温州市房地产估价师与经纪人协会网站平台公布经纪机构和从业人员的诚信级别，具体诚信得分不予公布。

八、指标的解释与修订

对本评价指标未列举的良好行为和不良行为，可参照本评价指标最类似的规定予以处理；如无最类似的规定，由温州市房地产估价师与经纪人协会（以下简称“协会”）自律专业委员会审议处理。

本评价指标的修订，由本会自律专业委员会三分之二以上委员提出书面建议，或由本会秘书处提出书面建议。

九、行为的追溯力

本指标所涉及行为的追溯力参照以下原则：良好行为的加分须本年发生、本年申请方有效，不良行为的减分以本会自律专业委员会决议时间为准，扣减当年诚信分。

十、其他说明

本指标所称“行业组织”指温州市房地产估价师与经纪人协会。

本指标所称“以上”“以下”皆包括本数，但有特别注明的除外。

十一、生效时间

本指标自发布之日起实施。

温州市房地产估价师与经纪人协会

2016 年 06 月 06 日

房地产经纪机构诚信评价指标（共 82 项）

一、良好行为指标（共 27 项）

A（共 7 项）

1. 至本年连续 5 年诚信分值达到诚信级别的；A
2. 至本年连续 5 年参加行业组织，并履行会员义务的；A
3. 本年受到主管部门或行业组织通报表扬的；A
4. 本年参与社会公益事业，累计捐款提供物资达到 10 万元以上的；A
5. 本年被评定为五星级经纪机构的；A
6. 本年机构所辖门店被评定为五星级门店的；A
7. 本年机构所辖房地产经纪人员有被评为五星级房地产经纪人员的。A

B（共 6 项）

1. 至本年连续 4 年诚信分值达到诚信级别的；B
2. 至本年连续 4 年参加行业组织，并履行会员义务的；B
3. 本年参与社会公益事业，累计捐款提供物资达到 7 万元以上的；B
4. 本年被评定为四星级经纪机构（门店）的；B
5. 本年机构所辖门店有被评定为四星级门店的；B
6. 本年机构所辖房地产经纪人员有被评为四星级房地产经纪人员的。B

C（共 6 项）

1. 至本年连续 3 年诚信分值达到诚信级别的；C
2. 至本年连续 3 年参加行业组织，并履行会员义务的；C
3. 本年参与社会公益事业，累计捐款提供物资达到 5 万元以上的；C
4. 本年被评定为三星级经纪机构（门店）的；C
5. 本年机构所辖门店有被评定为三星级门店的；C
6. 本年机构所辖房地产经纪人员有被评为三星级房地产经纪人员的；C

D（共 8 项）

1. 至本年连续 2 年诚信分值达到诚信级别的；D
2. 至本年连续 2 年参加行业组织，并履行会员义务的；D
3. 本年参与社会公益事业，累计捐款提供物资达到 3 万元以上的；D
4. 积极参加行业组织，本年为行业自律工作做出突出贡献，提出合理化建议和意见被采纳的；D
5. 本年被评定为二星级经纪机构（门店）的；D
6. 本年机构所辖门店有被评定为二星级门店的；D
7. 本年机构所辖房地产经纪人员有被评为二星级房地产经纪人员的；D
8. 机构（门店）上一年无诚信扣分记录的；D

二、不良行为指标（共 55 项）

A（共 5 项）

1. 不按时报送年检、信用档案材料的；A
2. 未在经营场所醒目位置公示按规定应当公示的事项的；A
3. 随意承诺或承诺后故意不兑现，损害委托人利益的；A
4. 未经委托人同意，擅自将经纪业务转委托的；A
5. 其他经自律专业委员会审定为 A 类不良行为的。A

B（共 18 项）

1. 不如实报送年检、信用档案材料的；B
2. 未对所委托销售房源的合法性、真实性进行查验的；B
3. 未要求委托人提供具有买卖房屋资格证明材料的；B
4. 发布、使用与房源不一致的房源信息编码的；B
5. 以不当手段获取房地产经纪信息的；B
6. 违规披露、使用或者允许他人使用开展业务过程中知悉的委托人或其他当事人相关信息的；B
7. 知道或者应当知道本机构房地产经纪人员在执行职务过程中存在不良信用行为，不予阻止和纠正的；B
8. 违反有关规定，未在其经营场所的醒目位置公示价目表、实施明码标价经营的；B
9. 提供关联服务，未向委托人说明服务内容和收费标准的，或违反委托人意愿，强制其接受关联服务的；B
10. 不签订主管部门规定的示范文本合同的；B
11. 在经纪合同中设置不公平或模糊条款，逃避应当承担的责任，侵害委托人权益的；B
12. 唆使本机构人员从事不良信用行为的；B
13. 在为房地产开发企业代理的过程中，参与或协助从事违规活动的；B
14. 知道或者应当知道房地产经纪人员已受聘于另一房地产经纪机构，仍然聘用或指派其在本机构开展房地产经纪业务的；B
15. 不按规定参加行业培训活动的；B
16. 以法律、法规、规章限制交易的房地产为对象从事经纪业务的；B

17. 聘用或指派《温州市房地产经纪行业不良从业人员》名单内人员在本机构开展房地产经纪业务的；B

18. 其他经自律专业委员会审定为B类不良行为的。B

C（共23项）

1. 为未取得《温州市房地产经纪机构备案证书》的房地产经纪机构从事经纪业务提供便利的；C

2. 聘用未纳入行业自律的人员从事房地产经纪业务的；C

3. 违反规定代收交易当事人支付的交易款项的；C

4. 未按要求执行行业组织做出的自律惩戒决定的；C

5. 协助或从事一房多卖或一房多租等非法经纪活动的；C

6. 在从事房地产经纪业务过程中赚取差价的；C

7. 无故挪用、占用或者无故拖延支付客户的房地产交易资金的；C

8. 虚构事实或隐瞒真相，对相关当事人进行误导或欺诈，给当事人造成重大损失的；C

9. 与一方当事人串通，严重损害另一方当事人合法权益的；C

10. 以暴力、胁迫、欺骗、贿赂、恶意降低佣金标准等不正当手段承揽房地产经纪业务的；C

11. 采取不正当手段恶性竞争，严重损害行业或同行声誉、利益的；C

12. 非法获取或使用其他房地产经纪机构商业机密的；C

13. 以法律、法规、规章禁止交易的房地产为对象从事经纪业务的；C

14. 因机构责任引发群体性或恶性信访事件的；C

15. 企业法定代表人或执行合伙人、主要股东或合伙人因执行职务触犯刑法，被依法追究刑事责任的；C

16. 不参与行业自律的；C

17. 不积极配合主管部门或行业组织的管理工作的；C

18. 未年检或年检不合格的；C

19. 违反房地产相关法律、法规规定受到行政处罚的；C

20. 为承揽业务，进行虚假宣传或虚假承诺欺骗客户的；C

21. 未按《温州市房地产经纪行业从业人员不良行为处理办法》规定上传不良从业人员名单；C

22. 通过本机构购买、出售、承租、出租房地产，但未在签订合同前书面告知交易当事人并取得交易当事人同意的；C

23. 其他经自律专业委员会审定为C类不良行为的。C

D（共9项）

1. 未备案经责令整改拒不备案的；D

2. 为非本机构（人员）以本机构名义从事房地产经纪业务提供便利的；D

3. 连续两年被列为预警对象的；D

4. 因违反房地产相关法律、法规规定，一年内受到两次以上行政处罚的；D

5. 不执行主管部门的行政处罚或行业组织作出的自律惩戒决定的；D

6. 伪造、变造备案、星级标识、年检等相关材料的；D

7. 聘用被列入“温州市房地产经纪行业不良从业人员”名单内人员且拒不整改的；D

8. 存在违法违规行为被司法机关处理的；D
9. 其他经自律专业委员会审定为D类不良行为的。D

房地产经纪人员诚信评价指标（共73项）

一、良好行为指标（共27项）

A（共9项）

1. 至本年连续5年的诚信分值达到诚信级别的；A
2. 至本年连续5年参加行业组织，并履行会员义务的；A
3. 本年受到主管部门或行业组织通报表扬的；A
4. 本年在国家级房地产专业刊物发表房地产经纪相关文章的；A
5. 本年义务参与主管部门或行业组织课题研究或政策、标准制定工作的；A
6. 本年积极参与社会公益事业，提供物资、捐款累计达到3万元的；A
7. 本年参与社会义务工作累计50小时以上的；A
8. 本年被评定为五星级房地产经纪人员的；A
9. 本年无发布虚假房源信息行为的。A

B（共5项）

1. 至本年连续4年的诚信分值达到诚信级别的；B
2. 至本年连续4年参加行业组织，并履行会员义务的；B
3. 本年积极参与社会公益事业，提供物资、捐款累计达到1万元的；B
4. 本年参与社会义务工作累计40小时以上的；B
5. 本年被评定为四星级房地产经纪人员的。B

C（共5项）

1. 至本年连续3年的诚信分值达到诚信级别的；C
2. 至本年连续3年参加行业组织，并履行会员义务的；C
3. 本年积极参与社会公益事业，提供物资、捐款累计达到5000元的；C
4. 本年参与社会义务工作累计30小时以上的；C
5. 本年被评定为三星级房地产经纪人员的。C

D（共8项）

1. 至本年连续2年的诚信分值达到诚信级别的；D
2. 至本年连续2年参加行业组织，并履行会员义务的；D
3. 积极履行会员义务，为行业自律规范做出突出贡献的；D
4. 本年积极参与社会公益事业，提供物资、捐款累计达到2000元的；D
5. 按时参加主管部门或行业组织的素质培训的；D
6. 热心行业的发展，为行业的发展提出合理化建议和意见被采纳的，或为行业活动提供有力支持的；D
7. 本年参与社会义务工作累计20小时以上的；D
8. 本年被评定为二星级房地产经纪人员的。D

二、不良行为指标（共 46 项）

A（共 6 项）

1. 不按时报送信用档案材料的；A
2. 从业房地产经纪机构发生变更，不按规定办理变更的；A
3. 不按规定参加行业培训活动的；A
4. 开展业务时，不按规定向服务对象出示有关证件的；A
5. 开展业务时，不如实向服务对象说明服务内容、收费项目、收费标准的；A
6. 其他经自律专业委员会审定为 A 类不良行为的。A

B（共 12 项）

1. 参与或协助房地产开发企业违规炒房、囤积房源和哄抬房价等行为的；B
2. 不如实报送信用档案材料的；B
3. 接受所在机构指派或他人请托，以房地产经纪人员名义在非自己执行的房地产经纪业务的经纪合同或交易合同上签字的；B
4. 违反当事人意愿强制当事人接受其指定的担保、估价、保险、金融等机构的服务的；B
5. 在经纪活动中，未对所委托房源的合法性、真实性进行查验的；B
6. 未要求委托人提供具有购房资格证明材料的；B
7. 未经委托人同意且非为委托人利益，擅自超越委托权限从事业务活动，给委托人造成损失的；B
8. 不签订主管部门规定的示范文本合同的；B
9. 在经纪合同中设置不公平或模糊条款，逃避应当承担的责任，侵害委托人权益的；B
10. 未在其提供经纪服务的有关交易合同中签名的；B
11. 以法律、法规、规章限制交易的房地产为对象从事经纪业务的；B
12. 其他经自律专业委员会审定为 B 类不良行为的。B

C（共 14 项）

1. 以他人名义或者允许他人以自己名义从事房地产经纪业务的；C
2. 同时在两个或两个以上房地产经纪机构中从事房地产经纪业务的；C
3. 非法占有或违规利用所从业机构商业信息的；C
4. 以法律、法规、规章禁止交易的房地产为对象从事经纪业务的；C
5. 违反规定，擅自代收交易当事人支付的交易款项的；C
6. 协助或从事一房多卖或一房多租等非法经纪活动的；C
7. 虚构事实或隐瞒真相，对相关当事人进行误导或欺诈，给当事人造成重大损失的；C
8. 为承揽业务，进行虚假宣传或虚假承诺欺骗客户的；C
9. 因执行房地产经纪业务中的故意或重大过失，给所从业机构造成较大损失的；C
10. 发布虚假房产信息或发布、使用与房源不一致的房源信息编码的；C
11. 不积极配合主管部门或行业组织的管理工作的；C
12. 恶性竞争，严重损害行业或同行业其他房地产经纪人员声誉、利益的；C
13. 连续两年被列为预警对象的；C
14. 其他经自律专业委员会审定为 C 类不良行为的。C

D（共14项）

1. 因违反房地产相关法律、法规规定，一年内受到两次以上行政处罚的；D

2. 拒不执行主管部门的行政处罚或行业组织做出的自律惩戒决定的；D

3. 伪造、变造或使用伪造、变造的相关材料及信用信息的；D

4. 参与、协助当事人伪造、变造相关材料及信用信息的；D

5. 骗取、出租、出借资格证书、注册证书及星级服务牌的；D

6. 在从事房地产经纪业务中赚取差价的；D

7. 与一方当事人串通，严重损害他人合法权益的；D

8. 以暴力、胁迫、欺诈、贿赂等不正当手段承揽业务的；D

9. 因执行房地产经纪业务的行为违法的，被依法追究法律责任的；D

10. 私自将客户带至其他房地产经纪机构成交，或私自以个人名义承揽房地产经纪业务；D

11. 利用从事房地产经纪业务的便利，收受服务报酬以外的其他不当得利的；D

12. 挪用、侵占客户房地产交易资金或房地产经纪机构资金的；D

13. 将房地产经纪机构房源或客户资料私自转卖、泄露给其他机构或个人的；D

14. 其他经自律专业委员会审定可按D类不良行为处理的。D

第三节　温州市房地产经纪行业星级评定实施方案

一、宗旨

为规范市场行为，鼓励从业人员诚信从业，促进诚信行业建设，对房产经纪门店和房产经纪人实施“星级评定活动”。星级划分为五个等级，由低到高依次为一星、二星、三星、四星、五星。

二、星级评定基本条件

1. 通过房地产经纪人员星级测评（见附件一）。

星级级别	一星级	二星级	三星级	四星级	五星级
学分要求	≥10学分	≥20学分	≥30学分	≥40学分	≥50学分

2. 持有“温州市房地产经纪人执业资格证书”。

3. 企业会员在本市工商管理部门登记注册并经房地产管理部门备案（含加盟店）。

4. 具有温州市房地产估价师与经纪人协会会员资格。

5. 诚信评价级别为“诚信”。本方案所称的“诚信级别”是指房产经纪机构和房产经纪人的诚信综合评价结果，分为“诚信”“预警”和“失信”三个级别，统称“诚信级别”。

三、星级人员的评定

1. 首次申请星级或重新申请星级，符合星级评定基本条件的，可评定为“一星”。

2. 符合星级评定基本条件的，上一年诚信级别非“失信”，星级有效时间累计满1年的星级人员，可评定为“二星”。

3. 符合星级评定基本条件的，上两年诚信级别非“失信”，星级有效时间累计满2年的星级人员，可评定为“三星”。

4. 符合下列条件之一的星级人员，可被评定为“四星”：

（1）符合星级评定基本条件的，上四年诚信级别皆非“失信”，星级有效时间累计满4

年的星级人员；

（2）符合星级评定基本条件的，持有全国房地产经纪人职业资格证书，上两年诚信级别非“失信”，星级有效时间累计满 2 年的星级人员。

5. 符合下列条件之一的星级人员，可评定为“五星”：

（1）符合星级评定基本条件的，上五年诚信级别皆非“失信”，星级有效时间累计满 5 年的星级人员；

（2）符合星级评定基本条件的，取得全国房地产经纪人职业资格证书，且上三年诚信级别皆非“失信”，星级有效时间累计满 3 年的星级人员。

四、星级门店的评定

1. 门店在本市工商管理部门登记注册并经房地产管理部门备案，拥有 2 名一星级人员或拥有 1 名二星级人员的，门店星级总数为 2 颗星的，可评定为“一星”。

2. 符合以下条件的门店，可评定为“二星”：

（1）门店在本市工商管理部门登记注册并经房地产管理部门备案；

（2）上一年门店诚信级别非“失信”；

（3）至少拥有 1 名有效二星人员，且门店星级总数达到 3 颗星。

3. 符合以下条件的门店，可评定为“三星”：

（1）门店在本市工商管理部门登记注册并经房地产管理部门备案；

（2）上两年门店诚信级别皆非“失信”；

（3）至少拥有 1 名有效三星人员，且门店星级总数达到 7 颗星。

4. 符合以下条件的门店，可评定为“四星”：

（1）门店在本市工商管理部门登记注册并经房地产管理部门备案；

（2）上三年门店诚信级别皆非“失信”；

（3）至少拥有 2 名有效四星人员，且门店星级总数达到 15 颗星。

5. 符合以下条件的门店，可评定为“五星”：

（1）门店在本市工商管理部门登记注册并经房地产管理部门备案；

（2）上四年门店诚信级别皆非“失信”；

（3）至少拥有 3 名有效五星人员，且门店星级总数达到 30 颗星；

（4）必须拥有一名持有全国房地产经纪人职业资格证书的星级经纪人。

五、评定办法

1. 申请星级的门店和个人可以从协会网站下载并填写温州市房地产经纪星级评定表，经单位初审后，送协会秘书处。加盟店的申报所属机构总部初审盖章后，报送协会秘书处。个人申请需提供身份证复印件一张、经纪人资格证书复印件一张、电子版照片一张。门店申请需提供营业执照复印件一张、电子版门店照片一张。所有申请都要附会员证明，会员证明由协会提供。

2. 申请星级评定必须通过协会组织的星级测评，获得相应学分后，才能取得相应的从业星级。

3. 协会成立星级评定领导小组（以下简称领导小组），对所报星级申请予以审定。领导小组由住建委、权威媒体、学术研究人员、协会秘书长及行业内具有代表性的有关人员组成。

4. 凡已取得星级的机构和个人，如在从业过程中有不诚信行为，经领导小组审定，可视情给予降级或取消星级的处理。

5. 星级申请原则上不能跳级申请，一年一级。初次评星的只能从一星开始评，已有星级的可以申请保留原星级。

6. 参加星级评选无须缴纳任何费用，只要是协会会员都有资格参加，并已缴纳当年的会费。

7. 星级有效期为一年，在每年星级评定开始时，可向本会申请星级保留或提升，经审核合格后准予相应星级，且有效期顺延一年。星级过期的，星级标识失效，须重新申请星级。

8. 对于任何违反诚信原则、星级评选规则的不良行为，都可通过温州住建网和协会网写明情况投诉。或拨打投诉举报电话，住建委投诉举报电话：0577-89987101，89987099；协会投诉举报电话：0577-88685937，88685936。

六、信息利用

1. 将经领导小组审定的诚信从业星级录入温州住建网和协会网站，并将诚信从业星级门店和人员信息在温州住建网和协会网站上同时公布展示。

2. 星级评选内容也将体现在网签存量房合同上，合同页面上会自动显示经纪人的星级信息、诚信状况、备案登记号等内容。未参加评星的门店和经纪人，合同页面上将显示星级状况为未获星、诚信状况不明等内容。

承办单位：温州市房地产估价师与经纪人协会
支持单位：温州市住房和城乡建设委员会
2016 年 06 月 06 日

附 件

星级测评课程表

序号	课程	学分	备注
1	参加温州市经纪人资格培训并获得证书	10 分	直接得分
2	关于职业经纪人的职业诚信和评价指标培训	10 分	选修
3	房地产经纪行业法规及自律规范培训	10 分	选修
4	关于职业经纪人的职业规划和技能培训	10 分	选修
5	以案说法有关职业经纪人执业中碰到的问题	10 分	选修

注：1. 只要参加温州市经纪人资格培训并获得证书的，直接获得 10 分学分。选修课程学员可根据情况选择。

2. 参加星级评价的个人和门店具有协会会员资格，已缴纳会费的会员星级培训免费。

3. 星级测评教师团队由外聘及会员支援组成。

附　录

房地产经纪人职业资格考试及温州存量房网上交易相关规定

附录一　房地产经纪专业人员职业资格制度暂行规定

第一章　总　　则

第一条　为加强房地产经纪专业人员队伍建设，提高房地产经纪专业人员素质，规范房地产经纪活动秩序，根据《中华人民共和国城市房地产管理法》《国务院机构改革和职能转变方案》和国家职业资格证书制度有关规定，制定本规定。

第二条　本规定适用于在房地产交易活动中，为促成房地产公平交易，从事存量房和新建商品房居间、代理等房地产经纪活动的专业人员。

第三条　国家设立房地产经纪专业人员水平评价类职业资格制度，面向全社会提供房地产经纪专业人员能力水平评价服务，纳入全国专业技术人员职业资格证书制度统一规划。

第四条　房地产经纪专业人员职业资格分为房地产经纪人协理、房地产经纪人和高级房地产经纪人3个级别。房地产经纪人协理和房地产经纪人职业资格实行统一考试的评价方式。高级房地产经纪人职业资格评价的具体办法另行规定。

房地产经纪专业人员英文为：Real Estate Agent Professionals。

第五条　通过房地产经纪人协理、房地产经纪人职业资格考试，取得相应级别职业资格证书的人员，表明其已具备从事房地产经纪专业相应级别专业岗位工作的职业能力和水平。

第六条　人力资源社会保障部、住房城乡建设部共同负责房地产经纪专业人员职业资格制度的政策制定，并按职责分工对房地产经纪专业人员职业资格制度的实施进行指导、监督和检查。中国房地产估价师与房地产经纪人学会具体承担房地产经纪专业人员职业资格的评价与管理工作。

第二章　考　　试

第七条　房地产经纪人协理、房地产经纪人职业资格实行全国统一大纲、统一命题、统一组织的考试制度。原则上每年举行1次考试。

第八条　中国房地产估价师与房地产经纪人学会负责房地产经纪专业人员职业资格评价的管理和实施工作，组织成立考试专家委员会，研究拟定考试科目、考试大纲、考试试题和考试合格标准。

第九条　人力资源社会保障部、住房城乡建设部指导中国房地产估价师与房地产经纪人学会确定房地产经纪人协理、房地产经纪人职业资格考试科目、考试大纲、考试试题和考试合格标准，并对其实施房地产经纪人协理、房地产经纪人职业资格考试工作进行监督、检查。

第十条　申请参加房地产经纪专业人员职业资格考试应当具备的基本条件：

（一）遵守国家法律、法规和行业标准与规范；

（二）秉承诚信、公平、公正的基本原则；

（三）恪守职业道德。

第十一条　申请参加房地产经纪人协理职业资格考试的人员，除具备本规定第十条的基本条件外，还必须具备中专或者高中及以上学历。

第十二条　申请参加房地产经纪人职业资格考试的人员，除具备本规定第十条的基本条件外，还必须符合下列条件之一：

（一）通过考试取得房地产经纪人协理职业资格证书后，从事房地产经纪业务工作满6年；

（二）取得大专学历，工作满6年，其中从事房地产经纪业务工作满3年；

（三）取得大学本科学历，工作满4年，其中从事房地产经纪业务工作满2年；

（四）取得双学士学位或研究生班毕业，工作满3年，其中从事房地产经纪业务工作满1年；

（五）取得硕士学历（学位），工作满2年，其中从事房地产经纪业务工作满1年；

（六）取得博士学历（学位）。

第十三条　房地产经纪人协理、房地产经纪人职业资格考试合格，由中国房地产估价师与房地产经纪人学会颁发人力资源社会保障部、住房城乡建设部监制，中国房地产估价师与房地产经纪人学会用印的相应级别《中华人民共和国房地产经纪专业人员职业资格证书》（以下简称房地产经纪专业人员资格证书）。该证书在全国范围有效。

第十四条　对以不正当手段取得房地产经纪专业人员资格证书的，按照国家专业技术人员资格考试违纪违规行为处理规定处理。

第三章　职业能力

第十五条　取得相应级别房地产经纪专业人员资格证书的人员，应当遵守国家法律、法规及房地产经纪行业相关制度规则，坚持诚信、公平、公正的原则，保守商业秘密，保障委托人合法权益，恪守职业道德。

第十六条　取得房地产经纪人协理职业资格证书的人员应当具备的职业能力：

（一）了解房地产经纪行业的法律法规和管理规定；

（二）基本掌握房地产交易流程，具有一定的房地产交易运作能力；

（三）独立完成房地产经纪业务的一般性工作；

（四）在房地产经纪人的指导下，完成较复杂的房地产经纪业务。

第十七条　取得房地产经纪人职业资格证书的人员应当具备的职业能力：

（一）熟悉房地产经纪行业的法律法规和管理规定；

（二）熟悉房地产交易流程，能完成较为复杂的房地产经纪工作，处理解决房地产经纪业务的疑难问题；

（三）运用丰富的房地产经纪实践经验，分析判断房地产经纪市场的发展趋势，开拓创新房地产经纪业务；

（四）指导房地产经纪人协理和协助高级房地产经纪人工作。

第十八条 取得相应级别房地产经纪专业人员资格证书的人员，应当按照国家专业技术人员继续教育及房地产经纪行业管理的有关规定，参加继续教育，不断更新专业知识，提高职业素质和业务能力。

第四章 登　　记

第十九条 房地产经纪专业人员资格证书实行登记服务制度。登记服务的具体工作由中国房地产估价师与房地产经纪人学会负责。

第二十条 中国房地产估价师与房地产经纪人学会定期向社会公布房地产经纪专业人员资格证书的登记情况，建立持证人员的诚信档案，并为用人单位提供取得房地产经纪专业人员资格证书的信息查询服务。

第二十一条 取得房地产经纪专业人员资格证书的人员，应当自觉接受中国房地产估价师与房地产经纪人学会的管理和社会公众的监督。其在工作中违反相关法律、法规、规章或者职业道德，造成不良影响的，由中国房地产估价师与房地产经纪人学会取消登记，并收回其职业资格证书。

第二十二条 房地产经纪专业人员登记服务机构在登记服务工作中，应当严格遵守国家和本行业的各项管理规定以及学会章程。

第五章 附　　则

第二十三条 通过考试取得相应级别房地产经纪专业人员资格证书，且符合《经济专业人员职务试行条例》中助理经济师、经济师任职条件的人员，用人单位可根据工作需要聘任相应级别经济专业职务。

第二十四条 本规定施行前，依据原人事部、原建设部印发的《〈房地产经纪人员职业资格制度暂行规定〉和〈房地产经纪人执业资格考试实施办法〉》（人发［2001］128 号）要求，通过考试取得的房地产经纪人执业资格证书，与按照本规定要求取得的房地产经纪人职业资格证书效用等同。通过考试取得房地产经纪人协理资格证书效用不变。

第二十五条 本规定自 2015 年 7 月 1 日起施行。

附录二 房地产经纪专业人员职业资格考试实施办法

第一条 人力资源社会保障部、住房城乡建设部按职责分工负责指导、监督和检查房地产经纪专业人员职业资格考试的实施工作。

第二条 中国房地产估价师与房地产经纪人学会具体负责房地产经纪专业人员职业资格考试的实施工作。

第三条 房地产经纪人协理职业资格考试设《房地产经纪综合能力》和《房地产经纪操作实务》2 个科目。考试分 2 个半天进行，每个科目的考试时间均为 2.5 小时。

房地产经纪人职业资格考试设《房地产交易制度政策》《房地产经纪职业导论》《房地产

经纪专业基础》和《房地产经纪业务操作》4个科目。考试分4个半天进行，每个科目的考试时间均为2.5小时。

第四条 房地产经纪专业人员职业资格各科目考试成绩实行滚动管理的办法。在规定的期限内参加应试科目考试并合格，方可获得相应级别房地产经纪专业人员职业资格证书。

参加房地产经纪人协理职业资格考试的人员，必须在连续的2个考试年度内通过全部（2个）科目的考试；参加房地产经纪人职业资格考试的人员，必须在连续的4个考试年度内通过全部（4个）科目的考试。

第五条 符合《房地产经纪专业人员职业资格制度暂行规定》（以下简称《暂行规定》）第十条的基本条件和相应级别报名条件之一的，均可申请参加相应级别考试。

第六条 符合《暂行规定》相应级别考试报名条件之一的，并具备下列一项条件的，可免予参加房地产经纪专业人员职业资格部分科目的考试：

（一）通过全国统一考试，取得经济专业技术资格“房地产经济”专业初级资格证书的人员，可免试房地产经纪人协理职业资格《房地产经纪综合能力》科目，只参加《房地产经纪操作实务》1个科目的考试；

（二）按照原《房地产经纪人员职业资格制度暂行规定》和《房地产经纪人执业资格考试实施办法》（人发［2001］128号）要求，通过考试取得房地产经纪人协理资格证书的人员，可免试房地产经纪人协理职业资格《房地产经纪操作实务》科目，只参加《房地产经纪综合能力》1个科目的考试；

（三）通过全国统一考试，取得房地产估价师资格证书的人员；通过全国统一考试，取得经济专业技术资格“房地产经济”专业中级资格证书的人员；或者按照国家统一规定评聘高级经济师职务的人员，可免试房地产经纪人职业资格《房地产交易制度政策》1个科目，只参加《房地产经纪职业导论》《房地产经纪专业基础》和《房地产经纪业务操作》3个科目的考试。

参加1个或3个科目考试的人员，须在1个或连续的3个考试年度内通过应试科目的考试，方可获得房地产经纪专业人员职业资格证书。

免试部分科目的人员在报名时，应当提供相应证明文件。

第七条 参加考试由本人提出申请，按有关规定办理报名手续。考试实施机构按照规定的程序和报名条件审核合格后，核发准考证。参加考试人员凭准考证和有效证件在指定的日期、时间和地点参加考试。

中央和国务院各部门及所属单位、中央管理企业的人员按属地原则报名参加考试。

第八条 考点原则上设在直辖市和省会城市的大、中专院校或者高考定点学校。如确需在其他城市设置考点，须经中国房地产估价师与房地产经纪人学会批准。考试日期原则上为每年的第三季度。

第九条 坚持考试与培训分开的原则。凡参与考试工作（包括命题、审题与组织管理等）的人员，不得参加考试，也不得参加或者举办与考试内容相关的培训工作。应考人员参加培训坚持自愿原则。

第十条 考试实施机构及其工作人员，应当严格执行国家人事考试工作人员纪律规定和考试工作的各项规章制度，遵守考试工作纪律，切实做好从考试试题的命制到使用等各环节的安全保密工作，严防泄密。

第十一条 对违反考试工作纪律和有关规定的人员，按照国家专业技术人员资格考试违纪违规行为处理规定处理。

附录三 温州市存量房网上交易管理暂行办法

第一条 为了提高存量房交易信息的透明度，规范存量房经纪和交易行为，保障存量房交易安全，根据《房地产经纪管理办法》(住房城乡建设部令第8号)、中华人民共和国行业标准《房地产市场信息系统技术规范》，国务院办公厅《转发建设部等部门关于调整住房供应结构稳定住房价格意见的通知》(国办发〔2006〕37号)、《关于促进房地产市场平稳健康发展的通知》(国办发〔2010〕4号)、《关于继续做好房地产市场调控工作的通知》(国办发〔2013〕17号)，住房城乡建设部《关于建立全国房地产交易信息日报制度的通知》(建房〔2015〕55号) 等文件要求，结合本地实际，制定本办法。

第二条 本办法所称存量房是指已被购买或自建并取得所有权证书的房屋。温州市行政区域范围内存量房交易均按本办法规定实行网上交易管理。

第三条 温州市住房和城乡建设委员会负责本市行政区域内存量房网上交易的组织实施和管理监督工作。

各县(市、区)房产管理部门(以下简称管理机构)负责本辖区内存量房网上交易的组织实施和管理监督工作。各房屋登记机构(以下简称实施机构)负责本辖区范围内存量房网上交易管理的具体实施工作，包括存量房交易信息发布、档案信息查询、合同网上签约等工作。

第四条 房地产经纪机构(以下简称经纪机构)应当自取得营业执照之日起30日内，向所在地管理机构申请经纪机构备案。管理机构准予经纪机构备案的，应向经纪机构发放备案证明。

申请经纪机构备案应当提供下列材料：

(一) 房地产经纪机构备案表；

(二) 工商营业执照(原件、复印件)；

(三) 负责人和规定数量的执业经纪人员身份证明和房地产经纪人员资格证书(原件及复印件，经纪公司需5名以上，个体中介机构需2名以上)；

(四) 其他应当提供的材料。

本办法所称房地产经纪人员包括取得房地产经纪人、房地产经纪人协理及经过房地产经纪职业培训取得上岗证书的人员。

第五条 经纪机构在取得备案证明后，应当向实施机构申请办理网上用户认证手续，取得登录存量房网上交易管理系统的操作资格。经纪机构的用户认证信息发生变化的，应在7日内向实施机构申请办理变更认证手续。

第六条 经纪机构申请办理网上用户认证，应当提供下列材料：

(一) 房地产经纪机构网上用户认证申请表；

(二) 房地产经纪机构营业执照(原件、复印件)；

(三) 房地产经纪机构备案证明(原件、复印件)；

(四) 房地产经纪人员名册；

(五) 其他必要资料。

实施机构应当自受理之日起7个工作日内完成审查工作，符合规定要求的发放存量房网上交易管理系统账号。

第七条 经纪机构受理存量房经纪业务前，应当查验出售房源房地产权属证明和权利人身份证明，对权属不清、授权不明的房屋，经纪机构不得接受委托。

第八条 经纪机构接受存量房经纪业务的，应当通过存量房网上交易管理系统与委托人签订《存量房经纪委托合同》，指定房地产经纪人员为其提供服务，并在存量房网上交易管理系统发布委托出售房源信息。

第九条 发布委托出售的房源信息应包括下列内容：

（一）委托出售房屋主要自然状况和相关权属状况；

（二）房屋交易的条件；

（三）经纪机构名称、联系方式和主办经纪人员；

（四）需要说明的其他事项及其他应当发布的信息。

第十条 委托人与经纪机构协商一致需要变更或者解除存量房经纪委托合同的，经纪机构应当通过存量房网上交易管理系统更新经纪委托合同信息。

第十一条 房屋所有权人可以委托一家或多家经纪机构发布房源信息，房源信息由第一家受委托经纪机构发布，其他经纪机构仅在房源信息中显示联系信息，不能修改房源信息。

第十二条 经纪机构促成存量房交易的，应当通过存量房网上交易管理系统为交易双方当事人提供签订《房屋买卖合同》网上操作服务，在交易双方当事人输入各自签约密码予以确认后提交并打印该《房屋买卖合同》，由交易双方和房地产经纪人签字，加盖房地产经纪机构印章。

第十三条 未通过经纪机构而自行成交的，存量房交易双方当事人在签署《自行成交申请书》后，可持房屋所有权证、土地使用权证和身份证明等材料向实施机构申请《房屋买卖合同》网上签约服务。

第十四条 《房屋买卖合同》自签订之日起至申请房屋转移或预告登记之前，买卖双方当事人协商一致需要变更买卖合同条款（交易双方主体不能变更）的，交易双方当事人应同时到经纪机构，输入各自签约密码，再由原经纪机构进行变更并重新打印《房屋买卖合同》的网上操作服务，并由交易双方和房地产经纪人签字，加盖房地产经纪机构印章。

交易双方当事人协商一致需要撤销《房屋买卖合同》的，在合同签订之日起 7 日保护期内，交易双方当事人应持解除合同的书面协议、身份证明等材料到实施机构办理合同撤销手续；在合同签订 7 日保护期后的，交易双方当事人到原经纪机构，确认各自签约密码后，由经纪机构提供合同撤销的网上操作服务。

第十五条 双方当事人应当在《房屋买卖合同》约定的时间内，持规定的材料向实施机构申请房屋转移登记或房屋所有权转移预告登记。

第十六条 存量房交易相关当事人应当遵守存量房网上交易的各项操作规程，如实提供和填写房源信息、合同内容和传送信息，并对所提供和填写信息的真实性、合法性负责。不得通过存量房网上交易管理系统发布与存量房交易无关的信息。

第十七条 存量房交易双方当事人约定由存量房交易资金托管机构支付交易资金的，应当与托管机构签订《存量房交易结算资金托管协议》，取得《存量房交易结算资金托管证明》，并根据该约定通过托管机构在银行开设的客户交易结算资金专用存款账户划转交易资金。

第十八条 实施机构应当根据存量房网上交易管理系统提供的信息，做好存量房交易信息的采集、汇总和统计工作，建立和完善存量房交易市场运行的监测、分析和报告制度。

第十九条 管理机构应当加强对存量房网上交易工作的监督和管理。对存量房交易双方当事人不按本办法交易存量房的，不予受理房屋所有权转移登记或房屋所有权转移预告登记。对经纪机构违反本办法规定的，应当责令其整改，在整改期间可暂停其网上操作资格；

对拒不整改或整改不到位的，实施机构可采取限停网上用户认证权限、媒体曝光等措施，作为不良信用记入其信用档案并向社会公布。

第二十条 本办法自2015年10月1日起实施。

附录四 温州存量房网签操作指南

一、系统要求

（一）硬件要求

1. 计算机配置

因为本系统是浏览器-服务器类型的软件，对计算机的要求不高，只要计算机能够运行一般的办公室软件和浏览器就可以。

最低的配置：CPU：P233和同等性能的其他芯片；内存128M；56K电话拨号上网；真彩色显示器1024×768分辨率。

推荐的配置：CPU：PIII800和同等性能的其他芯片；内存256M；宽带上网；真彩色显示器1024×768分辨率。

2. 网络设备

获得最佳操作：重点是内存数量和网络速度。在本系统运行的时候，有的功能需要传递大量数据，因此，网络速度成为系统运行的基本要素。一些功能的界面汇集了大量的数据内容，因此，显示器的分辨率越大越好，建议使用1024×768为好。

（二）系统软件

1. 操作系统

本系统在以下操作系统中已经进行了大量测试，可以完成所有的功能：Windows7，Window 10专业版。所有这些版本包括中文版和英文版。其他语言的版本没有测试过。

其他版本的操作系统没有严密和完整的测试数据。

2. 浏览器

本系统支持的浏览器软件是：Microsoft Internet Explorer 11版本和Firefox浏览器。

其他厂商的浏览器软件不支持。

3. 其他软件

本系统经过严格的测试，对计算机上正确安装的其他软件没有任何影响。同样，计算机上正常安装的其他软件也不会影响本系统的运行。病毒或被破坏的软件可能对本系统的正常运行产生影响，但是不会对本系统的数据产生影响。

一些防火墙软件、杀毒软件可能影响本系统的正常运行，请参考相关软件的说明书，进行适当的设置。

（三）安装软件

本系统不需要任何安装，但为了能正常运行本系统，请仔细检查计算机的相关设置。

1. 浏览器弹出窗口

本系统在操作过程中，使用了一些弹出窗口。而现在有些网站大量弹出非善意的窗口，一些上网助手的软件限制浏览器弹出窗口。在使用本系统时，请关闭这些软件。如何关闭和设置这些软件，请参考相关的帮助文件。

2. 浏览器基本设置

为了正常运行本系统，请检查浏览器设置，按照下面的步骤进行操作。

（1）IE 浏览器设置。请打开 Microsoft Internet Explorer 11 浏览器。

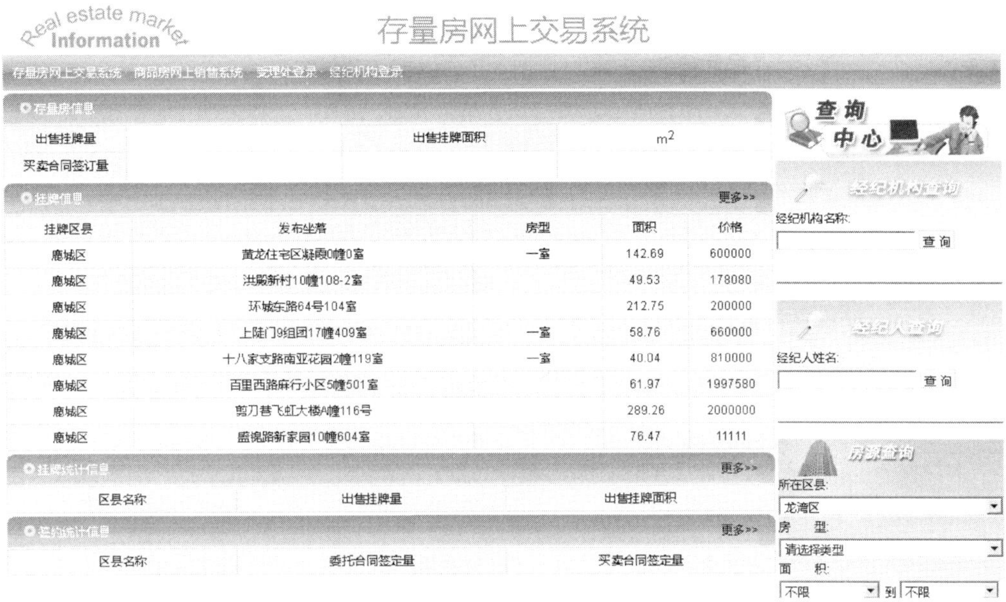

在菜单栏，选择工具/Internet 选项-> 安全 菜单，出现下面的设置窗：

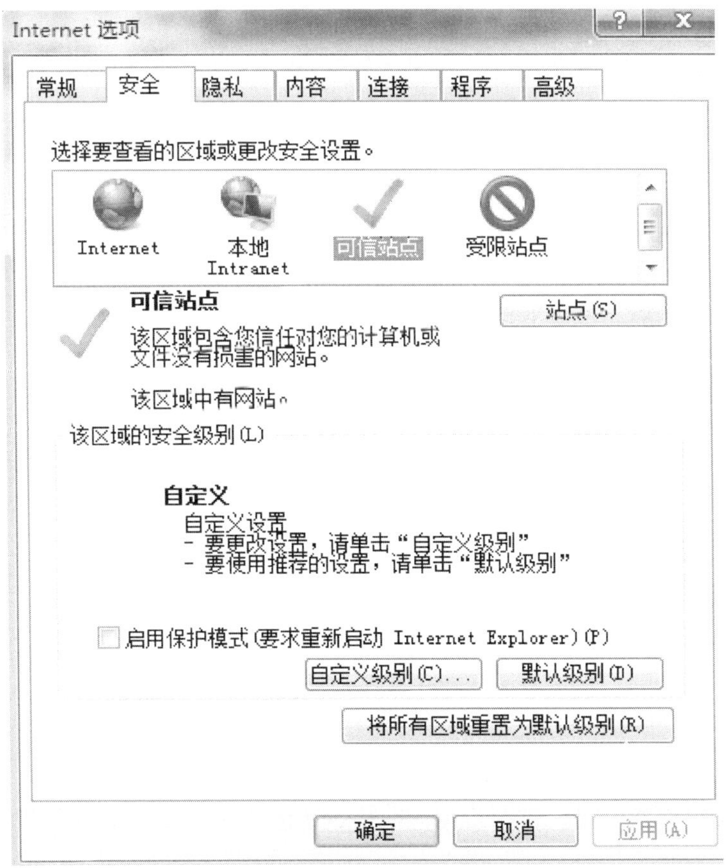

点击 站点(S) 把 http：//61. 153. 31. 218/添加到可信站点中。

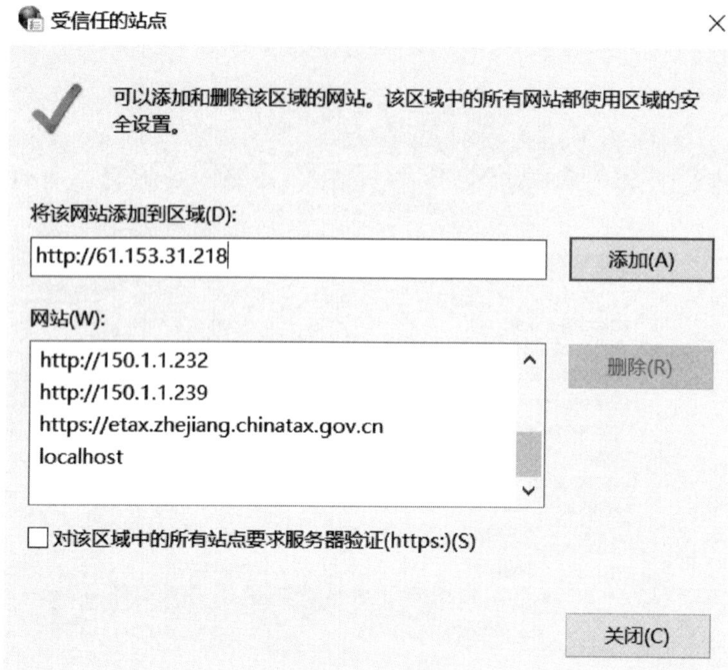

在菜单栏，选择工具/Internet 选项-> 隐私 菜单，出现下面的设置窗口：

关闭启用弹出窗口弹出阻止程序。

（2）Firefox 浏览器设置。或者使用 Firefox 浏览器，在菜单栏，选择/ 选项，如下图所示。

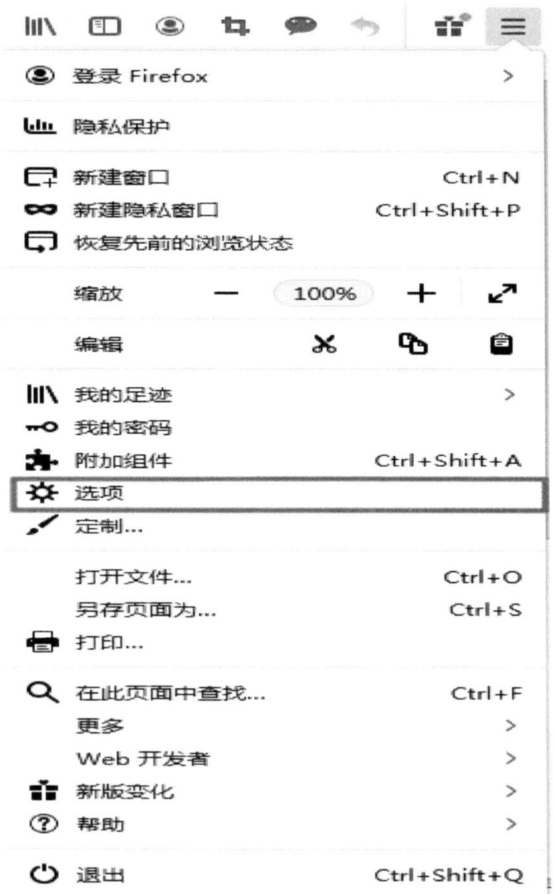

进入设置页面，选择工具/隐私与安全菜单，勾选在 Firefox 关闭时清除历史记录，如下图所示。

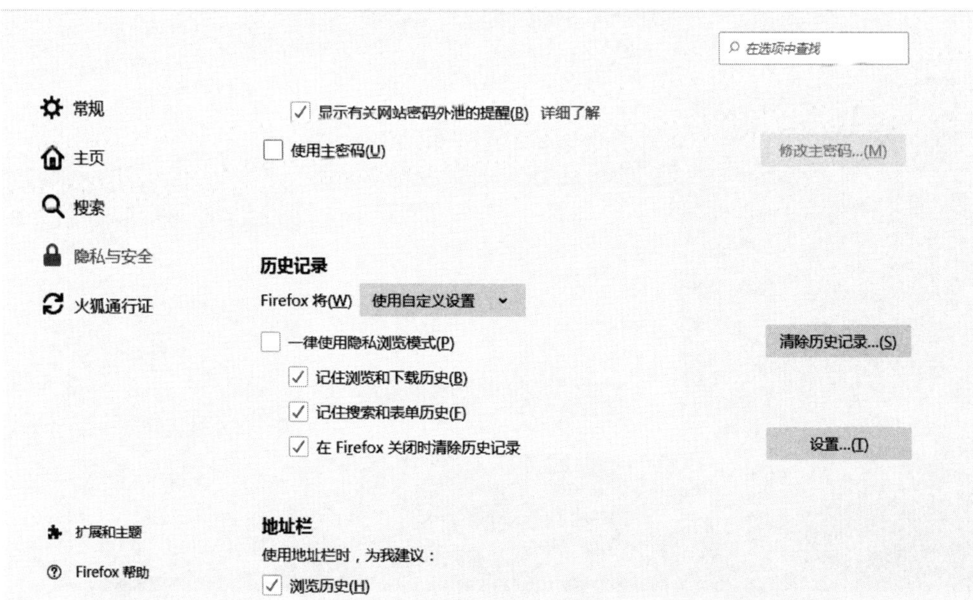

关闭 拦截弹出式窗口，如图：

二、操作指南

（一）用户登录

请点击网站上的“经纪机构登录”按钮，进入登录页面，如果没有安装火狐浏览器，请点击下方的“点击此处下载火狐浏览器”，下载完进行安装，安装完成后，使用火狐浏览器重新打开本页面。

用户登录后，首先看到的是系统首页：

- 点击修改密码，点击用户可以重新设置用户密码。
- 点“退出系统”可以返回到登录页面。

（二）委托合同签订

点击新委托菜单，进入项目维护功能界面，如下图所示。

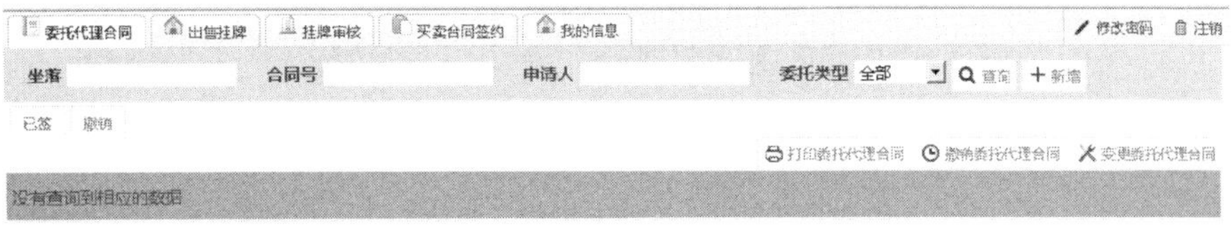

1. 新委托

点击委托代理合同链接后出现界面，点击 +新增 按钮。

填入区县和产证证号及产权人姓名，点击查询。

选中对应的坐落，然后点击 ✓选择 按钮。进入委托代理合同页面，如下图所示。

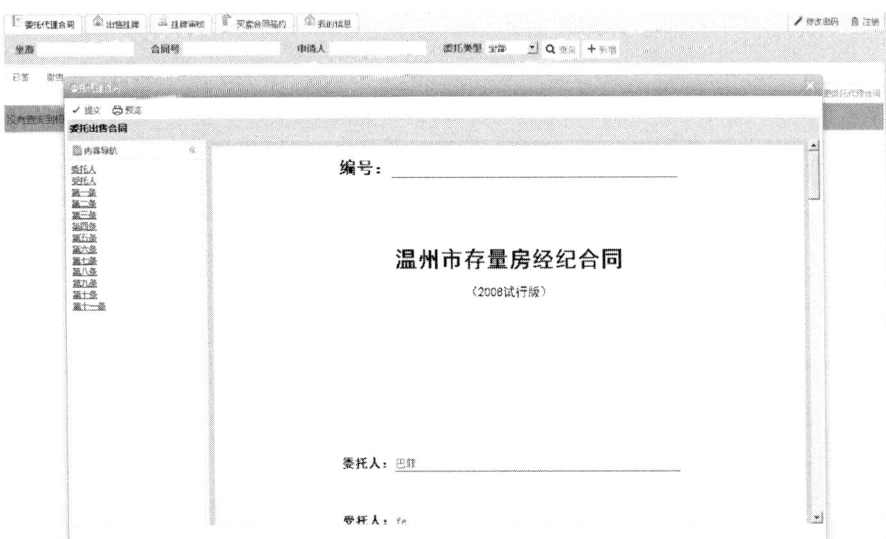

进入委托合同填写页面，填完合同，点击提交，确认提交后合同即生效。

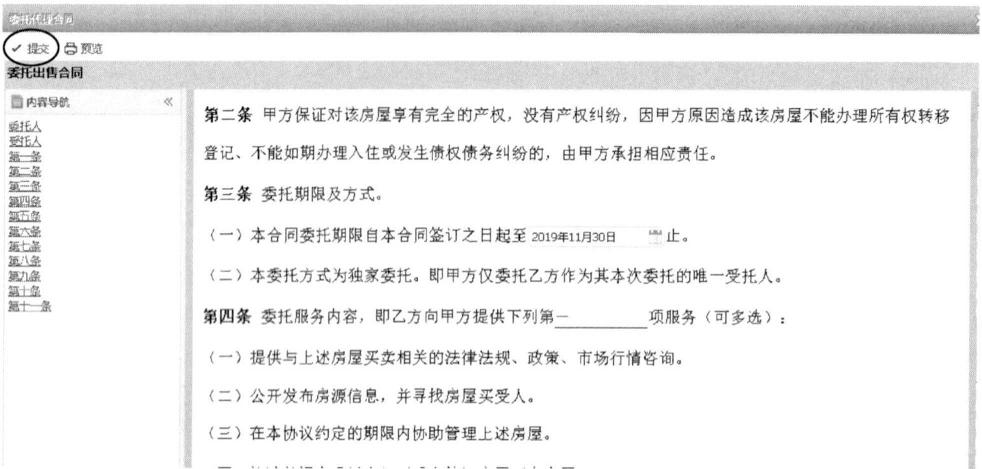

完成后会进入以下挂牌页面，点击编辑并填写挂牌内容，如果不想立即签约可以关闭页面，后面通过“出售挂牌——待审核”里面再次编辑。

最后点击 保存 按钮，系统提示委托出售挂牌保存成功。

返回页面后，可以在这找到新签的合同，选择后点击 打印委托代理合同 ，即可打印委托合同。

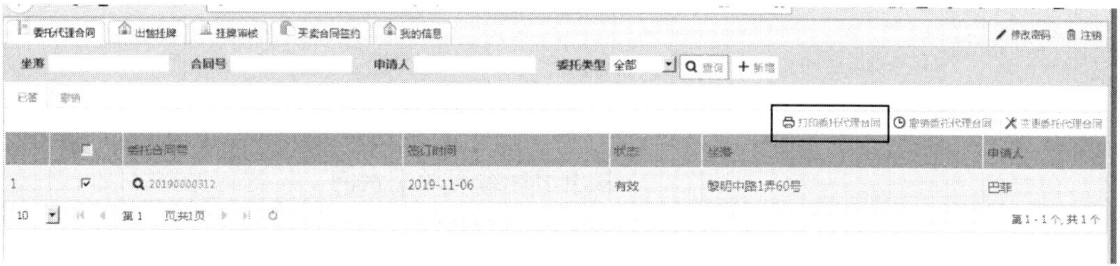

打印后可以编辑挂牌。

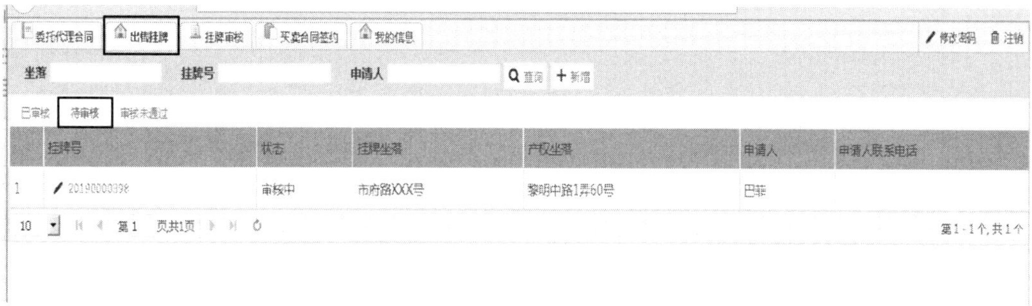

注：具体挂牌操作详细见 3. 挂牌。

2. 变更

点击右边委托代理合同链接进入变更信息界面，如下图所示。可以在上面的文本框中输入对应的查询条件，进行数据定位的查询。

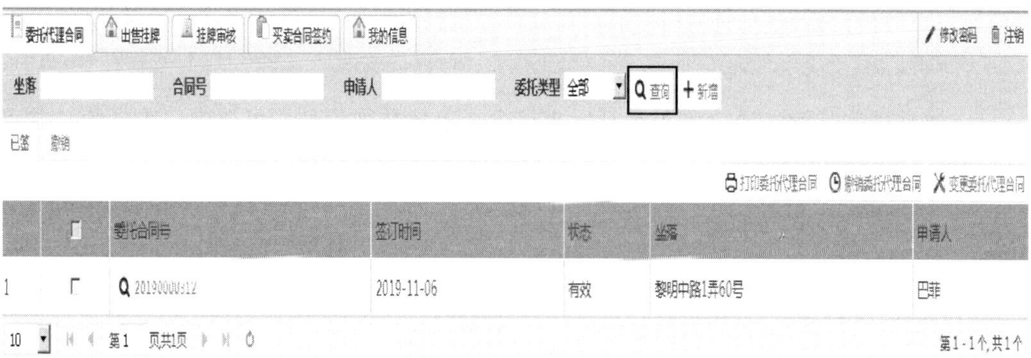

勾选要变更的合同，然后点击 变更委托代理合同 按钮进行信息的变更。

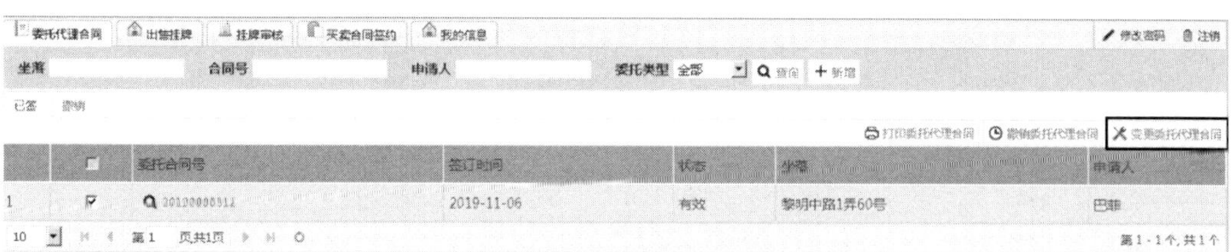

开始变更已签的合同信息，最后进入保存界面，如下图所示。

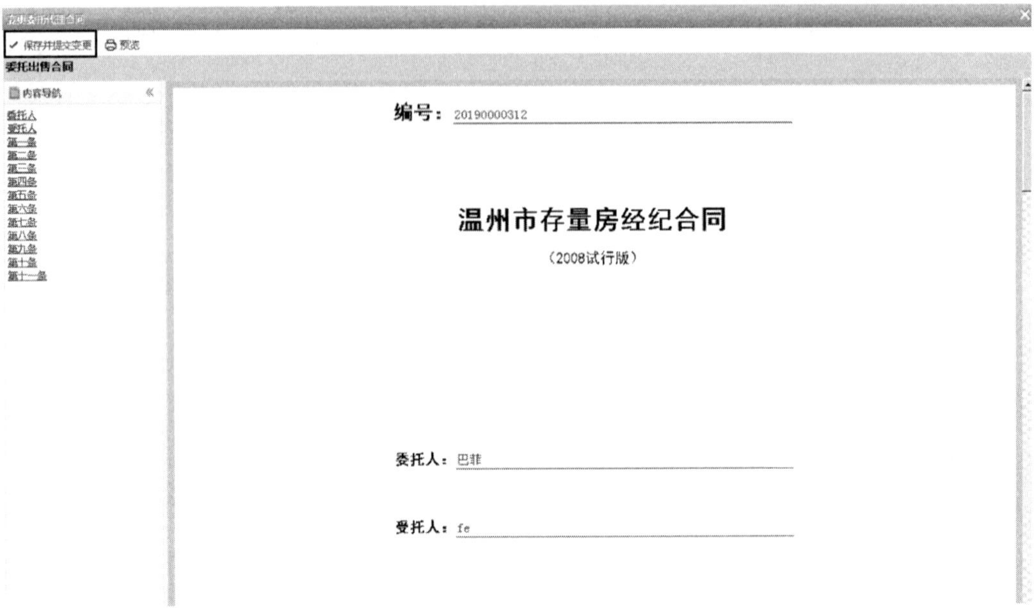

如果点击 ✓保存并提交变更 按钮，系统自动确认信息变更，保存合同修改。

注意：变更委托后挂牌需要重新审核。

3. 挂牌

选择出售挂牌链接，可对“已审核”“待审核”和“审核未通过”情况进行查看。

已审核挂牌和挂牌未通过不可编辑。想编辑待审核挂牌信息，可选中一个挂牌，并点相应挂牌号。

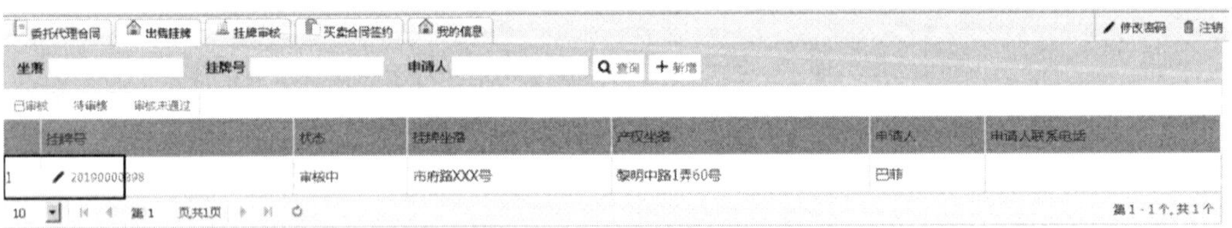

填写挂牌内容及上传相关图片并保存，图片支持jpg格式。

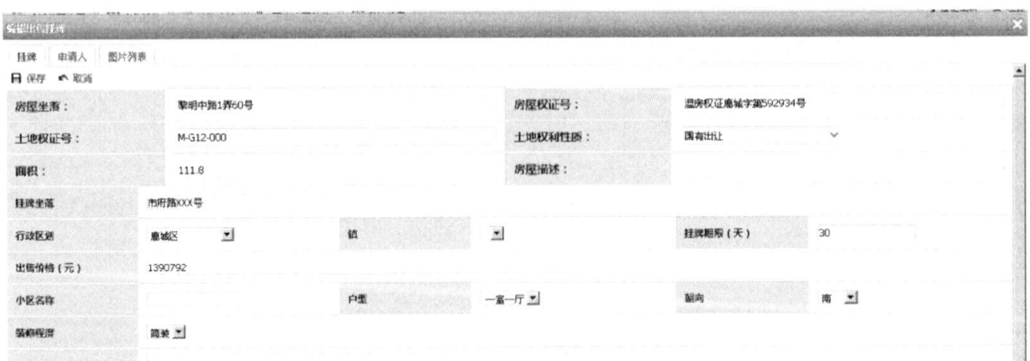

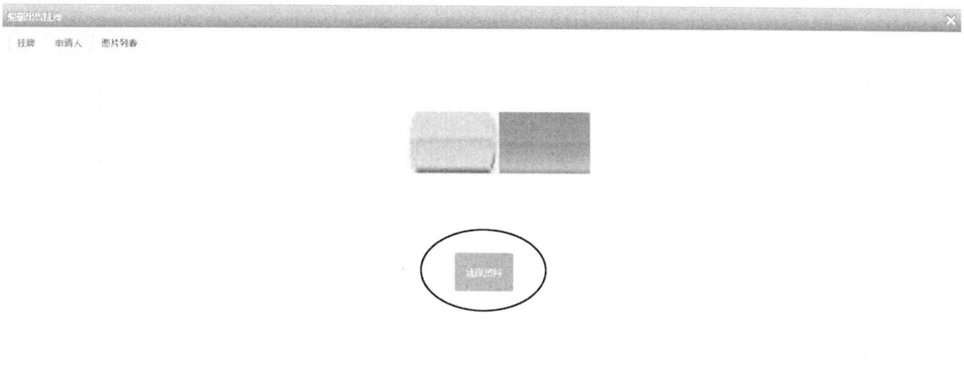

4. 挂牌审核

点击“挂牌审核”链接进入，在上面的文本框中输入对应的查询条件，进行数据定位的查询。

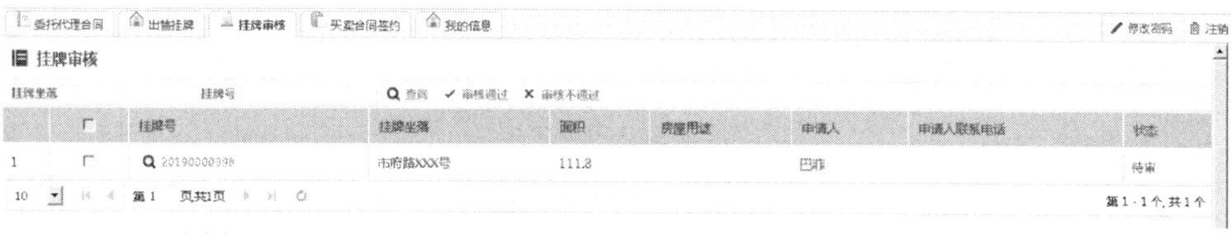

选择后点击 ✔ 审核通过 按钮，填写审核意见并确定，完成挂牌审核。

（三）签约

1. 合同签约

房主和经纪机构签订委托合同并挂牌通过之后，经纪机构就可以和购房者签订买卖合约。

如下图所示，选择买卖合同签约链接进入，点击 + 新增 按钮。

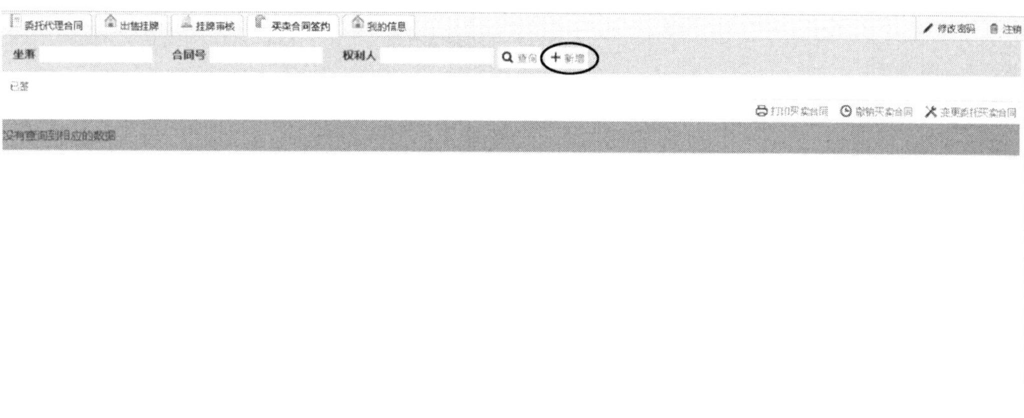

进入下面页面，列表内显示当前用户已审核挂牌的所有待签合同。

选择需要签约的委托合同，点击 ✓ 选择 按钮，进入填写界面，如下图所示。

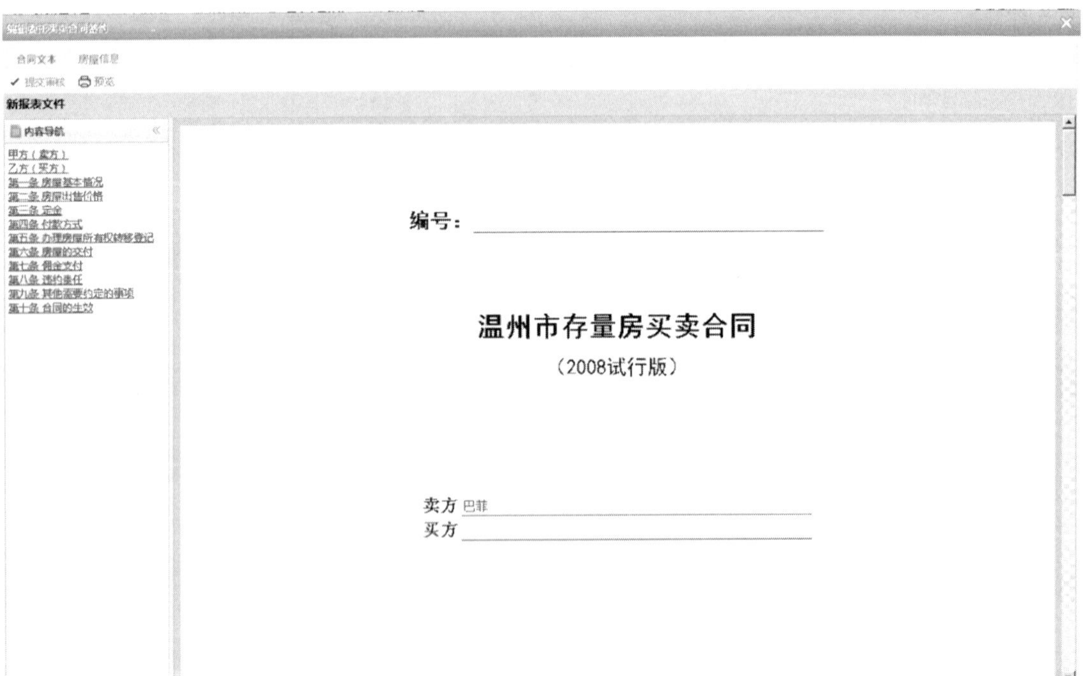

确认填写无误后返回买卖合同签约页面，点击 ✓ 提交审核 按钮提交合同。

注：乙方姓名及相应证件，总房价为必填项。

确认并输入甲乙方合同密码。

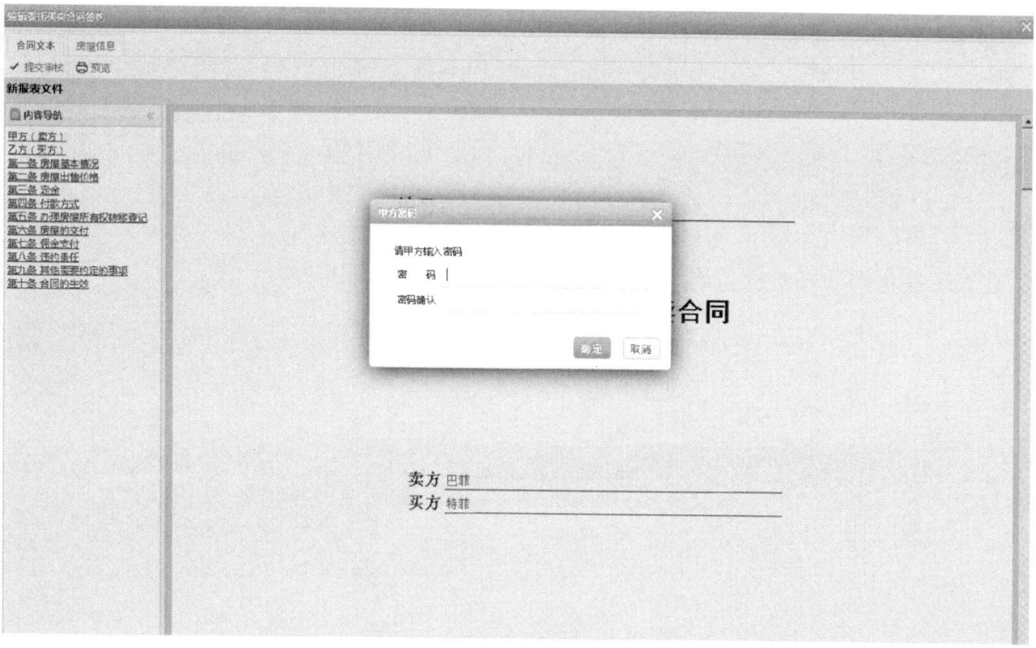

完成后在“买卖合同签约”列表中查询到这个件，选择后点击 打印买卖合同 按钮。

进入预览页面，点击 直接打印 按钮即可打印。

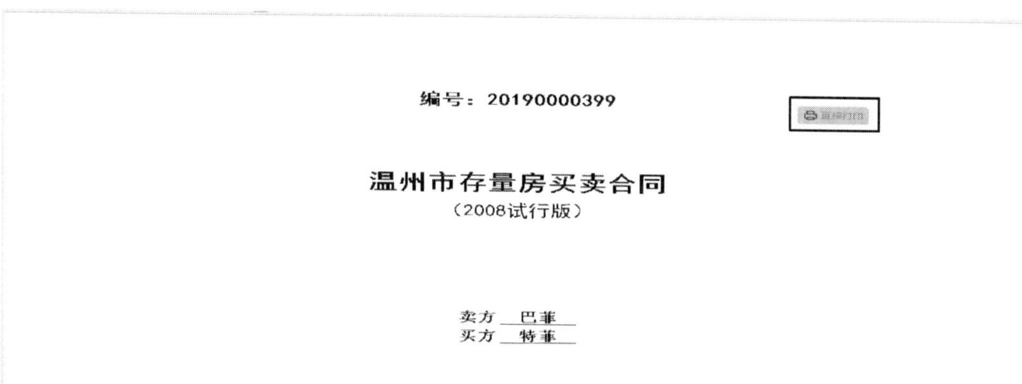

2. 合同变更

找到需要变更的合同，选择后点击左边的 变更委托买卖合同 按钮。

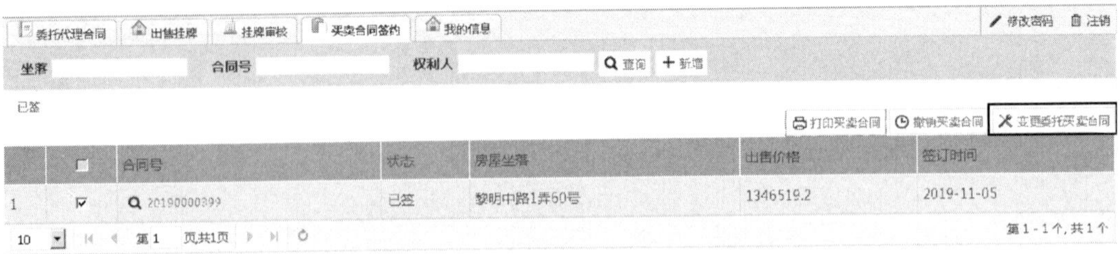

进入已签合同功能页面，输入甲乙方密码。

进入变更买卖合同签约页面面，更改合同后点击✓ 提交审核。

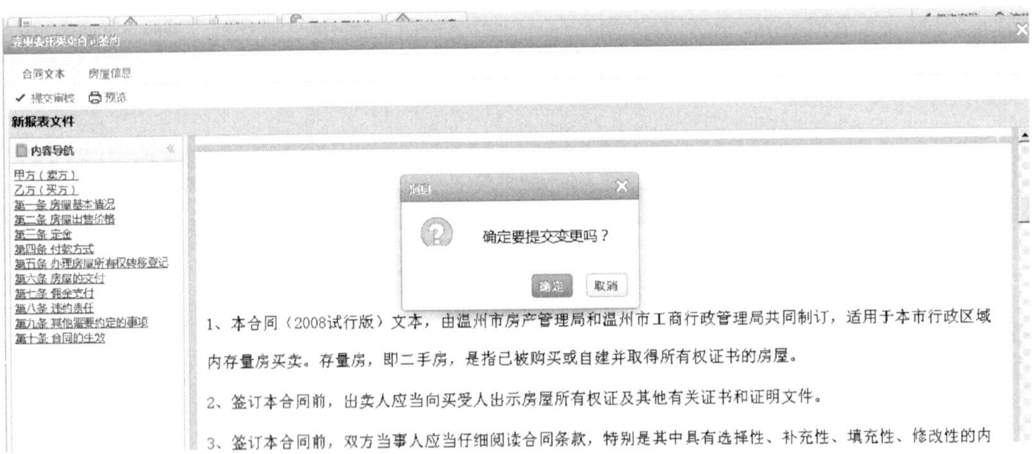

确认后输入想要修改的密码，密码可以和之前相同，变更结束后再次打印合同。

参 考 文 献

[1] 吴翔华．房地产中介运作指南［M］．南京：江苏科学技术出版社，2003.

[2] 殷世波．房地产经纪［M］．北京：科学出版社，2008.

[3] 张姝颖．房地产估价、经纪与市场营销［M］．北京：机械工业出版社，2008.

[4] 廖俊平．房地产经纪行业研究［M］．广州：中山大学出版社，2019.

[5] 中国房地产估价师与房地产经纪人学会．房地产经纪业务操作．第2版．［M］．北京：中国建筑工业出版社，2018.

[6] 乔筱茜．我国房地产经纪行业管理研究——从职业资格测评的角度［D］．天津：天津大学，2016.